PRE TEXTOS

16

MARC FUMAROLI

Pre textos 16

O Estado cultural
L'État culturel
Marc Fumaroli
© Éditions De Fallois Paris, 1991
© Editora Âyiné, 2021
Todos os direitos reservados

Tradução: Pedro Sette-Câmara
Preparação: Leandro Dorval Cardoso
Revisão: Alice Brites, Andrea Stahel
Imagem de capa: Diambra Mariani
Da série *Some passion spent,* Itália, 2018
Projeto gráfico: Luísa Rabello
Produção gráfica: Clarice G Lacerda
ISBN 978-85-92649-96-8

Âyiné

Direção editorial: Pedro Fonseca
Coordenação editorial: Luísa Rabello
Coordenação de comunicação: Clara Dias
Assistente de comunicação: Ana Carolina Romero
Assistente de design: Rita Davis
Conselho editorial: Simone Cristoforetti,
Zuane Fabbris, Lucas Mendes

Praça Carlos Chagas, 49 — 2º andar
30170-140 Belo Horizonte, MG
+55 31 3291-4164
www.ayine.com.br
info@ayine.com.br

MARC FUMAROLI

O Estado cultural

Tradução de Pedro Sette-Câmara

Âyiné

*Este livro é dedicado à memória de Raymond Aron e de Roger Vieillard,
mas também à amizade de todos aqueles, vivos e mortos,
cuja conversa encontrou em mim um indigno secretário.*

SUMÁRIO

INTRODUÇÃO

Il mondo nuovo   13

NAS ORIGENS DO ESTADO CULTURAL

O decreto fundador   63
Um contraste: a III República   71
Dois ensaios comparados de Estado cultural   99
André Malraux e a religião cultural   141

RETRATO DO ESTADO CULTURAL

O fundo do cenário   165
Quaresma e Carnaval   175
A cultura, palavra-valise, palavra-tela   207
Do Partido Cultural ao Ministério da Cultura   217
Uma costela mal cortada   237
Diversões e ócio   259
A Modernidade de Estado   273
Cultura contra Universidade   303
A França e sua televisão   313

CONCLUSÃO: ATUALIDADE E MEMÓRIA

Vertebrados e invertebrados   335
A França e a Europa do espírito   355

INTRODUÇÃO

Il mondo nuovo

> *Como francês, serei obrigado, ao falar do meu país, a só falar bem;*
> *é duro ter de revelar as fraquezas de uma mãe dolorosa.*
> Marc Bloch, *L'Étrange Défaite*

> *Nós não temos o direito de ser bajuladores da Democracia, justamente porque somos seus amigos e aliados. Não temos o direito de permanecer calados quanto aos perigos aos quais ela se expõe e aos quais ela expõe aquilo que leva os homens ao alto. Mas não podemos esquecer que, ao dar a todos a liberdade, a Democracia também a deu àqueles cuja preocupação é manter os homens voltados para o alto.*
> Léo Strauss, *Éducation libérale et responsabilité*

Os muros das cidades da Provença, neste período das festas do fim do ano 1990, estão cobertos de grandes cartazes. Sobre um fundo vagamente oceânico, eles anunciam a abertura de um espaço regional de criação contemporânea. A informação é comentada em grandes letras maiúsculas: O CONSELHO REGIONAL DINAMIZA AS ARTES PLÁSTICAS. Em vão, o leitor procuraria um país no qual se pudesse ver o equivalente desse cartaz oficial, que não surpreende na França, nem em Paris, nem «regionalmente». A quem se dirige essa mensagem? Qual pode ser seu sentido para os eleitores do Conselho Regional? O que significa «dinamizar as artes plásticas», fórmula que sugere tanto um *sex shop*, como talvez um arsenal? Se «as regiões» foram desejadas e inventadas para aproximar autoridades e constituintes, não é singular que elas tentem tornar-se familiares nesse linguajar tão abstruso e abscôndito, inventado certamente por uma agência publicitária parisiense? Das duas, uma: ou a região de Provença e Costa Azul está inflamada por uma paixão pelas artes tão grande que esperava, mesmo sob essa forma indecente, que seu Conselho Regional lhe prometesse um Renascimento meridional; ou esse tipo de «comunicação social» remete a um mito burocrático da França metropolitana, que festeja a si mesmo em sua própria linguagem, sem se preocupar, de jeito nenhum, nem com Provença, nem com suas expectativas, nem com suas mais modestas aspirações. Quem notou, quem leu esse cartaz multiplicado, supérfluo e custoso? Quem se lembra dele? Só consigo imaginar que um Robert Doisneau ou um Cartier-Bresson poderiam tirar partido do contraste entre os transeuntes cuidando das próprias vidas na praça da Bolsa ou na rue Saint-Ferréol, em Marselha, e essa absurda propaganda de assuntos culturais sobre um fundo de espuma. Procuro um equivalente a esse contraste gritante e só consigo encontrá-lo nos grandes letreiros luminosos que, há não muito, estendiam-se acima da pulsante tristeza das ruas de Cracóvia, Bucareste, ou Odessa. As cifras fictícias da produção industrial eram ali comentadas por *slogans* imensos: AS FÁBRICAS DE AÇO DE NOWA HUTA DINAMIZAM A POLÔNIA SOCIALISTA. É o mesmo humor negro involuntário.

Dir-me-ão: «Você não entendeu nada. Aqui, na nossa bela Provença-Costa Azul, não se trata de economia, nem de ideologia, mas de Arte. O quê? Uma das primeiras preocupações do excelente Conselho Regional, de criação recente, é dedicar uma linha de seu orçamento à Arte, e especialmente à Arte viva, a menos popular; e ele informa isso a seus eleitores e a quem paga impostos, e você torce o nariz, por escrúpulos de vocabulário completamente fora de época? Além do mais, você é incompetente em matéria de comunicação. Se você quer uma analogia para compreender esses cartazes do Conselho Regional, compare-os não com a propaganda stalinista, que não tem nada a ver nesse caso, mas com a publicidade americana, aquela, por exemplo, da multinacional Philip Morris, que evita mencionar os cigarros que vende e limita-se a informar em seus anúncios: PHILIP MORRIS DINAMIZA A MÚSICA CLÁSSICA». Curvo-me. O problema é que o cartaz do Conselho Regional, órgão público, e não sociedade comercial, tem, ao mesmo tempo, algo da *langue de bois*[1] de uma propaganda oficial e da hipocrisia publicitária das grandes corporações. É justamente essa mistura que o torna tão irreal e incômodo. A prostituição faz parte do comércio, e a Arte, que não se abala assim facilmente, acomoda-se com essas duas companhias. O que vêm fazer nesse navio as altas autoridades regionais? Entre o Espaço Marselhês da Criação Contemporânea e o Espaço Cardin da avenue Gabriel (Paris, 80 *arrondissement*), há a mesma relação genética e genérica que entre um pastiche e um modelo.

A Provença não é privilegiada. O Conselho Geral do Val-de--Marne, cooperando com o Fundo Regional da Arte Contemporânea, o qual emana da Direção das Artes Plásticas do Ministério da Cultura, transformou o departamento inteiro em Espaço Departamental das Artes Plásticas, povoando a paisagem com blocos «caídos de algum obscuro desastre», obras caras de «escultores» destinadas à edificação cultural dos pagadores de impostos do departamento (*Le Monde*, 10 de janeiro de 1991, p. 32).

Por sua vez, o Conselho Geral de Loir-et-Cher, indiferente ao espírito de Paul Claudel, já gastou grandes somas em estudos e projetos de mercado a fim de construir, perto do castelo de Chambord, um Centro Cultural do Renascimento. O infeliz Renascimento, assim como o século de Luís XIV, é uma ótima justificativa: ele figura entre os «sabonetes de plebeu»,[2] preferidos por

1 Expressão francesa que designa o linguajar opaco. [N. T.]

2 No original, *savonnettes à vilain*, expressão que designa os procedimentos para que um plebeu passe a ser nobre. [N. T.]

todo tipo de negócios culturais. Em um documento que resume as primeiras e custosas «abordagens», menciona-se «a utilização [no interior do futuro «centro»] de procedimentos e de técnicas museológicas cujas novidade e originalidade constituem, por si mesmas, uma atração». Essa pedagogia audiovisual e sofisticada será completada por uma «apresentação viva e pitoresca da vida cotidiana no tempo do Renascimento». Porém esses dois espetáculos de variedades históricas não bastariam para criar, por si sós, «uma nova clientela» (*sic*) capaz de aumentar o turismo natural atraído pelos castelos do Loire. Impõe-se uma ideia mais ousada: «É a concepção arquitetônica que permanece o meio mais seguro de atrair o novo público, desde que seja suficientemente notável para fazer, do conjunto arquitetônico em si, independentemente de seu conteúdo, um acontecimento extraordinário o bastante para forçar a atenção da mídia e do público, uma obra que se deve ver, como a Torre Eiffel, a Estátua da Liberdade em Nova York, ou, em menor grau, o Centro Beaubourg, a Pirâmide do Louvre, as obras mais originais do Futuroscópio de Poitiers».[3] Assim, que concepção é essa que colocará a região de Loir-et-Cher, até agora um «deserto cultural», no mesmo nível das megalópoles mundiais do grande turismo? «O Centro, revelam os autores da ideia, poderia ter a forma de uma pirâmide, inspirando-se, ao mesmo tempo, na Torre de Babel pintada por Bruegel, no museu Guggenheim de Nova York e, por fim, na escadaria dupla do castelo de Chambord.»

Eis as referências culturais que pretendem impressionar eleitos e eleitores de Loir-et-Cher. Essa obra-prima da arquitetura *kitsch*, munida de sua museologia de vanguarda (felizmente privada de obras de arte originais), garantiria não apenas uma visão invencível de Chambord e da paisagem, como

[3] Remeto o leitor à excelente descrição do Futuroscópio feita por Bertrand Poirot-Delpech, com o título «Gadgétique» [«Engenhóquico»], em *Le Monde*, 30 maio 1990.

também o consumo cômodo em vários cafés e restaurantes panorâmicos. Além de tudo, ela receberia no topo «um ornamento artístico, por exemplo o homem de braços abertos de Leonardo da Vinci, popularizado por Manpower». Esse projeto digno de Las Vegas tem sérias chances, como se diz, de acontecer.

O Conselho Regional da Provença-Costa Azul, o Conselho Geral do Val-de-Marne e o de Loir-et-Cher, em sua corajosa boa vontade, têm desculpas. Por mais regionais e departamentais que sejam, ou que se queiram, eles reproduzem aquilo que é feito em Paris. Eles inclusive acreditaram, ao adotar a palavra «Espaço», colocada em moda recentemente por um grande costureiro, distinguir-se dos «centros» de que tanto gostam os funcionários parisienses do Ministério da Cultura. Exemplos mínimos, mas amostras do sucesso contagioso da «descentralização cultural» decidida em Paris, primeiro para o teatro, há quarenta anos, e depois para as Artes Plásticas, há dez anos, a qual, agora, cimenta e lustra, por toda parte, a língua francesa e as cidades francesas, a começar por Paris, onde, sob o nome de Grandes Trabalhos, crescem em número e volume essas Casas da Cultura originalmente lançadas para «dinamizar» o «deserto francês».

«Locais», «Espaço», «Centro», não temos aí uma linguagem de deserto? «Locais» assépticos, que lembram os dejetos, a descarga, no outro lado da casa, e até da loja: uma geometria de aranhas, mortal para a imaginação, para os sentidos, para a felicidade. «Locais» onde a cultura, em seu sentido original e fértil, não tem lugar, e muito menos as artes e a poesia.

Podemos nos contentar em rir desse construtivismo cultural francês, em maravilhar-nos com sua atividade incansável, hoje multiplicada pelas várias engrenagens da reforma regional. Podemos enxergar, nesse luxo de equipamentos e no alarido que o cerca, pecados deveras veniais, que seguem o espírito do tempo, em comparação com os efeitos benéficos que se devem esperar dessa emulação entre órgãos governamentais:

uma ajuda providencial para os artistas, a curiosidade pelas artes despertada em um público que não a sentiria espontaneamente. Todo tipo de bom sentimento prolifera em torno das «ações» e dos «acontecimentos» culturais proclamados nos espaços da França metropolitana: o zelo pelo próximo, pela igualdade, pela comunicação, e até um sopro lisonjeiro de orgulho, o orgulho de participar, por mais modestamente que seja, na ascensão da França à posição de primeira potência cultural do mundo. Seria preciso ter um coração de pedra, e ainda por cima pouco francês, para ousar ser contrário a esse vento criador que sopra nas altitudes da nação, em suas regiões, em seus departamentos, em suas cidades, em suas cidadezinhas e em seus vilarejos.

* * *

Como ousar duvidar desse conto de fadas moderno que é a fé oficial do país e cuja manifestação no «espaço» é tão custosa? O espírito da infância e o respeito pelos grandes números se conjugam para tornar crentes todos os franceses, de direita ou de esquerda, do centro ou da periferia. Todos os anos aparecem novos livros em que *Pele de asno*[4] é-nos contado, e, mesmo que não sejam *best-sellers*, sustentam, de todo modo, a confiança geral. Malraux se contentara com algumas fórmulas impressionantes e alusivas. Foi ele o profeta da Cultura de Estado. Depois dele vieram os autores de panegíricos. Pierre Emmanuel inaugurou uma bibliografia, hoje bem comprida, com um ensaio intitulado *Pour une politique de la Culture* [Por uma política da cultura] (1971). Nesse ensaio, a cultura recebia uma definição política: ela deveria prover à «integração da vida social» (o termo tinha sido utilizado primeiro em relação aos argelinos) e fazer com que surgisse o «corpo total das atividades solidárias»

---

4 Conto de fadas publicado por Charles Perrault em 1694. [N. E.]

dos indivíduos (p. 20). O ataque à Universidade republicana e às humanidades era violento: «Um ensino disciplinar dos Clássicos, escreveu o poeta, esterilizou para sempre o gosto de milhões de franceses» (p. 31). Ao grande programa de participação cultural que ele obrigou sua grande Comissão do VI Plano a adotar, Pierre Emmanuel acrescentava a seguinte exortação, apropriada da «Nova Sociedade» do Sr. Chaban-Delmas: «E por que não a França? Por que nosso país não se revelaria ao mundo uma vanguarda desse socialismo de vocação cultural que falta inventar?» (p. 89).

O mesmo autor reincidiu, em 1975, com sua *Révolution parallèle* [Revolução paralela]. No mesmo ano, Jacques Rigaud, ex-chefe de gabinete de Jacques Duhamel, pegava o bastão das mãos do poeta e propunha uma apologética da Cultura de Estado que ele pretendia nova, com o título de *La culture pour vivre* [A cultura para viver]. A cultura era, ali, descrita como um «festim», que os «ricaços da inteligência» guardavam para si zelosamente, ao passo que Maio de 1968 tinha revelado a aspiração universal por sentar-se a essa mesa. O cardápio desse banquete era pantagruélico: era a festa de *L'Humanité*,[5] mas eram também os concertos em que se toca Mozart, todas as coisas e lugares em que «o sabor cotidiano do belo» e a «vibração da vida» (p. 236) podem ser experimentados. Os «leitores da Biblioteca Nacional» (p. 212) já eram estigmatizados por seus escandalosos privilégios, e as «sociedades científicas» (p. 223) por seu arcaísmo, incômodo sobrevivente do século XIX burguês. Na imensa tarefa proposta ao Estado para que os lugares do banquete se tornassem cada dia mais numerosos, esse alto funcionário diligente já não hesitava em reconhecer, menos piloto

---

5 Jornal fundado em 1904 pelo dirigente socialista Jean Jaurès, passou a ser órgão oficial do Partido Comunista francês em 1920. Proibido durante a Segunda Guerra Mundial, era publicado clandestinamente. Existe ainda hoje, mas não diretamente ligado ao Partido Comunista.

do que André Malraux, que «o econômico tangencia o cultural» (p. 270) na mobilização geral cuja liderança ele assumia.

Em 1980, Gérard Montassier, outro ex-chefe de gabinete dos Negócios Culturais, recorreu a um *Fait Culturel* [Fato Cultural]. Mas foi evidentemente o Renascimento de 1981 que trouxe o mais belo florilégio. Lírica, a Sra. Catherine Clément publicou, em 1982, *Rêver chacun pour l'autre* [Sonhar um pelo outro], livro no qual ela não se calava quanto ao novo mundo prometido pela duplicação do orçamento da Cultura pelo governo Mauroy. Ela citava Jack Lang: «'Fourier, inspire-nos! Quando você sonhava em ensinar culinária e ópera aos pequeninos, ou quando você dava um cavalo e as vestes mais suntuosas para as crianças encarregadas de limpar o lixo da cidade, já percebíamos que rachavam os velhos costumes e que cintilava uma vida de alegria para os mais jovens!' Jack Lang escreveu isso em 1978, logo após ter sido expulso do teatro de Chaillot. Hoje, ele está atrás da árvore das quimeras, mais do que qualquer outra pessoa, em matéria de cultura. E, no entanto, é preciso sonhá-lo, mais do que qualquer outro».

O sonho que começava e recomeçava na rue de Valois era o mesmo, segundo a autora, que o de Luís XIV (o Luís XIV de Rossellini, claro), após ter mandado prender Fouquet. «O problema do orçamento era menor... O Estado era ele!» (p. 65). Era esse também o sonho do Partido Comunista, então no governo. A Sra. Clément, que fazia parte dele, congratulava-se por ele crer, assim como o ministro, que «a cultura é capaz de transformar o mundo». Todas as vedetes do *show business* intelectual e artístico eram incitadas a trepar na «árvore de quimeras», para cantar em coro o advento do socialismo por meio da Cultura, que venceria a «fábrica de sonhos» do capitalismo americano.

O tom fica mais frio em *Le Mythe de Babel: l'artiste et le système* [O Mito de Babel: o artista e o sistema], publicado em 1984 por Claude Mollard, o poderoso delegado-geral para as Artes

Plásticas do ministério Lang. A tecnocracia toma a palavra, sem por isso renegar os oradores oficiais e seus grandes voos. Dessa vez, porém, Prometeu e Babel são invocados para dar fim ao império da «memória» e dar meios ao Estado para «engendrar a criação»: deve surgir um novo exército de «funcionários culturais», «competentes ao mesmo tempo nos planos artístico e administrativo», tomadores de decisão que vão arar o país: os únicos artistas verdadeiros que restam, porque os outros ficam dolorosamente de lado, entre um passado infame e um futuro radiante.

Essa visão de desfile de Primeiro de Maio na Praça Vermelha pouco a pouco se dissipou, e Claude Mollard fundaria, depois, no setor privado, uma escola de engenheiros culturais, cujos serviços seriam solicitados pelos Conselhos Regionais. Em 1990, Pascal Ory publica *L'Aventure culturelle française* [A aventura cultural francesa], em harmonia com o perfil mais civil adotado pelo Ministério depois de 1988, após o episódio da coabitação. A Cultura oficial agora se resume à *La Semaine de Paris* [A Semana de Paris], cuja gama de espetáculos, subvencionados pelo Ministério, reuniria doravante, nas mesmas diversões, estudantes e trabalhadores, toda a França do «consenso».

Seria possível crer que todos esses livros se assemelham e que sua leitura é tão necessária quanto a do *Pravda*.[6] O problema é que eles acabaram por marcar aquilo que se deve considerar um «grande gênero literário» francês, um dos últimos que nos restam e do qual se orgulham os altos funcionários públicos. É por isso que, na tradição inaugurada por Jacques Rigaud e Gérard Montassier, Jacques Renard, ex-chefe de gabinete de Jack Lang, ilustrou-se em 1987 com um *Élan culturel: la France en mouvement* [Impulso cultural: a França em

---

6 Jornal da antiga União Soviética, publicado entre os anos de 1918 e 1991. Depois do fim da URSS, o jornal continuou em circulação e existe até hoje. [N. E.]

movimento], em que o próprio Jacques Rigaud, o Baour-Lormian dessas epopeias em prosa, reincidiu, em 1990, com *Libre Culture* [Livre Cultura] (Gallimard, col. Le Débat).

* * *

Nos Estados Unidos, todo ano, fortes polêmicas acompanham a votação no Capitólio a respeito de créditos federais concedidos ao National Endowment for the Arts [Dotação Nacional para as Artes], e uma imensa bibliografia pró e contra a concessão já foi acumulada. Na Inglaterra, há o mesmo clima de disputa em torno dos créditos mais ou menos modestos concedidos ao Arts Council [Conselho de Artes]. Na França, o consentimento unânime daquilo que estranhamente chamamos de «classe política» é corroborado pelos artigos geralmente entusiasmados de jornalistas de maior ou menor credibilidade. Um microclima de euforia contagiosa protege os Negócios Culturais e os guarda de todo mal.

Porém, assim que nos afastamos desses ambientes de negócios e de sua clientela imediata, começa uma estranha revolta. Ela se limita às conversas privadas, exprime-se por sacudidas de cabeça, resmungos, ombros levantados e, às vezes, ousa chegar ao comentário irônico ou indignado, ao caso esquisito, à triste anedota. Entre si, as boas almas não escondem sua perturbação ou sua irritação diante dessa «altura estonteante» da democratização e da criação artísticas por decreto. Uma discrepância de «duplipensar», bastante análoga àquela que Milosz analisava, em 1952, em *Mente cativa*, assinala a passagem do mundo dos iniciados ao mundo dos tolos. Esse conformismo superficial e uns tantos murmúrios contidos têm o hábito de assinalar o reino dos filisteus. É um pouco surpreendente, apesar de tudo, vê-lo instalado com uma arrogância tão tranquila e com tanta reverência na França, que outrora era considerada a terra prometida dos revoltosos e das pessoas de inteligência. *Corruptio optimi pessima*: «a pior corrupção é a dos melhores».

* * *

Todas as democracias liberais, portanto prósperas, viram desenvolver-se, em suas populações urbanas, aquilo a que, grosseiramente, convencionou-se chamar «necessidades culturais». Diversões, tempos livres e distrações que são formas de relaxar após o trabalho. Os esportes e a televisão responderam a essa demanda massiva. Também por toda parte, admitiu-se que o serviço público ou o civismo privado deveriam subtrair a essa maré de diversões de massa primeiro a escola, depois aquilo que, de perto ou de longe, diz respeito à escola, e que a completa, que a incentiva: as artes e as letras, para nem falar das ciências, que se defendem melhor. Quis o infortúnio (as palavras não são inocentes) que fosse inserida, «também» na «mesma» «esfera cultural», aquela ordem de estudos e de obras do espírito que se deve tirar do mercado das diversões de massa. Esse equívoco não é apenas francês. Em outros lugares, às vezes, com frequência, ele é compensado pela diversidade de proteções e de recursos que as instituições educativas e as obras do espírito guardaram para si. A diferença das ordens, dos públicos, dos gêneros e dos tons pode ser, assim, preservada.

Na França, uma vez que a «esfera cultural» está, em seu conjunto, sob a responsabilidade do Estado, o qual goza de um monopólio, de fato, sobre a Educação e sobre a Televisão e pratica, além disso, uma ambiciosa «política cultural», temos um *Estado cultural*. Falamos em Estado aduaneiro, em Estado educador, em Estado banqueiro. O Estado cultural não é tão especializado: englobando, sob seu domínio, ao mesmo tempo, as diversões de massa e as obras do espírito, ele acostuma tão bem a sociedade civil a esse amálgama que ela já não ousa desenvolver, por si própria, iniciativas e instituições protetoras distintas das do

Estado. O «mecenato» privado na França é estritamente dependente das escolhas feitas pela Administração Cultural; ele oferece um financiamento extra, ou então calca suas iniciativas no modelo oficial. A força do Estado-Providência francês tornou-se tão invasiva que ela tem necessidade de legitimar-se, de celebrar-se. Nem o Estado aduaneiro, nem o Estado educador, nem o Estado banqueiro fazem isso, nem podem. O Estado cultural, o mais contestável de todos, encarregou-se disso. A Cultura é outro nome da propaganda. O preço a pagar é alto. Afinal, em vez de distinguir as ordens dessa ampla «esfera cultural» que controla, é grande para o Estado a tentação, à qual ele não deixa de ceder, de fazer desse sistema um vasto aparato que permite tanto às diversões de massa refluírem sobre as obras do espírito, como, inversamente, às preferências dos grupinhos no poder invadirem as diversões de massa. Esse aparato só existe com essa força enorme na França e em mais nenhum outro lugar do Ocidente. Na França, o Estado tem os meios e desenvolveu as engrenagens. O termo «Cultura», de origem nobre, que o Estado emprega de muito bom grado para designar aquilo que, em princípio, é um serviço público destinado a proteger as obras do espírito, serve para esconder a confusão de ordens e a inversão de papéis. Por mais que ele se coloque no plural, para melhor «visar» seus públicos e imitar a «liberdade», o Estado cultural não é liberal. Podemos até nos perguntar se, sendo um enclave em uma democracia liberal, ele não é um álibi e um obstáculo para a vitalidade desta, para sua capacidade de responder ao desafio que as sociedades modernas, mesmo as liberais, apresentam ao espírito.

É difícil dissociar Educação, Televisão e Cultura. No entanto, é isso que acontece quando isolamos esta última, ou pretendemos isolá-la em um ministério específico seu. Esse ministério foi encarregado de todas as virtudes, a ponto de fazer esquecer o fracasso educativo e a mediocridade da televisão na França, ambos sob a responsabilidade quase exclusiva do Estado. Porém, concentrando-nos na Cultura do único ministério que tem esse nome, é estranho observar que o grande «Ímpeto Cultural» que o anima desde 1959, com um segundo sopro em 1981, encontrou seus grandes homens não entre os artistas, poetas, ou escritores que lhe deveriam sua eminência, mas em políticos que se gabam e vivem dele. Vemos Augusto e Mecenas, mas onde está Virgílio? Vemos Júlio II, mas onde está Michelangelo? As obras cujos números e impacto esse Renascimento planificado cita não são livros, quadros, obras-primas, mas «acontecimentos», «ações», «lugares», «espaços» e estatísticas de frequentação diárias (ao menos é permitido esperar) por faixa etária, nível de vida e perfil cultural.

Saint-Exupéry acusou a III República burguesa, em 1938, de assassinar seus pequenos Mozarts ainda crianças, com indiferença e com falta de cuidado. Essa acusação é uma das pedras angulares sobre as quais o edifício do Estado cultural foi construído. Agora, os equipamentos apropriados para as diferentes artes foram multiplicados: mas onde estão os Mozarts, os Rimbauds e os Van Goghs que deveriam sair em cadeia de nossa engenharia cultural? Temos inúmeros teatros e diretores, espetáculos ricamente subvencionados, mas onde estão os dramaturgos? Os últimos que ilustraram nosso teatro foram revelados por minúsculos teatros privados da Rive Gauche, antes da ascensão da Descentralização Cultural: Ionesco, Beckett, Dubillard... Temos muito mais museus do que antigamente, eles são mais bem cuidados, mais frequentados e generosos em belíssimas exposições, mas onde estão os pintores que deram a Paris sua «posição» de capital da pintura? Ela mantinha essa posição sem nem pensar nisso, quando os candidatos do concurso dos Prêmios de Roma ainda ficavam separados na Escola de Belas-Artes,[7] e os locatários do

---

7 No original, *entrer en loge*, expressão que, no caso, denota os candidatos de concursos de pintura, que, na Escola de Belas-Artes, eram isolados em celas para não receberem ajuda. [N. T.]

Bateau Lavoir,[8] Braque e Picasso, não tinham, como apoio, nada além de um punhado de amigos fervorosos. Temos monumentos públicos inteiramente novos, em número cada vez maior, mas qual deles merece ser chamado de obra-prima? Qual é o arquiteto francês cujo renome baseia-se em algum deles? Essa máquina, cujo organograma e orçamento não param de crescer há trinta anos, será menos fértil do que o sistema artesanal e precário que prevalecia antes da Guerra, no qual abundavam os talentos, quando não o gênio? A desproporção é flagrante demais para que se possa agir como se ela não existisse. Admito perfeitamente que não existe medida comum entre um serviço público quantitativo e a qualidade da invenção que ele pode incentivar, mas da qual ele não é senhor. Certamente, não é esse princípio elementar de modéstia que preside a política cultural francesa.

Se ao menos um gosto pela boa qualidade, uma norma oficial de ofício, na falta do grande talento e do grande gênio, encontrassem medida e exemplo nas produções da máquina cultural! Nela, proliferam a improvisação, a pressa, o amadorismo e o desperdício, e a exceção do trabalho bem-feito confirma a regra. Sem se preocupar com a concorrência, ou, ao contrário, com a ansiedade de concorrer no mercado, o Estado cultural, por definição, ignora a medida, a prudência e a economia de meios — em suma, o estilo —, que até aqui fizeram precisamente a reputação sólida daquilo que é honestamente francês. Suas errâncias, que reservam somente para ele as licenças poéticas e que têm a propriedade de esterilizar o que ele toca, surpreendem-nos, assim como aquelas encenações sobrecarregadas e luxuosas que esmagam os atores e o texto que pretendem servir.

Paul Valéry gostava de falar de uma «política do espírito». É difícil e perigoso exigir de um Estado, qualquer que seja, que

---

8 Prédio em Montmartre onde artistas, literatos e marchands moravam e se encontravam. [N. T.]

tenha uma «política do espírito». Se o Estado na França não se pode permitir não ter uma política cultural, que ao menos lhe seja recordada constantemente a distância que a separa de uma política do espírito. Que ele não possa fingir que aquela acontece no lugar desta. Ele só redescobrirá a modéstia de seus poderes, a distinção das ordens, a atenção aos anseios profundos do povo, que há tempo demais ele confunde com os públicos, se ousarmos estender-lhe o espelho em que se reflete, tal qual, arrogante e inebriada, sua pretensão cultural. Há tempo demais ele a esconde nas dobras sagradas da cortina.

***

Hitler, um dia, disse a Rauschning: «Temos razão em especular mais sobre os vícios do que sobre as virtudes dos homens. A Revolução Francesa conclamava à virtude. Melhor seria fazermos o contrário». Perdoaríamos um francês, isto é, um homem civilizado, pois é a mesma coisa, caso ele prefira, a esse ensinamento, aquele da Revolução e de Montesquieu: «Em um Estado popular, é preciso uma mola, que é a virtude». Pouco importa que a tarefa assim fique mais difícil. Como é, aliás. Um povo livre cujos objetivos são nobres corre um risco duplo. Mas deve-se aconselhar a soldados, em pleno campo de batalha, o medo da aventura?
Marc Bloch, *L'Étrange defaite*

O que há de surpreendente se uma nação que tem o nome de França, um dos mais nobres que existem, fique um pouco atolada em uma era democrática? *Noblesse oblige* [«a nobreza obriga»], mas, na democracia, também pode levar a tatear. No pronunciamento de Ano-Novo do presidente da República, pudemos ouvir, no mesmo fôlego, a celebração da posição da França entre as nações, como se ainda estivéssemos em um mundo em que as precedências são decididas na corte de Roma, e não nas bolsas de Nova York e de Tóquio, e um pedido de ainda mais igualdade para os franceses em 1991. Essa mistura de arcaísmo à la Antigo Regime e de *babouvisme*[9] em relação ao futuro não é exclusiva do presidente francês. É um componente da opinião nacional e o princípio da excrescência cultural que busco descrever neste ensaio.

Assim como suas irmãs europeias, a França não teve a oportunidade, como o Novo Mundo, de nascer democrata e, portanto, de sê-lo com naturalidade, com vontade, livremente e sem segundas intenções. A democracia, para a América, é uma aristocracia sem nobreza, aberta a todos, uma competição esportiva como a maratona da 5ª Avenida, muito misturada: todos na linha de partida, mas que vença o melhor. Basta — mas é imprescindível — respeitar as regras políticas do jogo. A América de hoje, assim, pode dar a si, sem se forçar, uma missão universal, que é a de estender ao mundo inteiro o privilégio aparentemente sedutor e contagioso, mas na realidade ferozmente seletivo. O sistema tende, desde o *New Deal*[10] a assustar-se um pouco consigo mesmo e a esclerosar-se, mas ainda está em vigor em suas partes vitais.

Diz-se que ninguém nasce cristão, mas se torna. Nasce-se democrata. Na Europa, não se é democrata ao nascer, e foi difícil tornar-se com muita vontade. A democracia dos modernos, que tem pouco a ver com a dos antigos, é, no entanto, uma lenta invenção da Europa e, entre outros, da França: esse regime político é inseparável da indústria, da ciência e da racionalidade eficaz e utilitarista, que as possibilita, e sua eclosão europeia

---

9   *Babouvisme*, isto é, na linhagem do agitador socialista Gracchus Baboeuf. [N. T.]

10   Após a Grande Depressão (1929), entre os anos de 1933 e 1937, o governo de Franklin D. Roosevelt adotou medidas e implantou uma série de projetos com vistas a recuperar a economia do país e a prestar auxílio aos que mais sofreram com a quebra econômica de 1929. Tais projetos ficaram conhecidos como *New Deal* («Novo Acordo»). [N. E.]

apenas fez devorar progressivamente, e não sem resistências, nossa civilização tradicional. Esta tinha suas bases na Antiguidade, e essas bases pertenciam a todas as civilizações tradicionais do mundo, da Ásia, da África e da América pré-colombiana. Somente os Estados Unidos foram dispensados disso. Eles nasceram no momento em que a filosofia utilitarista e a ciência, armas dos modernos, já tinham amplamente vencido o jogo na Inglaterra. E, como a França nunca se converteu verdadeiramente à filosofia utilitarista inglesa, ela entrou na modernidade de maneira muito singular. Alguns de seus modernos, e acima de todos Rousseau, tinham o melhor de seu coração do lado dos antigos. Assim como Descartes, Rousseau não tira da filosofia a generosidade antiga.

 Mesmo depois de entrar na modernidade democrática, a França permaneceu, dentre todas as nações modernas, a menos infiel à nobreza, ou, em outros termos, a uma moral da generosidade. Seu utilitarismo *de facto* sempre foi um utilitarismo vergonhoso, retorcido, por isso mais odioso sob muitos aspectos. Porém esse egoísmo moderno dos franceses é também, do ponto de vista que nos interessa, uma homenagem que o vício presta à virtude, essa virtude em nome da qual foi feita a Revolução Francesa, e que a III República tinha tomado como pedra angular de seu sistema de educação de cidadãos. Mesmo o Antigo Regime aristocrático, de que a honra, segundo Montesquieu, era o princípio, desprezava o egoísmo de casta e a frieza malvada de seus cálculos. Seus moralistas analisavam-no sem escrúpulos. A aristocracia do Antigo Regime tornou-se, nos séculos XVII e XVIII, uma nobreza letrada, cujo espírito, maneiras e idioma eram certamente privilégios, mas abertos aos letrados franceses e estrangeiros, que não se privaram de fazer uso desse generoso direito de adoração. No limite, a China, revelada pelos jesuítas, o Oriente, o Pacífico e a América pré-colombiana, que os viajantes começavam a dar a conhecer, eram, eles também, idealmente adotados pela República das

Letras das Luzes, pois todos esses povos participavam de uma mesma Lei natural que fazia de todos os homens candidatos à amizade dos outros.

Os modernos das Luzes francesas não exigiam uma «conversão» do outro a uma «cultura» inteiramente nova, renegando, segundo a utilidade egoísta e técnica, os anseios mais profundos e antigos da natureza humana. Em sua própria «conversa» contagiosa e generosa, eles viram apenas o desenvolvimento e a ampliação mundiais dessa natureza, operando em todas as civilizações. É aí que está a essência da nobreza na França: na realização de um «belo» natural, que floresce em todos os climas, e cujo adversário é o recuo calculista do utilitarismo e do tecnicismo, outras figuras, mas menos essencialmente francesas, da modernidade europeia. A Revolução Francesa, naquilo que tem de melhor, quis ir mais longe, no sentido dessa nobreza. Ela quis derrubar os egoísmos de casta, as barreiras e as fronteiras que a baixeza tinha superposto ao fundo nobre e natural da humanidade: ser republicano era a melhor maneira de ser nobre e de convidar a ser nobre. Isso não era óbvio. A violência, como se sabe, foi às vezes bem forte, ao mesmo tempo, na Europa do Antigo Regime, que resistia, e na própria França, onde as ruínas do Antigo Regime por muito tempo permaneceram imponentes.

Na França, a República é algo totalmente diferente da democracia nos Estados Unidos, movimento espontâneo e concêntrico, de inspiração religiosa, e que dá a cada um a chance (não obrigatória) de passar da periferia ao círculo dos melhores. O esforço voluntário empreendido a partir do centro, o recurso à violência, só intervêm raramente na democracia americana. No interior, foi a Guerra de Secessão; no exterior, as Guerras Mundiais contra a Alemanha dos *junkers* e dos nazistas, contra o Japão dos samurais modernizados, ou, ainda, as guerras locais contra o comunismo ou contra o fanatismo. No total, atos raros e oportunos.

Por que o republicano francês, cujo princípio é mais nobre e mais expansivo, é menos natural e, na prática, mais inquieto, mais intolerante? Ele acredita menos nas virtudes do comércio, é ao mesmo tempo burguês genti-homem e impaciente em relação a todo passado, é vaidoso e possessivo, ainda que impaciente com toda propriedade, e espera que a igualdade satisfaça suas paixões contraditórias. O republicano francês acabou criando uma ideia muito bizarra e inimitável da democracia, que Daniel Halévy resumia, em 1932, nos seguintes termos: «Privilégios para todo mundo». A República, sob as cores da democracia, já tinha combinado os privilégios do Antigo Regime, cujos atrativos ela tinha perdido, com uma paixão igualitária dirigida contra terceiros.

Trata-se de uma bizarrice moral que vai longe e que teria desesperado os austeros fundadores da III República, um dos melhores regimes que a França deu a si. Essa bizarrice, fixada na década de 1930, levou os franceses a entender mal a democracia liberal inglesa e americana, a desdenhá-la e a não entender seu futuro, mesmo quando ela foi vitoriosa em 1945. É impossível acreditar em um regime sem epopeia, sem filosofia patética, e que dá tanta importância ao bom senso. A Europa ou a Ásia eram muito mais românticas. Curiosamente, muito cedo na França surgiu o gosto pelo cinema americano (desde 1930, com Jean-Georges Auriol), cujo romantismo foi compreendido. Mas era um romantismo pela ficção. O romance da História estava na Europa ou na Ásia. Assim, grandes inteligências francesas fascinaram-se com os regimes oligárquicos alemão e italiano, com a cultura de massas que eles organizavam cientificamente, mesmo que ela levasse a inteligência à ruína ou à tortura. O mesmo defeito de visão levou outras inteligências brilhantes, ainda mais numerosas, a se fascinarem com o sistema stalinista, não menos oligárquico e igualmente apoiado em uma cultura de massas emburrecedora e humilhante. Ambos os regimes «orgânicos» fundavam sua coesão no crime: campos de extermínio e *gulags*[11] Essas duas admirações elegantes, que nasceram juntas na década de 1930, entre a mesma geração de aventureiros da III República — uma durante o regime de Vichy, e a outra, no pós--guerra —, tiveram a ocasião de gravar com força sua marca na vida pública francesa, em doses variáveis. As insidiosas consequências, no mesmo momento em que a ideia liberal ganhava as inteligências na França e no mundo, ainda podem ser sentidas. Primeiro, uma perversão sutil do sentido da coisa pública, confundida com a vontade de potência de uma oligarquia político-administrativa; em seguida, a organização, desde cima, de uma cultura de massas pretensiosa em seu conteúdo, igualitarista em seu desígnio e, ao mesmo tempo, desastrosa para a inteligência e surdamente opressiva para o bom humor. Venenos lentos, contidos e compensados com grandes dificuldades por uma sociedade civil intimidada e reduzida à resistência passiva. Mas, ainda assim, venenos, dos quais sofre, em sua ordem, a fertilidade francesa. Eles parecem ainda mais nefastos na ordem do espírito. É aí também, *noblesse oblige*, que se espera a França. É aí também que ela tem uma posição. Ora, aquilo que chamo de Estado cultural, essa tirania latente que encolhe a França e que a obriga, ela própria, a contrair-se, impede-a de ser, na Europa e no mundo, o princípio contagioso que ela deve ser e que já foi, princípio que contém e ultrapassa o princípio americano e que conjuga democracia e nobreza para vencer as oligarquias maquiavélicas que macaqueiam a monarquia afetando a paixão pela igualdade.

    A democracia, liberal em seu princípio político, tem mais de um ponto em comum com aquilo que foi a República Europeia das Letras, inteiramente francesa, no momento em que explodia a Revolução Americana. Ela é igualdade, sem dúvida, mas

---

11 Os *gulags* eram parte do sistema prisional institucional da antiga União Soviética, caracterizados como campos de trabalhos forçados, instalados, via de regra, em regiões remotas do país. [N. E.]

primeiramente liberdade. Assim como a aristocracia das Luzes, à qual pertenciam os Pais Fundadores, os Estados Unidos pretendem-se uma democracia liberal, em que a igualdade dos parceiros existe apenas para favorecer a liberdade da conversa e da competição, e não para humilhar, nem para enquadrar ninguém. O difícil equilíbrio entre igualdade e liberdade é a virtude liberal por excelência, às vezes pessoal, mas normalmente política e social: mesmo que hesite, ela nunca perde de vista o justo meio-termo entre o excesso de igualdade e o excesso de liberdade, que é a saúde do regime. A França da Mme. Geoffin e da Mme. de Staël, a França de Turgot e a da Assembleia Constituinte estavam em profunda harmonia com os princípios da Constituição americana, e é essa harmonia, ainda hoje, que funda filosoficamente a amizade franco-americana.

Fora do amor pela liberdade, sem o limite que ele impõe a essa patologia da igualdade que é o igualitarismo, a paixão igualitária transforma-se em uma arma de facção, serve de isca para uma oligarquia demagógica que reina por meio da cultura de massas: a França teve a primeira experiência disso durante a Convenção. O Terror robespierrista abriu o caminho para os totalitarismos modernos, dos quais não se encontra exemplo nem na Inglaterra, nem nos Estados Unidos. Essa patologia da democracia liberal é, no entanto, uma das angústias dos Estados Unidos, e a proliferação em seu seio de seitas ou de grupos intolerantes a reaviva o tempo todo: Ku Klux Klan, Black Panthers, Women's Lib, politicamente correto e outros «*lobbies*» ideológicos que trabalham para derrubar os princípios fundadores e para impedir seu livre exercício. Porém foi evidentemente a Europa nostálgica dos impérios e das monarquias que se revelou, em uma escala monstruosa, o hospital psiquiátrico da democracia liberal, ao passo que os Estados Unidos só conheceram até agora adversários dela que fossem circunscritos e controláveis.

A França — o episódio do Terror deveria nos servir de lição — não é imune à patologia da democracia. Todavia, não a vemos realmente se inquietar, mesmo quando se manifestam candidatos brandos ou estrondosos à tirania. A patologia política é a dos outros, lá longe. E se esses outros lá longe nos devolverem a imagem esgarçada e caricatural de nós mesmos? Graças à exaltação simultânea da vaidade e da igualdade («Privilégios para todos!»), graças à anemização da liberdade, um Estado que se torna oligárquico e que subvenciona uma cultura de massas inconfessada acaba projetando uma sombra de tirania sobre um país naturalmente republicano e até sinceramente democrático. Quando seu nome é França, esses sintomas são excessivos.

* * *

A situação, convenhamos, não é confortável. A França faz-se anunciar por seu nome, que conjuga nobreza de nascimento e nobreza de espírito? Ela incomoda, dentro dela mesma e em outros lugares. Uns se irritam com a sonoridade dessas duas antigas sílabas gloriosas. Outros constatam com dificuldade que essa velharia ainda tem uma cotação honrosa na Bolsa e mantém-se mais ou menos bem no mercado. Esses escrúpulos de polidez paralisam, mas, mais ainda, paralisa a lembrança lisonjeira de um dos títulos de nobreza de que se pode valer o velho nome do Velho Mundo: uma proclamação bem famosa, ainda que muito antiga, de abolição dos privilégios. O Estado cultural afirma ter surgido da Noite do 4 de Agosto [12] Ele se julga revolucionário porque se pretende igualitário. Em seus Locais, em seus Centros e em seus Espaços, todos se valem e tudo se

---

12 Momento importante da Revolução Francesa, quando, na noite de 4 de agosto de 1789, a Assembleia Nacional Constituinte decidiu-se por dar fim ao sistema feudal francês. [N. E.]

vale. Porém o sacrifício da Noite de 4 de Agosto foi um ato livre, generoso, que, em uma Europa inteiramente hierárquica e monárquica, fez da França uma exceção heroica e exemplar: no mesmo gesto contagioso, consumou-se a divisa «Liberdade, Igualdade, Fraternidade», sem que nenhum desses três termos fosse sacrificado ao outro. Esse gesto de aristocratas tornou-os luminosamente nobres. Sua irradiação foi muito mais universal do que poderia ter sido a da Declaração de Independência e da Constituição americanas, que se limitavam a sancionar um fato pelo direito. O igualitarismo cultural, assim como os outros igualitarismos, coloca a igualdade contra a liberdade, e as paixões sombrias, avaras, contra a inspiração das Luzes, a qual quer, efetivamente, compartilhar, mas compartilhar a nobreza, e, mais precisamente, a nobreza do espírito. Uma França igualitarista e, portanto, ocupada em ela própria igualar-se, ocupada com esse odioso trabalho em si mesma, deixa de ser a pátria da liberdade e do contágio da liberdade. Ela deixa de ser a esperança daqueles que desejam ter acesso à liberdade. Em vez de encontrar nela uma fonte de inspiração, eles só veem nela um sindicato de divisão do butim e de pequenos proprietários culturais.

    Por suas origens liberais, a França política é aparentada aos Estados Unidos. Por sua tradição de nobreza do espírito, ela tem, mais do que a América puritana e utilitária, vocação para traduzir a ideia liberal nas mais diversas línguas e tradições, para fazer com que ela seja reconhecida como o bem e o laço comum de todas as famílias espirituais do mundo, as quais seria indelicado e humilhante classificar apenas segundo a categoria econômica de Terceiro Mundo. Porém essa vocação passa pelo alto. Ela é interrompida e obscurecida assim que a França se fecha em um economismo até liberal e em um sociologismo igualitário e cultural, ambos para uso puramente interno. Esses erros morais são também erros de julgamento e fazem, da França, objeto de uma curiosidade inquieta, decepcionada, tingida cada vez mais de uma suspeita de ironia. O Novo Mundo não se impressiona com uma aposta igualitarista redobrada, que é sua própria doença. O Mundo Antigo, apegado a suas tradições e sonhando com a América, não encontra em nós o modelo que procura de uma liberdade que seja fiel, de uma igualdade que não seja opressiva, de uma fraternidade que não seja sentimental, nem de compaixão fácil, mas partilhada pelo alto. Quanto às nações do Leste Europeu, elas também têm nomes famosos, carregados de história. Todas são bem-nascidas, mas várias delas foram reduzidas à servidão, em parte por nossas faltas e com nossa cumplicidade. Recentemente libertadas, são elas que mais ardentemente querem redescobrir, além da liberdade e da prosperidade, as Artes Liberais de que, por tanto tempo, foram despojadas. Terão elas tanta apetência pelo Estado cultural francês? Elas saem com dificuldade de um igualitarismo totalitário, imposto pelo martelo-pilão do Estado leninista. Elas têm motivo para suspeitar que, nessa versão de luxo do sistema que as estragou, haja um desagradável jogo de príncipes, ou de crianças mimadas. Elas nos pedem nossos professores, nossos cientistas, nossos industriais, e não cantores de *rock*.

* * *

A França tornou-se verdadeiramente uma República em 1875. Então, ela adotou tanto uma Constituição como uma tradição de pensamento, uma literatura e uma lenda nascidas no século das Luzes e amadurecidas pelo Romantismo. Todavia, não rompeu com suas outras linhagens: a fidelidade ao Antigo Regime, ao Império bonapartista, à monarquia orleanista e também à Igreja romana, à Igreja reformada, à Sinagoga; manteve outras folhagens em uma espessa árvore genealógica, às quais a República era, no fundo, solidária, seja indiretamente, por lutas parlamentares, ou diretamente, por aliança matrimonial ou simpatia literária. Seu nome latino supunha um Fórum; e, nesse núcleo central (Paris e a Câmara, como Roma e seus Concílios), cada família tem seus representantes. Eles brigam, mas em nome de uma «coisa pública» superior a todos, servindo, assim, mesmo sem querer, à ideia republicana de unidade e de indivisibilidade. Todas essas famílias de espírito, pormais opostas que sejam, falam também a mesma língua, uma língua literária e clássica que leva todos os seus interlocutores a uma Place Royale invisível, no centro do tempo histórico francês, no século XVII. Essa estrutura objetiva e simbólica, impaciente-se ou não com ela, é francesa. No centro ideal de uma história e de uma geografia, interpelam-se oradores tão distintos quanto Gambetta e Albert de Mun, Jaurès e Barrès, Tardieu e Blum, Poincaré e Briand. A República, assim como a Monarquia antes dela, é uma fé francesa que reúne, uma lenda francesa que une as gerações vivas aos grandes ancestrais, fé e lenda abertas e propícias a alianças em honra: portanto, uma nobreza, mas o contrário de uma casta oligárquica. Aliás, desde o século XVII, admite-se na França que não existe nobreza só por nascimento: o serviço do rei e as letras enobreciam, e até o nobre de nascença só podia manter sua posição por uma «honestidade» que conjugava memória, maneiras e linguagem.

Essa é a origem do estatuto extraordinário, essencial para a harmonia, mas também para o dinamismo francês, de que a literatura goza neste país. Ela é a jurisprudência da língua e dos costumes nacionais. Desde a era absolutista, a República das Letras escondia as barreiras de casta e acendia as luzes de um salão onde a igualdade era a mesma que há em torno de uma mesa de jogo. Ela compensava a burocracia e a aristocracia da Corte por sua nobreza, de essência inteiramente literária, na qual a única superioridade era a do espírito. A República rematou a constelação dos salões e das academias acrescentando, a esses círculos de conversas cooptados, um hemiciclo de eloquência, o Parlamento, cujos oradores eram eleitos por sufrágio universal. Uma mesma língua e uma mesma literatura faziam girar juntos, em torno do mesmo eixo, essas diversas engrenagens da representação nacional, concentradas em um mesmo palco, visível de qualquer lugar. No limite, a França inteira devia poder compreender os movimentos dessa relojoaria, compará-los a movimentos anteriores, acelerá-los ou perturbá-los com sua própria agitação ou com seu voto. A República levou o mecanismo a uma espécie de perfeição: ela fez da instrução pública a via de acesso, ao mesmo tempo, a esse grande teatro e a uma plateia capaz de julgar, com conhecimento de causa. Não bastava, pretendia ela, nascer francês para sê-lo, assim como não teria bastado no Antigo Regime nascer nobre para figurar na República das Letras; para merecer o título de nobreza, era desejável conhecer sua gramática, seus autores, sua história. Mas quem quer que os conhecesse, mesmo que não tivesse nascido francês, tinha a França como segunda pátria, tinha assento no teatro e gostava dele. Mas ainda se tratava de uma nobreza, por mais aberta que fosse, isto é, de um papel e de uma forma herdados, de uma disciplina recebida, de uma regra de jogo aceita, em que a liberdade de interpretação deixava vasta carreira ao talento e à invenção.

    A gramática, na França republicana, vale um título de cavalaria: Malherbe e Vaugelas o estabeleceram no começo, segundo o uso das maiores famílias do reino. Os autores clássicos da escola republicana são os mesmos das coleções reais *ad usum Delphini*[13] e cada criança francesa ou estrangeira, instruída em nosso idioma, que aprenda uma fábula de La Fontaine ou uma cena de Racine, é neto de Luís XIV, formado por Fénelon, ou herdeiro do principado de Parma, criado por Condillac. A história ensinada nas escolas da República, na França ou no estrangeiro, tem por grandes fontes uma coleção de *Memórias* aristocráticas, em que

---

13 «Para o uso do delfim», isto é, do príncipe herdeiro da coroa francesa. [N. T.]

figuram Mme. Roland e Bonaparte, mas cujas origens remontam a Grégoire de Tours, a Froissart e a Commynes. É difícil imaginar um colégio de nobres ao mesmo tempo mais aberto e mais aristocrático do que o ensino público e obrigatório da República francesa. Eram Rugby e Eton, sem o *cant*[14] no mais modesto burgo, da mais distante província. Creio que essa hipérbole esquematiza a realidade: ela dá conta muito exatamente da intenção educativa da República e, com frequência, de seu sucesso.

Podemos sem dúvida lamentar que, fiel demais ao Antigo Regime, muito fidalgo em suas finanças, a República não se tenha mostrado mais educada e educadora, nessa ordem. O Antigo Regime fingia desprezar o fato por altivez, e a República, por virtude. A força dos Estados Unidos, além da naturalidade com que é democrática, é admitir com perfeita naturalidade que a empolgação, o suspense e o drama da roda da fortuna estão entre os verdadeiros sabores que a liberdade pode conhecer. A prova de que a República era, no fundo, «tradicional» é o quão pouco ela se esforçou para esclarecer e ressaltar as regras do jogo econômico moderno. Outro sintoma é o brilho que conheceu a nobreza de *Faubourg*[15] entre 1875 e 1940, mais prestigiosa na época do que havia sido durante a Restauração. A única nobreza realmente admirada pelo Novo Mundo é a florentina, comerciante e bancária. As grandes famílias de banqueiros florentinos, os Médici, os Saccheti e os Bardi foram, não obstante, amigas das letras, das ciências e das artes. Porém a moral da República francesa, assim como seu programa de educação, preferiu ignorar que

14 Rugby e Eton estão entre as mais antigas escolas independentes da Inglaterra, frequentadas pela aristocracia. *Cant*, em inglês no original, pode ser traduzido como «santarronice». [N. T.]

15 Com o termo, costumava-se designar, à época, o antecessor do que hoje se chama «subúrbio»: uma aglomeração de casas com pouco ou nenhum distanciamento entre si, travessas e becos, em torno, geralmente, de uma via ou uma estrada, fora das cidades. [N. E.]

a economia e as finanças liberais são o sal da democracia, e não mais, como no Antigo Regime, um segredo confiado aos domésticos e a vergonha dos burgueses. Essa virtuosa hipocrisia, que alimentava a indignação dos piores adversários da III República, explica seus «Negócios» vergonhosos: apesar das concessões superficiais, ela continua vigorando na França, onde as regras do jogo econômico e financeiro, falseadas por um despotismo de Estado, não adquiriram a dignidade de arte liberal. Meio século de marxismo e de economia mista complicaram ainda mais para nós a herança dos grandes senhores. Contudo, mesmo com essa carência, a República fazia das Artes Liberais o modo e a condição de acesso à única nobreza compatível com a democracia política: a do espírito. Nesse ponto, ela era ao mesmo tempo moderna e clássica e servia bem a nação. Ainda hoje resta dela alguma coisa; quem quer que, do Extremo Oriente ao Extremo Ocidente, fale bem francês, leia com prazer o francês, tenha montado uma biblioteca francesa, pertence a essa sociedade republicana que, sob todos os céus, traz o nome de França. Porém as obras de arte, os desenhos, os quadros e a mobília do passado francês têm hoje mais demanda do que os livros, e o Líbano francês não passa de uma lembrança trágica.

    A França letrada, contagiante e muito mais vasta do que suas fronteiras, já existia no Antigo Regime, em seus *salons* e em sua Internacional das Luzes. A República ampliou generosa e inteligentemente, por amor à democracia, mas sem paixão democrática, essa velha disposição expansiva e aberta da sociabilidade francesa: ela foi identificada com a República das Letras. Nada foi mais injusto do que a polêmica de Barrès contra as escolas da III República, que, aliás, formaram excelentes leitores para sua obra. Na ausência desse princípio de enobrecimento tão antigo quanto ela própria, a França fica ameaçada em seu ser. Ela está se tornando uma entidade geográfica onde se justapõem grumos socioculturais.

Estamos longe da polêmica dos *Déraciné*[16] [Desenraizados]. Em vez de Kant, corruptor das almas segundo Barrès, um ministro francês da Cultura propõe a «cultura do *rap*» como modelo às escolas francesas, a qual, importada dos bairros brutalizados do Novo Mundo, ele também subvenciona. Como imaginar um ministro americano fazendo o mesmo com sua «cultura»? O mesmo ministro francês é capaz, poucas semanas depois, de gabar-se pelo apego dos franceses a seu patrimônio arquitetônico e de avalizar um dos últimos achados do *show business* para a imitação servil na França. Essa repartição dos franceses em clientelas heterogêneas de consumo, justificável em um diretor comercial de supermercado, pode surpreender se vinda de um eleito da República, membro, ademais, do Poder Executivo. Ela dá a medida da confusão que se introduziu nas representações, com a autoridade política raciocinando em termos de sociologia comercial e tratando os cidadãos como uma coleção de clientelas e de públicos. Uma série de «culturas», sob o nome genérico de Cultura, estabelece a segmentação como meio de governo. E essa Cultura da dispersão e da conjuntura trabalha para substituir a civilização francesa, ao mesmo tempo, na singularidade histórica que liga a nação profunda à sua substância permanente e em sua universalidade espiritual, a qual, pelo alto, liga-a a todas as manifestações do espírito humano. Essa manipulação das mentalidades teme, com razão, toda magistratura independente que lhe venha contrapor aquilo que permanece e que deve permanecer para que o espírito ainda tenha domicílio na França.

---

16 Romance de Maurice Barrès, lançado em 1897, no qual o autor trabalha com questões envolvendo a afirmação de um «si próprio», em uma espécie do culto do «eu», em função de um país e de uma linhagem específicos. [N. E.]

***

Nem se fala mais, na língua corrente, nem mesmo no discurso oficial, em República. Só se fala em Poder. A República tinha como finalidade elevar à sua vida pública, e enobrecer pela educação, seus cidadãos. Era um regime representativo e liberal. O Poder não concebe nenhuma finalidade para o serviço público, além de estender sua onipotência a título de disseminar igualitariamente seus benefícios. Isso equivale a reduzir o conjunto dos cidadãos à condição de consumidores, a despojá-los de toda representação, para concentrar em poucas mãos todas as funções, não apenas aquelas que distinguia Montesquieu, mas outras que apareceram nesse ínterim, como a econômica — e um homem das Luzes não teria imaginado fazer com que elas dependessem do político, assim como não o faria com os costumes e com os gostos. O Poder comporta-se como se o corpo político fosse um mercado, mas, sendo um Poder político, ele tem condições de, ao mesmo tempo, persuadir, manipular e constranger. Ele se tornou uma centrífuga totalitária, homogeneizando na aparência, fatiando na realidade. Para fugir dessa centrífuga, o único método é tornar-se uma peça de seu motor. Igualador, ele torna servil. Ao fatiar, ele divide e reina. O nome de França, superstição, importuna-o. A língua, a gramática, a história, os autores, toda essa jurisprudência nacional, com os quais esse nome combina, para ele não passa de peças do mobiliário nacional, reservadas à mais alta função pública. Ele fala tecnocratês, língua recortada da língua e que não se dirige a ninguém. O nome «República» não faz parte dela. França e República, uma por suas origens medievais, a outra por suas raízes romanas, não estão em seus lugares no jargão oficial — exceto na língua castigada do presidente da República. Esse é outro de seus domínios reservados. Nos outros escalões, a palavra Cultura é muito popular. Assim como a palavra Poder, ela dispensa a memória e tem poucos contornos, não incomodando novos senhores.

O casal França-República foi assim substituído pelo par Poder-Cultura. A República francesa, que Péguy chamava de «nosso Reino da França», tornou-se um Poder cultural, e até pluricultural, que não está mais em lugar nenhum, nem no tempo, nem no espaço, como a ilha de Laputa, de Swift, como o pássaro de pedra de Magritte, pesados, mas abstratos. Esse deslizamento de vocabulário, que entrou pouco a pouco nos costumes, assinala uma mutação essencial, na qual a Revolução Francesa não parece mais do que uma peripécia. O Poder cultural é o motor de uma revolução de mesmo nome que nos faz entrar no radical estrangeirismo de um mundo novo. Esse mundo novo não é simétrico ao Novo Mundo, apesar de várias aparências comuns e de empréstimos incontestáveis. Ele é, antes de tudo, a negação perseverante, sistemática, odiosa, do Antigo, ao passo que o Novo Mundo limita-se a perseverar no que lhe é natural e a dar voltas em seu próprio jogo democrático. Aliás, ele é o primeiro a surpreender-se por não reconhecer nem a França, nem a si próprio, nessa figura artificial e sintética que surgiu da França metropolitana. Para descrever essa figura, não é preciso tomar emprestada a linguagem da democracia americana, nem da economia de mercado. A França perdeu sua natureza, assim como Peter Schlemihl[17] tinha perdido sua sombra. Ela a perdeu junto com seu nome. Um substituto estatal e cultural, capaz de fazer-se passar por uma evidência benfazeja, tomou o lugar, sem avisar, da antiga Nação-Igreja. Para descrever esse parasita, seria preciso o gênio fantástico de Edgar Poe. Como se trata de uma perda da

---

17 Personagem de *A história maravilhosa de Peter Schlemihl*, de Albert von Chamisso (1814). Na história, o personagem vende sua sombra ao diabo, em troca de uma bolsa mágica, inexaurível, que continuamente se reabastece, na mesma frequência em que é esvaziada. Ao contrário da esperada boa fortuna, porém, o personagem acaba por descobrir que, homem sem sombra, passa a ser rejeitado pela sociedade. [N. E.]

natureza, a linguagem clássica dos moralistas franceses, assim como a linguagem do senso comum, também pode vir a calhar.

* * *

Vários romances, entre os melhores publicados nos últimos meses, retomam o Paul Morand de *Venises* [Venezas], quando não o fascínio de um Henri de Régnier pela cidade dos doges. Também Françoise Chandernagor (*L'Enfant aux loups* [A criança lobo]), Jean d'Ormesson (*A história do judeu errante*) e Philippe Sollers (*La Fête à Venise* [A festa em Veneza]) projetaram sua imaginação na tela da Laguna. Uma nova angústia francesa, assim, reencontra seu antigo espelho. Porém, em nenhum desses três romances, aparece a palavra «decadência». Essa omissão tem, talvez, o valor de uma imprecação. Sua ausência é menos notável no pobre francês corrente veiculado pela «comunicação» no Estado cultural. Decadência! Palavra bela demais, romântica demais para aparecer em nossa prosperidade frívola e satisfeita. A língua ressente-se de maneira cruel desse desmoronamento ainda em progresso, escondido pelas «Cifras da cultura». Todo um léxico, toda uma sintaxe, toda a riqueza dos lugares-comuns e das figuras de estilo que constituíam a substância e a ductilidade do francês são lançados para fora de uma conversa mutilada. A retórica, que ensinava igualmente bem a resumir e a amplificar, segundo as regras de um jogo que faz da língua a dança do espírito, foi substituída exclusivamente pelo resumo de textos e pelos fichamentos, úteis, sem dúvida, mas que, sem o contrapeso da amplificação, ressecam o coração e ensinam a curvar a espinha da alma. Esse grau zero da escritura, opressor para as brincadeiras da infância e da juventude, desceu das grandes escolas para as pequenas e lançou o interdito contra a imagem que faz ver, a alusão que faz entender, o traço que esclarece, em suma, contra toda a lira das letras francesas. Só restam dois graus de estilo: o estilo administrativo e o estilo vadio, ambos *langues de bois*[18] Essa amputação da língua equivale a uma censura de fato sobre todos os gêneros que não são a exposição abstrata ou a fuga desta, a autobiografia. A sátira, o ensaio, a polêmica e a crítica humorística, que supõem um público sensível ao tom e à ideia, ficaram fora de alcance e, francamente, tornaram-se de mau gosto. A ironia ainda não é um delito: já é quase um crime — de qualquer modo, uma grave falta de civilidade, ou um ato heroico.

Igualmente, a «decadência», palavra antiga, palavra-poema, não pode convir a um mundo novo seco, neutro, cúpido, a que a eloquência assusta muito mais do que a poesia. É curioso notar que os americanos usam a palavra de bom grado e que são sensíveis ao que ela supõe de sentimento trágico. O Novo mundo, efetivamente, ao contrário do mundo novo, é natural na democracia, e, sendo natural, tem a imaginação viva, o senso dos grandes gêneros — tragédia, epopeia e lirismo —, e Shakespeare, assim como os mitos gregos, ainda que degradados, estão há muito entre eles, no cinema e no romance americano. Nossa constrição democrática, organizada por um Poder frio que nem sonha, nem faz sonhar, é não apenas despojada da maioria dos gêneros literários, como também do romantismo poético, ao qual o grande público, na verdade, sempre foi sensível. «Decadência» é uma palavra deslocada para descrever o mundo novo. Na III República, nascente e conquistadora, seus adversários internos provocavam-na, disseminando e amplificando essa metáfora crepuscular. Ninguém via nela uma ameaça, muito menos um solecismo. A literatura «decadente» não inquietava uma nação em plena saúde e que podia aguentar que a fizessem sonhar com seu próprio esgotamento.

---

18   O termo refere-se pejorativamente aos discursos cuja argumentação está fundamentada em estereótipos. Literalmente, traduz-se como «língua de madeira». [N. E.]

A III República podia perfeitamente viver com o decadentismo propagado por suas letras porque ela mesma, identificando-se com a França, julgava-se uma casa ótima, de sangue antigo, mas vigorosamente renovado. Para ela, à sua altura, estavam apenas o rei da Inglaterra, o tsar e o Kaiser. Ela tinha vários graus de nobreza: a Constituinte, a Convenção, a Assembleia de 1848. Outros, legitimistas, orleanistas, podiam declinar de outra maneira a genealogia da França. O decadentismo literário, ficção poética, exaltava, com sua melancolia de fim de raça, um orgulho unânime. Entre os alemães, havia o medo e o desdém pela *Kultur*, pedantismo de novos-ricos da História.

Os escritores mais alérgicos à «República ateniense» (outra ficção literária a que o tribuno Gambetta não hesitava em recorrer, e que fazia a linhagem do regime remontar aos gregos) procuravam em Veneza um luto moderno: parecia-lhes que ficava melhor do que a fé robusta e a eloquência à moda antiga dos chefes republicanos. Na época, rivalizava-se em nobreza até um pouco demais, mas como reclamar disso hoje? Veneza foi o culto reacionário da festa do Antigo Regime, assim como haviam descrito os Goncourt, a *«folle journée»* [«dia louco»] do século XVIII, que deveria ser efêmera e que, segundo esses estetas, nunca deveria ter repercutido, como tinha feito em 1789, pelo afluxo de energia revolucionária que a tinha metamorfoseado em tragédia política e em epopeia militar. Encontro de reis no exílio, espetáculo ininterrupto pelos viajantes, a Sereníssima República tinha sido reduzida, em 1797, a uma simples convocação de Bonaparte, à pilhagem e à dependência. Não tinha travado sua batalha de Salamina. Em suas pedras quase desertas, cidade-vaidade, cidade-túmulo, ela oferecia aos turistas letrados do fim do século XIX o contraponto que eles queriam às Exposições Universais e à trepidante vitalidade da Paris da III República. Porém mesmo esse espelho enferrujado era para eles um princípio inventivo, e esse devaneio fúnebre, um argumento de vida. Barrès, jovem, viajou a Veneza, antes de Proust, depois de Wagner (que Paris considerava, junto com Heine, um dos seus). Antes de enraizar-se um pouco tristemente na Lorena, ele encontrou nela vivas exaltações. Nem a cidade desolada, nem seus raros habitantes detêm-no, sensível como podia ser, junto com sua geração, à anemia, aos miasmas pantanosos com que Thomas Mann impregnará *Morte em Veneza*. Porém, na *Ca' Rezzonico*, no *Carmine*, nos *Gesuati*, ele teve longos encontros com os afrescos de Giambattista Tiepolo. Essas alegorias resumem os títulos de glória de Veneza, que mal sabia que o mais irrecusável entre eles ainda era sua linhagem de grandes pintores, dos quais Tiepolo era o último, mas não o menor. Elas celebram a fé, a fortuna, o orgulho venezianos, mas sobretudo a luz da Laguna, entre mar e céu, os quais povoam com imagens da memória. Tendo ido para lisonjear seu *spleen*[19] Barrès descobre, nessas pinturas, um recurso e uma força:

> Esses tetos de Veneza, os quais nos mostram a alma de Giambatista Tiepolo, que alarido estrondoso e melancólico! Neles, Tiepolo recorda Tiziano, Tintoretto, Veronese, ele os faz desfilar: grandes panos, escorços vistosos, festas, sedas e sorrisos! Quanto fogo, quanta abundância, quanta verve móvel! Todo o povo dos criadores de antigamente, como ele repete até cansar, estonteia-o, deixa-o entusiasmado, em frangalhos, de tanta comoção. Porém ele o inunda de luz. Aí é que está sua obra, transbordando de lembranças fragmentadas, mistura de todas as escolas, batida sem freio nem arranjo, diz você, mas a harmonia nasce de uma incomparável liberdade feliz. Assim,

---

19 Com o termo, normalmente se busca referência a certo estado de melancolia e tristeza contemplativa, muito presente na poesia de Charles Baudelaire (1821-1867). Em inglês, a palavra significa, literalmente, «baço», sendo então empregada para designar essa melancolia por causa da teoria dos humores, por meio da qual os antigos explicavam as relações entre a saúde e a doença no homem. [N. E.]

minha unidade é feita de toda a clareza que trago, entre tantas visões acumuladas.

Se fosse preciso procurar hoje acima de nós uma visão que tivesse o mesmo poder, não seria para o lado da pintura que deveríamos voltar os olhos primeiro. Para uma nação literária, como a nossa, *Em busca do tempo perdido* desfralda em nosso céu, mas visível no mundo inteiro e na maior parte das línguas, uma aurora boreal francesa tão luminosa quanto os tetos e os quadros de altar de Tiepolo em Veneza. Igualmente sobrecarregada de brasões, ela faz descer sobre nós, céticos ou desesperados, a graça e a força da rememoração. Ela é uma pátria para enlutados da pátria.

Tarde demais para que Barrès pudesse vê-los, foram transportados em 1906 para a *Ca'Rezzonico* os afrescos com que Giandomenico, filho e colaborador de Giambattista, tinha decorado sua *villa* em Sinatra, em 1791, não longe de Veneza. Um deles, tradicionalmente, traz o título *Il Mondo Nuovo* [O mundo novo]. À altura dos olhos, e quase em tamanho natural, trata-se de um *trompe l'oeil* extraordinário [uma «ilusão de ótica»]: ele coloca o espectador na presença quase física de uma multidão de curiosos em linha, cujos rostos jamais são vistos, o que nos faz perguntar imediatamente qual espetáculo pode detê-los assim, lado a lado, inquietos, pesados. Um quarteto, embaixo de uma gravura italiana do começo do século XIX, feita a partir desse afresco, comenta-o assim:

> *Gente senza saper, senza costume,*
> *Dell'ozio amigo, e che virtu non cura*
> *Predice l'avvenir e la ventura,*
> *A popolo stolto che non vede lume*[20]

20 Gente privada de saber e de costumes, / Amiga da preguiça, descuidada da virtude, / Prediz o futuro e sua aventura / A um povo estúpido que

Seria então uma versão moderna da fábula do cego e do paralítico, ou antes, ou melhor ainda, do mito platônico da caverna. Essa frisa de observadores imóveis, dormindo em pé, fitaria charlatães invisíveis, que, em suas charlatanices, exibiriam para eles um mundo novo, sempre no futuro. Eles desertam o mundo antigo e real que habitam, estão em outra parte, em uma partida perpétua e imóvel. Ficam, no entanto, parados, aquelas costas de tolos variados, de manto ou de mantilha, braços caídos, presos em uma armadilha, mas eles mesmos armadilha que prende seus próprios espectadores, cujo primeiro movimento é aglutinar-se atrás deles e tentar enxergar por cima de seus ombros a ficção que essa multidão fictícia acredita ver. Que jogo de ótica! É, ao mesmo tempo, difícil de não se deixar levar por ele e não ficar como que desperto depois da tentação de deixar-se levar. Transferida para um dos museus venezianos da pintura de Giambattista, essa obra-prima da ironia adquire um sentido ainda mais forte. Esses curiosos pintados, atração irresistível para os curiosos vivos, desviam-se da luz dos tetos de Tiepolo, que vai ao encontro dos reflexos do Grande Canal, assim como o doge ia casar-se com o mar.[21] De castigo, não podem ver Veneza nem seu último poeta; passarão a eternidade de costas para ambos.

 Aumentando a sátira, Giandomenico representou a si próprio, junto com o pai, misturado a esse bando de observadores cegos. Eles são efetivamente reconhecidos na multidão. Giambattista está de peruca preta e de óculos, um pouco recuado, à direita; o nariz também montado por óculos. Espectadores entre os espectadores, eles olham em outra direção, os olhos dobrados por suas lentes profissionais de pintores, indiferentes à deserção de Veneza, espelhos desconhecidos de sua ideia,

---

não enxerga luz. [N. T.]

21 Cerimônia que rememorava o direito sobre o Adriático, concedido ao doge de Veneza, pelo papa, em 1277. [N. T.]

a qual projetaram em suas paredes. Nessa cena, de um realismo absolutamente profano e cômico, eles são ainda assim apóstolos de Tintoretto, na *Via Crucis* da *Scuola di San Rocco* [Via-Crúcis da Escola de San Rocco], perdidos na multidão que segue maquinalmente os soldados em marcha, os únicos a saberem que estão acompanhando o Cristo. Eles veem o avesso e o reverso das coisas, o passado e a atualidade dessa Veneza que, em 1791, seria poupada por apenas seis anos. Sua obra estava concluída, Giambattista tinha morrido, mas, nas igrejas e nos palácios de Veneza, na grande escada do palácio arquiepiscopal de Würzburg, nos salões oficiais do palácio real de Madri, nas *villas* de la Brenta e de Vicence, suas luminosas alegorias tinham legado ao mundo a nobreza de Veneza, seu mito. A esse testamento, o órfão Giandomenico tinha acrescentado um *post-scriptum*: *Il Mondo Nuovo*. A Veneza póstuma. Em desenhos admiráveis da mesma época, ele representou toda uma sociedade de polichinelos inteiramente brancos, com grandes chapéus pontudos, que se desarticulam ciosamente.

Para descrever a amnésia francesa do fim do século xx, esse encontro à beira do Grande Canal pode servir de prólogo. É onde os caminhos se cruzam. Será que voltam? A França pode perfeitamente dispensá-los. Assim como a Veneza dos afrescos de Tiepolo, ela triunfa e vive em todas as bibliotecas do mundo, nos museus, em sua história, em sua lenda e em sua língua, latim dos modernos, e sua essência, assim como a de Veneza, pode ser confiada sem receio a essas garrafas lançadas ao mar. A França, pátria da inteligência, é tão inalienável quanto a Grécia, apesar de Papandréou, a Espanha, apesar de Gonzales, a Itália, apesar de De Michelis, e a China, apesar de Mao. Ela é um bem comum da Europa e do mundo. Cuidemos para não sermos os únicos a ser despojados, enquanto o Estado cultural diverte-nos com suas vaidades.

***

Assim como a Veneza de Tiepolo, a França de sempre é uma das nobrezas que constituem a Europa, uma das mais hospitaleiras, certamente a mais alegre, e não é possível imaginar sem ela nem a Europa, nem mesmo o mundo. No entanto, é tão pesado o jugo do «novo mundo» cultural até em nosso idioma que acabamos hesitando em escrever uma frase em que seu nome é o sujeito. Podemos ainda, sem surpresa, arriscar-nos, mesmo em modo interrogativo, dubitativo? Ao perguntarmos, por exemplo: a França acredita em si mesma ou não acredita mais em si mesma? Ela tem pretensões ou deixou de tê-las?

«Claro», escreveu Paulhan:

> que a França não é uma mulher, assim como a Alemanha não é uma águia, nem a Inglaterra, um leão. No entanto, quem imagina as condições de qualquer ordem pressuposta pela própria existência de uma nação, de territórios reunidos, de chefes livremente reconhecidos, de estrangeiros livremente afastados, de obediência e de abnegação, não deixa de tomar essa nação por uma pessoa.

Hoje, porém, o escrúpulo incide tanto sobre o estilo como sobre o pensamento. Essa alegoria feminina, o verbo teológico-político do qual ela seria o sujeito, a interrogação oratória de que ela seria o objeto, por mais que fossem autoevidentes em francês de Hugo a Michelet, de Barrès a Malraux, saíram de moda. A fé de que essa alegoria estava carregada, os recursos afetivos e mnemotécnicos que ela envolvia, o lugar-comum ascensional que ela propunha aos franceses de língua e de nascença, à amizade dos estrangeiros, foram apagados, mas as próprias figuras que possibilitavam sua expressão não se fazem mais ouvir. A alegoria «França» entrou na clandestinidade e, com ela, toda uma felicidade da língua que permitia à vontade geral da nação, em sua transcendência em relação às vocações particulares, formular-se, e à memória comum a todos os franceses de nascimento ou de escolha resumir-se e nomear-se. Essa pessoa podia perfeitamente ser ideal e dar lugar a interpretações diversas e até contrárias, mas ela «era», laço e veículo, assim como o Reino, a República ou o Império, dotada de uma vida segunda que transportava, quem fosse tomado por ela, do simples ao figurado, da prosa à poesia. Pedra angular do léxico, ela invocava, pelo verbo que a fazia operar a eloquência política, a invenção literária, a invenção em si. Ao se retirar para as trevas, ela deixa os franceses reduzidos à sua singularidade afásica, recurvados sobre um cotoco de eu, manipuláveis e coagulados em redes de defesa e de pressão obtusas, igualizados efetivamente por baixo. A alegoria «França» e a exigente hospitalidade que era seu princípio não eram apenas uma nobreza, uma poesia, mas a cena do natural e da liberdade dos franceses.

Ainda se fala de sociedade francesa, de política cultural francesa, mas esse adjetivo é uma comodidade para designar a atualidade imediata, um conjunto fluido de modas e de opiniões observadas em pesquisas de opinião, manipuladas por «truques». Não se trata nem de um laço, nem de um lugar, mas de uma zona. Na falta da França, dizemos Cultura, e esse singular, por si, é um eufemismo para vulgarmente dizer Babel. Inventada pelo nacionalismo alemão, transportada pouco a pouco para a França, a Cultura, aqui, só encontra uma referência nacional em certos momentos, vagamente, quando se trata de contrapor-se àquilo que se convencionou chamar de «imperialismo cultural» americano. E, como as emanações do Novo Mundo são numerosas, contraditórias e, com frequência, bem acolhidas pelas diversas clientelas francesas, definir-se pela relação com essas «influências» equivale mais a confessar um fascínio do que a afirmar uma rivalidade. Porém nosso mundo novo é só superficialmente devedor de sua curiosidade em relação ao Novo Mundo. Sucessivamente, a moda intelectual francesa voltou-se, nos anos 1930-1940, intensamente para a Alemanha hitlerista e, depois, nos anos 1950-1960, para a Rússia stalinista. A IV República apagou os vestígios do fascismo, mas deixou, e a V República não remediou isso, a marca do sistema soviético impor-se a setores inteiros da sociedade francesa. Reclamamos dos McDonald's no Boulevard Saint-Michel, mas esquecemos das cidades inteiras na periferia de Paris, onde as avenidas Maurice-Thorez e os *boulevards* Lénine são praticamente iguais a seus modelos em Berlim Oriental e em Moscou. Gerações de «quadros» franceses foram formadas pelas escolas do Partido, pela imprensa do Partido, pelas reuniões do Partido e por diversas metástases, passando pelo maoismo, pelo trotskismo, pelo terceiro-mundismo; fizeram seu caminho pelos sindicatos, pelas cooperativas, pelo governo, pelo ensino, pela imprensa «capitalista», pelas instituições «culturais» do Poder. Com raiva no peito — mas a raiva é uma força —, eles tiveram de adaptar-se à vitória da economia liberal e à derrota da «revolução»: enfim, encontraram no Poder-Providência, que tomou o lugar da República, o ambiente favorável para a vontade de poder que, ao mesmo tempo, nasceu-lhes tanto do antigo ódio pela França «burguesa» como da raiva, nova, de sentir que ela perseverava. Por um paradoxo moral, clássico, e que faz parte da clínica do ódio, do qual os burgueses não estavam doentes, os limpa-latrinas das «águas gélidas do cálculo egoísta» mergulharam nela com uma violência digna dos «burgueses conquistadores», mas nela eles afogaram alma, sonho, infância e natureza.

 A «terceira via» francesa, nem comunismo nem capitalismo, acabou engendrando um monstro que conjuga duas amoralidades, duas esterilidades: a do comunismo e a de um capitalismo de Estado de novos convertidos. Para essa utopia francesa, reunida em torno do Poder, a Cultura forneceu uma vitrine nacional e internacional. Para esse *ersatz* [«substituto»] de República, a Cultura serviu de *ersatz* de bandeira. Ela conjugou, em sua ordem, a curiosidade pelo Leste marxista e pelo Terceiro Mundo marxizado, além de outra, cada vez mais deslumbrada, pelas aparências do Novo Mundo. Ela subvencionou e promoveu por muito tempo espetáculos que serviam a «visão de mundo» marxista e espetáculos emanados pela «contracultura» nova-iorquina. O Berliner Ensemble[22] de Brecht, vitrine cultural da República Democrática Alemã (RDA), torna-se, a partir de 1951, o modelo absoluto dos espetáculos do «setor público e descentralizado». Ele encontrou espectadores intelectuais que, depois, formaram gerações de diretores e de atores. A filial milanesa do Berliner Ensemble, o Piccolo Teatro, ampliou e justificou, com o talento e a vitalidade italianos de Giorgio Strehler, o prestígio exercido sobre o teatro subvencionado francês pela teoria e pelo exemplo «brechtianos». Para um grande talento, como Patrice Chéreau, oriundo dessa escola, quantas tradições teatrais e segredos de ofícios foram sacrificados a esse terror patrocinado pelo Poder, a começar pela arte de redigir em língua francesa para o teatro, que pouco a pouco se extinguiu? Em comparação com essa ditadura do diretor brechtiano, algumas importações de Nova York, sempre escolhidas no *off-off-Broadway*, e até o exemplo admirável de Peter Brook, tiveram efeitos apenas menores.

O teatro foi a ponta de lança original da Cultura «à francesa». Não por acaso. O mundo é um teatro, uma nação é um teatro, a caverna de Platão é um teatro: na relação entre palco e sala, entre ator e espectador, desenrola-se a essência da política, e até da religião, na vida das comunidades humanas. Passar de um teatro a outro é passar de um regime a outro, de um regime do espírito a outro. A «brechtização» da vida política e

---

[22] Companhia de teatro alemã fundada por Brecht e por Helene Weigel, em 1949.

da vida espiritual da nação, a situação catastrófica da Comédie-Française[23] assinalam o enfraquecimento do teatro clássico da nação e de sua língua. Todos os episódios da vida francesa, desde o século XVII, incluindo a Revolução, desenrolaram-se em um palco italiano, com atores formados na escola oratória. O talento e a inteligência faziam parte dele, assim como a ilusão e as paixões. Esse teatro era o de Aristóteles e de Quintiliano. O de Brecht é uma escola de cinismo maquiavélico e de cálculo frio, em que o diretor é o tirano. O Magnânimo, de Aristóteles é substituído pelo Príncipe, de Maquiavel; o natural do teatro, por uma afetação ardilosa que proíbe o entusiasmo e o riso. Nele, banca-se o esperto, como Brecht, cuja conta bancária ficava na Alemanha Ocidental, e a trupe oficial, a serviço dos carrascos da Alemanha stalinista. O parentesco entre esse teatro perverso e a mentira «verdadeira» de Aragon, o mais finório dos stalinistas franceses, fez dele a escola de uma nomenclatura intelectual e mundana francesa. A proporção entre Leste e Oeste, nesse teatro de sobrevivência maldosa, reflete exatamente aquela que prevalecia na «terceira via» francesa, capitalista (mas distanciada) pela fonte principal de seus proventos, semissoviética, mas não menos prudentemente distanciada, por seu gigantesco «setor público» regado pela distribuição fiscal. Infraestrutura e superestrutura, para falar a *langue de bois* de ontem, têm a ver, ao mesmo tempo, com a análise de Zinoviev em *Les Hauteurs béantes* [As alturas escancaradas] e com a sátira do *radical chic* nova-iorquino por Tom Wolfe.

    O mundo novo que se instalou em cenário francês não é desconhecido. Porém é preciso voltar a *La République des comités* [A República dos Comitês], livro publicado por Daniel Halévy em 1932, para encontrar a análise política segundo a

---

23   Também chamado de Théâtre-Français, é um teatro estatal localizado em Paris, fundado em 1680 por Luís XIV. É um dos únicos que conta com uma companhia permanente de atores. [N. E.]

qual a experiência da III República foi corrompida e transformada, pelo Partido radical, em sociedade anônima que gere seus interesses particulares, na qual o sufrágio universal encontra-se falseado pelo clientelismo dependente dessa nova cornucópia. Quanto à sátira das mundanidades parisienses que fazem a delícia do Poder Cultural, é preciso contentar-se com as crônicas esparsas em *Le Canard enchaîné*,[24] quando haveria matéria para um Juvenal. Porém, aquilo que nem Daniel Halévy nem Juvenal poderiam prever, nem mesmo os brechtianos da década de 1960, que ensinavam ao povo um egoísmo completamente sindical, é o súbito desenvolvimento das diversões de massa e de seus instrumentos audiovisuais.

* * *

Vimos aparecer, no Novo Mundo que renegava sua virtude puritana, e depois se estender irresistivelmente ao Antigo, um *show business* da comunicação e da informação que faz, delas, uma enorme amplificação do *show* de variedades, com vocação enciclopédica. Potencialmente, tudo entra ou entrará nessa moenda de massa — ciência, literatura, religião e política —, que consome e destrói, com uma pornografia do imaginário, todas as substâncias do espírito. Ao menos foi isso o que aconteceu na França, onde o Poder não deixou de usar avidamente as novas mídias, dando-lhes, assim, uma autoridade sacrossanta que elas não têm em nenhum outro lugar, mesmo onde, aparentemente, elas são ainda mais abundantes e mais diversas.

Tudo aquilo que até então tinha servido o espírito francês, uma capital-resumo do mundo, um Fórum onde a unidade e a indivisibilidade da nação eram forjadas em um diálogo e em uma polêmica incessante entre suas diversas famílias,

24 Jornal satírico francês semanal, fundado em 1915.

tornou-se lugar de anestesia e de servilismo. O Poder dispôs, sem esforço, de setores e clientelas espalhados por toda parte na nova máquina de comunicar, cujas alavancas ele aciona com perfeita eficiência, por não se ter privado, no passado, e por continuar não se privando de denunciar as potências monetárias corruptoras. Na verdade, não existe na França, assim como não existe nos Estados Unidos e em outros lugares da Europa, um «setor privado» de informação e de crítica realmente independente das pressões e chantagens oficiais. Havia um quando a oposição política era idealista e «de esquerda». Já não há quando a esquerda, que virou um sindicato de interesses no poder, detém todas as alavancas de comando, o dinheiro nacionalizado, as telinhas respeitosas, o imenso repertório de pressões de que dispõe o Estado-Providência, as sociedades de pensamento, os sindicatos, tudo isso envolto em um grande «Impulso Cultural». O Fórum republicano foi substituído por uma cena múltipla e polivalente de Olímpia, onde a euforia fingida, a gritaria dos compadres, os debates enviesados organizam a mais profunda repulsa cívica, e em seguida fingimos ficar surpresos que ela venha a alimentar a abstenção dos cidadãos ou sua mobilização para facções ameaçadoras e zombeteiras. Manipulados ou perplexos, os franceses estão mergulhados em um festival perpétuo e simulado, onde publicidade e propaganda, diversão grosseira e informação truncada embrulham-se inextricavelmente. Quem puder, que siga o fio da meada. Esse é o ambiente sonhado para as núpcias da curiosidade com o cinismo.

    O mundo novo é um bloco. O Poder Cultural não se divide, e seu rosto midiático confunde-se com seu rosto pretensamente cultural. Um se alimenta do outro, mesmo que um finja manter distância do outro. A pretexto da «democratização» das antigas Artes e Letras, o Poder de fato finge reservar para a exportação e para o consumo de uma «elite» um «setor privilegiado» que, graças à sua alta proteção e subvenção, seria imune à vulgaridade midiática «para todos». É um segredo, reservado à oligarquia, mas aí é que está o fundo hipócrita da «democratização» cultural. Mesmo assim, sua legitimação pela Cultura obriga o Poder a vistosas contorções, que corrompem um pouco mais sua autoridade moral e corrompem, ainda, invisivelmente, a verdadeira cultura. A Cultura de Estado funcionarizou e clientelizou cada vez mais profundamente as Artes e as Letras e as comprometeu mais do que nenhum outro país no mundo com o *show* de variedades político-midiático. Por esse viés, que faz reaparecer o regime de pensões, de prebendas e de sinecuras do Antigo Regime, todo um mundo outrora agitado e inclinado à revolta alinhou-se às ideias prontas do Poder e a uma extrema prudência respeitosa em relação a ele. A passagem das Artes e das Letras aos Negócios Culturais, dos Negócios Culturais às Diversões Culturais, das Diversões Culturais ao apoio das culturas, cultura jovem, cultura *rock*, cultura *rap*, cultura *tag*, foi a campanha russa do espírito francês. Uma surpreendente secura abateu-se por toda parte em que o talento costumava ir à frente dos desejos e das aspirações do público. Uma terra de ninguém, fervente e fervilhante, agora se estende entre os «criadores», em sua gaiola mais ou menos dourada, e o público, devidamente «sondado» e convocado a não desejar nada além do que lhe é imposto pela matraca publicitária, chamada de «comunicação social».

Vale tudo no mundo novo. Se ele pôde conhecer, na França, uma perfeição tão bem azeitada, é porque soube perverter aquilo que era o princípio nacional, o serviço público, e associá--lo ao que sempre foi sua desgraça: o egoísmo, a vaidade, o cinismo dos interesses de grupo, dissimulando-se no sublime da Razão de Estado ou de uma partilha igual entre todos, ou deles trajando as vestes. A batalha de Berezina das Artes e das Letras tem sua imagem na transformação da Universidade francesa, uma das mais admiradas do mundo, por sua qualidade e por seu caráter democrático, em um imenso lamaçal sociológico que se junta aos piores aspectos da escola americana, desastre que poucas vozes corajosas ousaram descrever na França e que, de «crise» em «crise», não para de piorar há trinta anos.

    Já não fomos, por tempo suficiente, figurantes do afresco veneziano do mundo novo, fascinados por um espetáculo inteiramente manipulado e que esconde de nós, ao mesmo tempo, as ideias e a realidade de nossa situação? Esse tipo de paralisia, caso não se acorde a tempo, costuma terminar mal.

NAS ORIGENS DO ESTADO CULTURAL

O decreto fundador

No decreto de nomeação de André Malraux como ministro de Estado encarregado dos Negócios Culturais (de 3 de fevereiro de 1959), lia-se:

> O ministro de Estado [...] tem por missão tornar acessíveis as obras capitais da humanidade, e primeiro da França, ao maior número possível de franceses, de garantir a mais vasta plateia para nosso patrimônio cultural e incentivar a criação de obras de arte e do espírito que o enriqueçam.

Essas fórmulas fundadoras, devidas ao próprio André Malraux, ecoam a carta da Unesco. Com dez anos de atraso, elas colocavam a França na vanguarda de um novo «direito humano», o direito a obras-primas, mas no interior das próprias fronteiras e de um desígnio muito mais ambicioso, quase messiânico: «Realizar o sonho da França, devolver a vida a seu gênio pregresso, dar a vida a seu gênio presente e acolher o gênio do mundo» (Decreto de 24 de julho de 1959). Elas permaneceram, até 1982,[1] o *Tu es Petrus et super hanc Petram aedificabo* [«tu és Pedro e, sobre esta Pedra, construirei»] do Ministério-Igreja da Cultura. Seus sucessivos pontífices, seus bispos, seus teólogos, seus pregadores repetiram, comentaram e amplificaram com tanto zelo

---

1 Em 10 de maio de 1982, como veremos depois, um novo decreto, assinado por Pierre Mauroy, definiu, em termos inteiramente novos, o *Kulturkampf* [«combate pela cultura»] da v República, tornada socialista.

os artigos desse novo *Credo*, o programa dessa nova cruzada, que eles figuram há trinta anos entre as mais estáveis «ideias prontas». Essas considerandos de um ato do poder executivo, sempre citados como os textos de autoridade da escolástica medieval, jamais foram submetidos à dúvida metódica. Enunciados de um dogma, objeto de fé, só podiam dar lugar a exegeses apologéticas, ou a variações oratórias. A própria massa dos discursos, livros e artigos deles derivados corrobora a evidência axiomática de seu texto-mãe. Em um obituário do *Monde*, lia-se, a respeito de um personagem muito digno de ser lamentado: «Como todos os privilegiados da cultura, ele sonha em compartilhar sua oportunidade com o maior número de pessoas». O texto do decreto fundador se tornou tema biográfico, até hagiográfico, a definição de uma competência administrativa, uma razão de ser heroica, uma virtude teologal. Essa extensão retórica faz com que apareça um acréscimo de sentido. O texto-mãe proclamava o direito de todos às «obras capitais» e o dever do Estado de transformar em fato esse direito. Graças a esse derivado, vemos que esse direito e esse dever políticos são também imperativos da moral privada: todo capitalista da cultura é obrigado a sentir vergonha desse privilégio, fruto da «oportunidade», e a preocupar-se em partilhar seu capital com todos. Claro está que qualquer pessoa que, entre esses «privilegiados», não viva segundo essa má consciência e essa preocupação ativa exclui-se, por esse mesmo motivo, da comunidade nacional. *Como todos os privilegiados...* Não há exceção concebível. O terrível milagre que aniquilou Ananias, nos Atos dos Apóstolos, para puni-lo por ter-se subtraído à comunidade dos bens da Igreja de Jerusalém, será reproduzido para esses reprovados. Um toque de cristianismo torna mais ortodoxa a vulgata cultural. Ela efetivamente dá a entender que haveria uma caridade da cultura; não é indispensável exercê-la você mesmo, mas somos obrigados a admirar o Estado por fazê-la em nosso nome, com uma ínfima porcentagem de nossos impostos.

Desde 1981, um evangelho socialista suplantou o Antigo Testamento, que, no entanto, permanece em vigor. Ele ensina que é preciso acabar de uma vez por todas com um mundo dividido entre proprietários e proletários da cultura. Todos os títulos devem ser lançados em um fundo comum. Isso será feito com alegria. O Estado assume o dever de levar a cabo essa operação de redistribuição, que um dia deveria conduzir à perfeição do socialismo por meio da cultura. Porém é preciso reconhecer que esses cânticos conquistadores, muito ouvidos durante o primeiro setenário socialista, tornaram-se quase inaudíveis depois de 1988. O zelo permanece, a fé desfalece.

Mal ousamos, quando temos a felicidade de viver entre tantas almas entusiasmadas, elevar a voz para perguntar se, capital ou obras capitais, o esboroamento do «tesouro» não o reduz à emissão de títulos, arruinando, sem dúvida, seus antigos «proprietários», mas deixando aos outros apenas vento. Devemos então definir a democratização cultural como Roberto Calasso: «Estender a todos o privilégio do acesso a coisas que não existem mais»? O monumental fracasso do modelo econômico marxista deveria, em princípio, curar-nos de sua transposição para as coisas da arte e do espírito, todavia mais frágeis. Por ora, nada disso. Reunidos em torno desse último raio da estrela apagada do «socialismo real», seus enlutados ainda encontram nela a esperança: ao menos, nesse caso, a sanção da fome e da bancarrota não vai desmenti-los!

Também podemos nos perguntar sobre os verdadeiros desejos desse «maior número» que nos é apresentado como sedento dessa mesma cultura que seria o monopólio de alguns. Os apologistas da «Cultura», pretendendo falar em seu nome, fazem grande estardalhaço em torno dessa «miséria cultural» perpetuada pela conspiração dos «ricos». Ousaremos duvidar dessa petição de princípio? Como acreditar que todos, indistintamente, desejam comungar do mesmo culto elitista das «obras capitais da humanidade, e primeiro da França», ou participar dessa misteriosa «criação» que enriquece seu número? Um desejo tão massivo, tão uniforme, tem algo preocupantemente abstrato. A experiência mais elementar nos ensina que a natureza humana, se tem um fundo comum universal, manifesta-se na realidade por uma diversidade razoavelmente maravilhosa de vocações, de inclinações individuais, de paixões, de ideias fixas. Ninguém cogitaria partilhar igualmente entre todos a biologia molecular ou a mecânica de fluidos. «Você gosta de Brahms?», perguntou um dia Françoise Sagan, que «gostava» de Proust. A divisão igualitária do «capital cultural», caso fosse possível, faria de cada um de nós, traindo a vocação natural a fazer algo bem (a tocar bem Brahms, por exemplo) e a saber algo bem, uma daquelas borboletas da cultura tão bem espetadas por Proust. «Você gosta de Brahms?» O denominador comum entre os homens, em vez de ser sua própria natureza e sua misteriosa diversidade, consistiria em terem todos visto «o bom filme», escutado «o bom concerto», visto «a boa obra e a última exposição», quiçá «a última transmissão». As «obras capitais» e as obras, pura e simplesmente, nascem de maneira invisível, na manjedoura do pequeno número. Elas são reconhecidas naturalmente, às vezes muito lentamente, e mesmo sua grande notoriedade, quando acontece, é transmitida pelo pequeno número. A escola, que as chama de «clássicos», é a única que pode aumentar o número de seus conhecedores: os professores ensinam a conhecer, eles fazem admirar, mas também compreender, provar e imitar, após ter admirado; eles não se contentam em convidar a «gostar» disso ou daquilo. Porém forçar a natureza de cada um, dar-lhe o dever de maravilhar-se com as «obras-primas» ou com aquilo que, neste ano, passar por isso, é, ao mesmo tempo, estragar as pessoas e as obras-primas. Essa forma de terror, a mais astuta de todas, é um forte princípio de esterilização e de esterilidade. Ela impõe, como exemplo a todos os cidadãos, um voyeurismo frívolo e intrometido que, outrora, seria considerado o duvidoso privilégio dos ingênuos e dos mundanos. A verdadeira cultura, assim como a agricultura, é a rematação paciente da natureza. A Cultura democratizada, com sua maiúscula, mata a natureza com a proliferação do cultural e com sua panóplia de próteses.

* * *

Assim, o Estado, em 1959, assumiu um programa de cruzada cultural. Foi ele fruto de um desígnio longamente amadurecido? A V República estava, em 1959, envolvida com a questão da Argélia. Nada, no passado do general de Gaulle, nem em seus escritos, deixava pressagiar, então, qualquer interesse pelo ideal da Unesco ou por sua extensão ativista à França. Testemunhas dignas de fé afirmam até que a «invenção» do Ministério dos Negócios Culturais, contemporânea da formação do governo Debré em 1958-1959, foi um expediente a que o primeiro presidente da V República foi obrigado. De Gaulle considerava Malraux seu «amigo genial». Ele tinha-lhe confiado a responsabilidade pela propaganda do RPF[2] e, após sua volta ao governo, em 1958, o Ministério da Informação. Malraux gostava desse papel. Em um discurso de 13 de abril de 1948, ele tinha afirmado que seu primeiro contato com o general de Gaulle tinha sido para levar-lhe um plano de transformação do ensino francês, e que tinha sido ministro da Informação «porque era à Informação que o corpo docente deveria estar associado».[3] Porém, propaganda e informação são artes delicadas, e, em 1958, Malraux desagradou, por causa de algumas declarações intempestivas sobre a tortura na Argélia. O general decidiu afastá-lo da Informação, mas sem, por isso, confiar-lhe a Educação Nacional.

2   Rassemblement du Peuple Français, partido de Charles de Gaulle. [N. T.]

3   Ver Charles-Louis Foulon, «Des Beaux-Arts aux Affaires culturelles (1959-1969)», *XX e Siècle*, out.-dez. 1990.

«Será útil», disse ele a Michel Debré,[4] que relata isso, «ficar com Malraux. Faça para ele um ministério, por exemplo um agrupamento de serviços que poderia ser chamado de 'Negócios Culturais'. Malraux trará alguma folga a seu governo.»

Para compor essa administração inédita e feita sob medida, foi tirada da Educação Nacional a tutela das Belas-Artes (Artes e Letras, Museus, Arquitetura, Arquivos), e, do Ministério da Indústria, o Centro Nacional do Cinema. A recepção do Parlamento, na apresentação do orçamento do novo ministro, em 17 de novembro de 1959, foi muito favorável. O relator, Jean-Paul Palewski, facilitou muito a tarefa do novo ministro:

> Os franceses, jovens ou adultos, devem ser aptos a receber os benefícios da Cultura. Devem viver cercados de um verdadeiro halo cultural, banhar-se em uma certa atmosfera criada pelas diversas formas de inteligência, quer nos venha do passado, herança de nossos grandes homens, e da sensibilidade de todo um povo, quer seja parida à nossa volta, nesse laboratório humano no qual se decantam, diante dos olhos contemporâneos, as novas fontes da arte e da beleza.

Segundo o orador, «pesa sobre esse patrimônio cultural uma miséria assustadora». Cabe, pois, ao Estado «estimular então a criação de obras, valorizar as obras criadas e ajudar os homens em sua busca», mesmo que não lhe caiba «impor ou sugerir uma doutrina oficial».

Malraux aperta com alegria a mão que lhe é estendida. Ele esboça, diante da Assembleia, contentíssimo por estar em uma festa como aquela, um panorama sombrio da «transformação da civilização mundial». Ele evoca o perigo de ver o mundo dominado ou pela cultura burguesa, europeia ou americana, ou pela cultura totalitária. Cabe à França abrir o caminho para

---

4 Primeiro-ministro francês, entre 1959 e 1962. [N. T.]

uma «terceira via»: a «cultura democrática». As Casas da Cultura cuidarão disso. «Nelas», proclama ele, «qualquer criança de dezesseis anos, por mais pobre que seja, poderá ter contato com seu patrimônio nacional e com a glória do espírito da humanidade».

«Halo», «banho», «atmosfera», «sensibilidade» e, agora, «contato»: logo de início, o vocabulário da iluminação cultural a situa na ordem da participação instantânea mágico-religiosa e a afasta da educação, que, até então, formava a alma e justificava o orgulho da República. Malraux, que não completara o ensino secundário, sugere a superioridade da intuição súbita sobre as análises dos professores:

> O ensino pode fazer com que admiremos Corneille e Victor Hugo. Porém é o fato de eles serem encenados que faz com que sejam amados. A cultura é aquilo que não está presente na vida e que deveria dizer respeito à morte. É isso que faz com que esse menino de dezesseis anos, ao ver pela primeira vez uma mulher que ama, possa ouvir de novo em sua memória, com uma emoção que desconhecia, os versos de Victor Hugo:
>
> Quando dormirmos os dois na atitude
> que a forma do túmulo dá aos mortos pensativos...
>
> Há uma herança da nobreza do mundo, e há claramente uma herança da nossa nobreza. Que esses versos possam um dia estar presentes em todas as memórias francesas é ainda um modo para nós de sermos dignos dessa herança, é exatamente isso que vamos tentar.

Assim, amplia o ministro, ao som da *Sinfonia Fantástica*, os termos de seu decreto de nomeação. Essa ampliação não recua diante do absurdo. Porém esse absurdo é tão enorme que proíbe, intimida e desencoraja toda réplica. As vias da persuasão nem sempre passam pela argumentação lógica e pelas evidências. A Assembleia, aliás, já estava ganha. Em outros tempos, menos distraídos, teria sido possível chamar a atenção do novo ministro, grande escritor que citava Hugo, para o fato de que suas Casas de Cultura não tinham biblioteca. Sua «criança de dezesseis anos» não teria a oportunidade de verificar nelas suas citações, nem mesmo fazer uma recolha delas. No entanto, em 1940, Marc Bloch contava entre as fraquezas da República «a miséria de nossas bibliotecas municipais [...], tantas vezes denunciada». Porém a apologética da «cultura para todos», secretamente desdenhosa, espera converter «o povo» às «obras capitais» pela cintilação das imagens e das luzes, em grandes lugares abertos às multidões. Graças ao vão desejo de impressionar o burguês, Malraux ia no sentido da cultura audiovisual da massa, em vez de se perguntar como contrapor-lhe contrafogos.

Um contraste: a III República

«Fenômeno novo! O Estado como estrela para guiar a Cultura», escrevia Nietzsche em 1871. Esse sarcasmo do filósofo alemão dirigia-se a uma das figuras mais fascinantes e sinistras da história europeia moderna, a qual, no entanto, conta com muitos monstros: o chanceler Otto von Bismarck. Ele, então, acabava de proclamar o II Reich, no Salão dos Espelhos de Versalhes. De volta a Berlim, triunfante, ele inicia, em um discurso em 1º de abril de 1871 diante do Reichstag, o *Kulturkampf*, palavra inteiramente nova na época e que pode ser traduzida em francês por «*l'élan culturel*» [«o ímpeto cultural»]. Em sua admirável biografia de Bismarck, publicada em 1981, Edward Crankshaw destrói a lenda da moderação do estadista prussiano. Com um vigor digno da historiografia antiga, ele mostra com que métodos esse Maquiavel prussiano destruiu a regra do jogo diplomático que o austríaco Metternich tinha restabelecido em 1815 e desencadeou a luta mortal entre Estados que quase sobrepujou a Europa no século XX. Como bem viu, em primeira mão, Friedrich Nietzsche, a originalidade de Bismarck, *junker*, conservador, mas moderno por sua vontade de potência niilista, está em sua concepção totalitária de Estado, que Lênin, Hitler e seus imitadores das «lutas de libertação nacional» tomaram emprestada em seguida.

Bismarck não é um romântico. Ele não acredita na nação, e, sobretudo, não crê na nação alemã. *Ele só acredita no Estado*, no caso, o Estado prussiano, do qual se tornara senhor e que, sob muitos aspectos, era uma singularidade recente e uma obra-prima de artifício na Alemanha. Ele identificou-se com esse monstro frio e, em contrapartida, animou-o com sua própria astúcia camponesa e com seus apetites de puritano furioso e depressivo. O nacionalismo que se atribui a Bismarck e à Alemanha bismarckiana merece, então, um momento de reflexão: ele permanece, e não apenas na Alemanha, um dos perigos políticos modernos.

Os românticos, tanto alemães quanto franceses, tanto Herder como Michelet, Goethe como Hugo, eram generosos: acreditavam na nação como acreditavam na natureza. A nação, a seus olhos, era uma germinação na história do gênio natural de um povo. Ela atualizava sua natureza singular na cultura (na França se preferia falar de literatura e de civilização), o que a tornava apta a dialogar de igual para igual e a entrar em emulação com os outros povos, que participavam, por meio de formas e de vozes distintas, de uma mesma natureza humana, de um mesmo espírito humano. Portanto, para os românticos, o Estado, o «braço secular», está para a nação assim como o poder temporal está para o poder espiritual, uma instituição mais ou menos respeitável, um instrumento, nada além disso. O romantismo é essencialmente antijacobino.

O *junker* Bismarck, por outro lado, sente e age como jacobino. Para ele, a nação alemã é, para o Estado prussiano, aquilo que a França do Antigo Regime era para Robespierre, um território irracional que o Estado deveria racionalizar, modernizar e arregimentar a serviço de sua vontade de potência. O nacionalismo está para o sentimento nacional assim como o naturalismo está para o sentimento da natureza, um sistema de servidão e não uma associação livre. Essa adoração fanática do braço secular, às custas do corpo inteiro e de seus órgãos vitais, supõe, na realidade, uma desconfiança e uma hostilidade radical em relação ao natural nacional. Ela espera, do Estado, que ele troque esse natural, que ela teme ou despreza, por uma mecânica eficaz e sem escrúpulos. No fundo, o nacionalismo, perversão tardia do sentimento nacional romântico, foi maravilhosamente compreendido e descrito por um contemporâneo de Bismarck, o francês Villiers de l'Isle-Adam, em sua obra-prima: *L'Eve future* [A eva futura]. O protagonista do romance, Lord Ewald, é um rapaz *blasé* que duvida do amor e que é incapaz dele. Ele procura o engenheiro Edison para fabricar, a seu pedido, um objeto de amor artificial, audiovisual, cultural, uma «eva futura», de trato mais fácil do que as evas naturais. Villiers inventou um dos mitos mais completos da modernidade: ele vale também para a modernidade política.

Bismarck tinha por modelo Frederico II. Este tinha sido, de longe, o mais francês e o menos alemão dos déspotas esclarecidos da Alemanha do século XVIII. Príncipe moderno, se é que houve algum, foi o mecenas admirador e desdenhoso de Voltaire e o autor cínico de um *Antimaquiavel* escrito e publicado em nosso idioma [em francês].

Desde antes de 1870, Bismarck tinha começado a dar provas de sua extrema modernidade. Interessado por Ferdinand Lassalle, o jovem e exuberante discípulo de Karl Marx, cuja Organização Sindical Pan-Alemã reforçava sua própria obra poética, manteve conversas secretas com ele durante um ano inteiro (1863): saiu delas edificado quanto à contribuição que o socialismo marxista poderia dar para a onipotência do Estado. Em 1882, ao impor nacionalizações (*Verstaatlichung*, a palavra data dessa época) ao Reichstag, ele declarou: «Várias medidas que adotamos para o bem maior de nosso país são socialistas, e o Estado ainda terá de acostumar-se a um pouco mais de socialismo». Nada era para ele mais odioso do que o «*laisser-faire*» [«deixar fazer»] dos economistas liberais, os quais, em termos dignos de Engels, ele qualificava como «manchesteristas políticos».

O *Kulturkampf*, que tomou um rumo bastante violento e para o qual ele habilmente obteve o endosso de um ministro da Cultura liberal, Adalbert Falk, era outra via para estender o poder do Estado sobre a educação, os costumes, as maneiras e a própria consciência. Seus juristas inventaram a noção de «*estado de direito*» (*Rechstat*), que faz do arbítrio do Estado a única fonte do direito, e ampliaram as missões das quais o Estado era tradicionalmente investido: segurança, ordem e justiça. Agora, acrescentam-se, em conformidade com a prática maquiavélica de Bismarck, o dever de força perante o exterior e o de incentivo à cultura no interior (*Kulturbefoïderung*). A teoria do arbítrio sem freio estava completa. *O Estado e a Revolução*, de Lênin, encontra tanto em Bismarck como em Marx suas fontes intelectuais.

Se o *Kulturkampf* foi dirigido preferencialmente contra a Igreja Católica, não era só para acabar com sua influência educadora e social, particularmente forte nos principados alemães do sul, os mais francófilos, os mais rebeldes à absorção pela sucuri prussiana. Mais profundamente, ele visava destruir, na Alemanha, os resquícios dos costumes e dos hábitos tradicionais que garantiam a autonomia dos corpos, das corporações e das Igrejas nos antigos principados anexados, ou em vias de anexação, pela Prússia. O grande adversário de Bismarck no Reichstag foi o magistrado e homem político Ludwig Windthorst, um westfaliano (1812-1891) que, para defender os direitos das Igrejas e dos corpos contra o todo-poderoso Estado prussiano, apoiava-se no princípio, de origem aristotélica, de «subsidiariedade». Windthorst era católico. Os liberais, obnubilados pelo *Syllabus*,[1] não perceberam que esse princípio, amaldiçoado por Bismarck, era a fonte de todo liberalismo político, e que até a Igreja de Pio IX, que o reclamava em contraposição às usurpações dos Estados laicos, era, ao menos

---

1 Refere-se ao *Syllabus Errorum*, o «Sílabo dos erros», documento promulgado por Pio IX em 1864. Entre os assuntos abordados, destacam-se o socialismo, o comunismo, as sociedades secretas e o liberalismo político, em toda e qualquer forma. [N. E.]

sob esse aspecto, filosoficamente liberal. Em 1931, às beiras do III Reich, Pio XI reafirmará oportunamente, em sua Encíclica *Quadragesimo Anno*:

> Não é legítimo tirar dos homens e confiar à comunidade aquilo que eles podem fazer por sua força e por sua própria indústria. Igualmente, é injusto transferir para uma sociedade maior e superior aquilo que pode ser feito ou realizado nas comunidades menores ou inferiores: trata-se, ao mesmo tempo, de um grave dano e de uma perturbação moral.

Esse princípio, hoje, rege as relações entre as instituições europeias «supranacionais» e as instituições nacionais da Comunidade. O totalitarismo de Bismack, que trabalhava para homogeneizar, em prol do Estado prussiano hipertrofiado, a diversidade dos principados e das tradições do Sacro Império Romano-Germânico via, nesse princípio odioso, a pedra angular de uma ordem antiga e incômoda, da qual sua modernidade conquistadora não queria mais nada.

* * *

Em 1959, o fenômeno da *Kulturbefoïderung* [incentivo à cultura], estabelecida sob a autoridade de André Malraux, era verdadeiramente novo na França. Sem se referir ao princípio de subsidiariedade, a III República laica, apesar de suas ambições educativas e imperiais, atinha-se, por anticesarismo, à restrição tradicional das competências do Estado. Como, de repente, no começo da V República, no momento em que o poder imperial lhe escapava, o Estado francês pôde atribuir a si uma competência tão nova e tão ambiciosa, o «incentivo à cultura», em um sentido próximo daquele definido, um século antes, pelos juristas de Bismarck? A eloquência de Malraux bem podia dar voz a essa revolução jurídica e política. Por si, essa autoridade não teria bastado. O choque moral causado pela queda da IV República favorecia as novidades. Essa, porém, era, no fundo, tão grande que era preciso que as mentes tivessem sido preparadas para ela por muito tempo. O episódio da Jovem França [Jeune France],[2] no começo do governo de Vichy, sem dúvida anunciava, e precisaremos voltar a isso, o nascimento de um Estado cultural francês. Porém, mais recentemente, em 1955, Jeanne Laurent publicava, pela Julliard, um livrinho intitulado *La République et les Beaux-Arts* [A República e as Belas-Artes]. Apóstola da «descentralização teatral», essa subdiretora do Teatro na Administração das Artes e das Letras tinha sido removida de suas funções em 1951. Ela se vingou formidavelmente escrevendo esse livro.

Sob muitos aspectos, Jeanne Laurent, a quem atribuo um papel determinante nessa história, ao menos tão determinante quanto o de Malraux, era uma funcionária francesa exemplar, daquelas que o estrangeiro, há muito tempo e com toda a razão, inveja em nosso país. De baixa estatura, afável, intensa, formada na École des Chartes, ela devia sua forte arquitetura moral a uma primeira formação no ensino religioso e sua forte arquitetura intelectual aos mestres da erudição histórica francesa. Sob esse aspecto, ela era o antimalraux.[3] Capaz, desinteressada, modesta, sem ambições para si própria, mas nem por isso uma funcionária apagada. Sob sua brandura, escondia-se uma vontade de ferro, sob sua reserva, o ardor por uma causa que ela julgava sagrada. Ela sonhava realizar aquilo que tinha sido apenas esboçado pela Frente Popular[4] e na Revolução Nacional, e que a IV República não buscava: fazer do Estado

---

2   O autor voltará a referir-se a essa Associação no correr do texto. [N. E.]

3   André Malraux era autodidata. [N. T.]

4   *Front Populaire*, em francês. Trata-se de uma coalizão de partidos de esquerda que governou a França entre maio de 1936 e abril de 1938. [N. E.]

a Providência das Artes. Seguindo esse desígnio, ela quis metamorfosear a Administração das Artes e das Letras, que, sob Vichy, já tinha servido de obstáculo aos militantes culturais da Jovem França. Contudo, talvez sem que ela imaginasse, essa «missão», que ela tinha atribuído a si própria, coincidia com o movimento irresistível que, no pós-guerra, movia o Estado a aumentar suas competências e seu domínio, bem como a exercer uma tutela universal sobre a nação. O infortúnio de Jeanne Laurent foi ter sido, um pouco cedo demais, uma das pioneiras dessa excrescência. É provável que ela tenha perdido a fé de sua juventude, mas guardou o zelo ardente pelas obras. Ela levou, como tantas outras pessoas, o zelo da Igreja para o Estado. Havia nela, até em sua maneira de vestir-se, muito estrita e desprovida de sedução, a senhora rata de sacristia de província, que, por não poder contribuir diretamente para a salvação das almas por meio dos sacramentos e da confissão, gasta sua energia nas festas da paróquia e nos bazares de caridade.

Sua paróquia em Paris foi a subdireção do Teatro na Educação Nacional. Ali, ela não tinha poder o bastante para a grande causa de salvação que a animava, mas, do pouco de que dispunha, fazia o uso mais eficaz e mais conquistador: criou os primeiros Centros Dramáticos de província e de subúrbio e nomeou Jean Vilar, com o triunfo que disso resultou e que recaiu sobre ela, para a direção do Festival-Peregrinação de Avignon. Ela ficou, aliás, tão ciosa dele que os humoristas da IV República lhe deram o epíteto de «*dragon* de Vilar».[5]

Um dia conheceremos a natureza exata da disputa que a opôs a seu superior hierárquico, Jacques Jaujard, diretor das Artes e das Letras na IV República, e que, sob Malraux,

---

5   O termo *dragon* (lit. «dragão») também é empregado para referir-se a um feroz guardião. Assim, com *dragon* de Vilar, provavelmente os humoristas buscavam retratar Laurent como a feroz protetora de Jean Vilar. [N. E.]

permaneceu poderoso. Esse conflito terminou com uma insólita exoneração, que os vários amigos de Jeanne Laurent consideraram iníqua. É provável que, sob o pretexto escolhido, tenham então se chocado duas concepções diferentes do serviço público, e esse tipo de choque deve ter acontecido também na administração central, à medida que se tornava mais audaciosa a vontade de poder estatal. As memórias de Suzanne Bidault dão testemunho disso no Ministério dos Negócios Estrangeiros.[6] A título de hipótese provisória, pode-se sugerir que Jacques Jaujard, cioso de sua autoridade, fiel à tradição prudente e cética da III REPÚBLICA, tenha se irritado com as iniciativas de Jeanne Laurent: contrariada e disposta a atacar com canhões as hierarquias e o decoro, ela era movida pela ideia de que o serviço público tem o dever de suplantar uma indústria privada dos espetáculos, indigente e corruptora. Era preciso um Balzac para tirar, dessa tragédia burocrática, uma sequência para *Les Employés* [Os Funcionários]. Jeanne Laurent ainda era um personagem de Balzac. Mas já era, e isso lhe confere uma espécie de grandeza, uma tecnocrata cultural, a primeira da França. Essa figura de transição, hoje conhecida apenas pelos iniciados, desempenhou duas vezes um papel decisivo no parto do Estado cultural: com sua ação, em poucos anos, ela rompeu um limiar, e, pela brecha aberta, pela qual pagou bem caro, passaram mais tarde, seguindo seu exemplo, os verdadeiros tecnocratas da Cultura, sob o estandarte de Malraux. Com seu livro de 1955, ela estabeleceu o programa e os argumentos de venda do Projeto Cultural do Estado, e toda a imensa literatura que ele gerou desde então não passa, no fundo, de superabundantes notas de rodapé a esse livro curto, inteligente e claro.

* * *

6 Ver Suzanne Bidault, *Par une porte entrebâillée, ou Comment les Françaises entrèrent dans la carrière*. Paris: La Table Ronde, 1972.

A primeira parte de *La Répubique et les Beaux-Arts* intitula-se «Balanço artístico da III República». Era uma acusação sumária e demolidora para o Antigo Regime. Na medida em que a IV República limitava-se a retomar os hábitos administrativos da III, era também um panfleto político, e teve um profundo eco. Declarava Jeanne Laurent:

> Durante 69 anos, esse regime fez a França decair para o segundo nível das nações. Sua incúria foi tal que os franceses, desde 1910, eram motivo de zombaria no estrangeiro, porque seu modo de vida, suas preocupações e até seu aspecto faziam com que eles parecessem acanhados, ultrapassados pelos acontecimentos de um mundo que tinha sido profundamente modificado pelas aplicações das descobertas científicas. As cidades e os lugares se enfeiavam ao mesmo tempo que o espaço da vida privada. Essa decadência é ainda mais surpreendente porque a invenção criadora não parou de manifestar-se durante esse período.

Como toda a sua geração, Jeanne Laurent tinha encontrado um bode expiatório para explicar para si própria a cruel derrota de 1940: a República burguesa. Ela era conduzida pela opinião geral, intelectual, artística e política, que não tinha desprezo suficiente pelos radicais-socialistas, os quais Thibaudet já identificava com o Sr. Homais.[7] Havia evidências nas áreas da moral, da economia, da política estrangeira e da estratégia. Jeanne Laurent, que frequentava os artistas, contribuiu com o capítulo das Belas-Artes: a França da III República era Yonville[8]

---

7   O Sr. Homais é um dos personagens de *Madame Bovary*, romance de Gustave Flaubert, lançado em 1856. Albert Thibaudet, referido no passo, foi um eminente crítico literário e ensaísta francês, que se dedicou ao estudo, dentre outros, de Flaubert. [N. E.]

8   Cidade fictícia, localizada por Flaubert na Normandia, onde se passa a história de *Madame Bovary*. [N. E.]

com sua farmácia, martírio para a alma e para o gosto de Emma Bovary. Advogado nenhum, então, arriscou-se a desmenti-la.

E no entanto, detendo-nos no orgulho nacional que Jeanne Laurent convocava como testemunha, a III República tinha patrocinado uma série de exposições universais que, até 1937, tiraram o fôlego do mundo inteiro. Durante seu longo reino, a França foi o lar dos dois últimos grandes estilos da arte europeia, a *art nouveau* e a *art déco*. Gambetta prometera uma República ateniense — a de Becquerel e dos Curie, de Gide e de Valéry, de Mallet-Stevens e de Rodin, de Philippe Berthelot e sua *Pléiade du Quai*, a de Monet e de Seurat, de Degas e de Bonnard —, assim como a França de Luís XIV e de Luís XV tinha deslumbrado o universo como uma moderna Alexandria.

Ninguém cogitaria, de tão profunda que era a ingenuidade nessas questões, notar que a «vitalidade criadora» durante a III República existira na razão inversa da prudente reserva que se censura no regime, da ausência da pequenez de suas «subvenções», em suma, da recusa por parte da República em ter a menor «vontade de cultura» própria, ela que, por outro lado, era tão ciosa de sua educação pública e de sua Universidade. Entendia-se que o dinheiro do pagador de impostos não podia ser desperdiçado em domínios em que a «oferta e procura» tinha a ver com escolhas privadas e em que dominava o juízo do gosto. Cabia, portanto, à «sociedade civil» (esse termo ainda não era usado, mas a ideia existia) inventar e financiar ela própria as diversões, artísticas ou outras, que ela estava mais habilitada do que o Estado para conhecer, aprovar, ou desaprovar. Em 1881, ao propor ao presidente da República a «criação» de um Ministério das Artes, que confiou a Antonin Proust, Gambetta, cujo governo durou apenas 67 dias,[9] escreveu:

---

9 Essa veleidade da III República tinha sido precedida por uma tentativa do Império liberal: em 1870, Emile Ollivier tinha confiado um Ministério das Belas-Artes a Maurice Richard. Agradeço a Maurice Agulhon, que leu

A criação que tenho a honra de propor não me parece que vá levar ao aumento, no orçamento do Estado, de despesas que, aliás, seria justificado pelo grande interesse a ela associado. Estimo, na verdade, que, para realizar um trabalho útil, verdadeiramente fecundo e realmente conforme a nossas tradições, a nossas aptidões, a nossas tendências, o Ministério das Artes não tem necessidade de multiplicar os estabelecimentos estatais, sempre custosos e com frequência estéreis. Meu sentimento é que ele deve esforçar-se para associar a ação do poder central, na medida em que esta tem o dever de acontecer, à ação dos órgãos já constituídos, às câmaras de comércio, aos comitês consultivos das artes e das manufaturas, aos sindicatos profissionais.

Nisso, a III República era e permaneceu menos dirigista do que o Antigo Regime. Além disso, ao contrário da lenda pouco republicana que gostaria de, hoje, fazer de Colbert, de Marigny e de d'Angivillier os antepassados de Malraux e de Jack Lang, o «dirigismo» do Antigo Regime tinha sido ele próprio muito moderado. Se tinham um gosto exigente e vigilante, os superintendentes das Construções do rei não tinham nenhuma «vontade de cultura». Eles, se ouso dizer, limitavam-se, esclarecidos pelos corpos de letrados e de artistas cooptados que eram as Academias, a tornar as cidades, os castelos e os palácios reais tão belos, grandes e magníficos quanto convinha ao rei reinante e à tradição de sua família. O exemplo era, sem dúvida, imitado. Porém, se olharmos de perto, cada grande família da nobreza, de espada ou de toga, ou da Fazenda Geral, em Paris e na província, tinha ou inventava seu gosto próprio, o qual presidia a concepção de suas mansões, de seus castelos e as encomendas feitas aos artistas, bem como o mecenato com o qual apoiavam as pessoas das letras e os músicos. Os magistrados

---

este capítulo nas provas, por ter tido a generosidade de comunicar-me esse ajuste e alguns outros.

municipais não eram menos ciosos de suas escolhas artísticas. Mais ciosa ainda era a Igreja, cujos bispos e padres, capítulos e ordens religiosas tinham um sentido agudo da singularidade de sua vocação e da nuance exata das formas que, mais uma vez, a eles «convinham». Ainda hoje, apesar das simplificações retrospectivas que nos levam a falar de «estilos» e que nos levam a crer que, na época, eles eram ditados por um «centro» absoluto, é a extraordinária diversidade de *habitats*, de decorações e dos menores objetos produzidos por uma mesma época o que torna tão apaixonante aquilo que nos chegou da França tão diversa de antigamente. Existe só uma harmonia, mas os caminhos que levam a ela partem de pontos totalmente diferentes.

A palavra *convenance* [«conveniência»], comprometida e degradada em francês por seu uso no plural, é, no entanto, junto com a palavra *propriété* [«propriedade», «adequação»], seu sinônimo, uma das mais profundas da nossa língua. O princípio que ela veicula era muito familiar à França antiga, assim como à maioria das civilizações tradicionais. Próxima de palavras como «harmonia», «consonância» e até «comodidade» e «decência», em concordância com a máxima délfica «nada em excesso», diz respeito ao espírito de *finesse*. As regras da arte são estéreis quando a conveniência não é observada: esta dá conta não apenas da correspondência feliz entre os diversos componentes da obra, mas também de sua concordância com seus destinatários e com o local em que deve figurar. A menor casa de vilarejo, em um tempo cioso da conveniência e, portanto, da felicidade, está «em seu lugar» e «em sua ordem». É assim que mesmo a sucessão de estilos diferentes aplicados pelas sucessivas gerações à mesma igreja podia manter nela sua unidade, sua necessidade, sua justeza. A beleza, composta e harmoniosa, de Saint-Etienne-du-Mont, na colina Sainte-Geneviève, em Paris, é um exemplo de destaque.

Esse sentido propriamente liberal, que até a Administração real introduzia na concepção de sua arquitetura e de suas artes oficiais, excluía toda rigidez doutrinal e toda uniformidade pedante. Ainda hoje, apesar das simplificações retrospectivas que nos levam a falar de «estilos» e que nos inclinam a fazer desfilar em pelotões as obras de antigamente, como se um Quartel-General (o *Zeitgeist*? [«espírito da época»]) lhes tivesse ditado seus uniformes, é a extraordinária diversidade dos *habitats*, das decorações urbanas e privadas, dos menores objetos produzidos por uma mesma época que nos apresenta à infalibilidade do gosto francês. Uma sutil conveniência — aparentada, é preciso dizer, ao respeito e ao amor — guiou artistas e artesãos e impedia qualquer queda na abstração e na vulgaridade. O grandioso estilo real deveria englobar também o simples bom senso burguês e aldeão. A conveniência, longe de estar «ultrapassada», hoje, é mais desejável e desejada do que nunca.

Apesar dos progressos do utilitarismo e da indústria, o espírito de conveniência e, portanto, de diversidade e de acomodação aos lugares e aos tempos não se perdeu na República-Reino, cara a Péguy. Ela tinha seus divertimentos populares espontâneos e diferentes por toda parte, cuja alegria foi ignorada pelo romance realista. Quanto às artes «nobres», ela podia também rivalizar com o Antigo Regime: ela não teve, como a v República, cinco ou seis ministros da Cultura, teve cem, que não tinham «portfólio» oficial, mas que abriam seu portfólio pessoal com independência, ousadia, uma generosidade desinteressada, absolutamente diversas do tímido «mecenato empresarial» de hoje, atrelado à publicidade ou ao Estado. De Jacques Doucet a Daniel Kahnweiler, de Jacques Rouché a Etienne de Beaumont ou aos Noailles, eles deram a Paul Morand a justa intuição daquilo que foi a Superintendência de Nicolas Fouquet: *Le Soleil ofusqué* [O sol ofuscado]. Por seu gosto, sua munificência, seu talento (nunca é demais repetir que o talento dos mecenas é, com frequência, a parteira do talento dos artistas e dos escritores), Paris de 1875 a 1939 foi uma «festa» da qual Ernest Hemingway deu apenas uma pálida ideia. Os balés russos e o cubismo, Paul Valéry e Picasso e até, enfim, o surrealismo foram sustentados por esse mecenato «burguês» e privado, que, aliás, criava cátedras e institutos universitários, sem mesmo beneficiar-se do incentivo fiscal que outrora estimulava também os mecenas americanos.

A sociedade civil, portanto, porque é preciso chamá-la pelo nome, resolvia-se por si mesma, e os dólares, porque é preciso falar de cifras, nem por isso deixavam de afluir para Paris. Porém, em 1955, era tão grande a amnésia morosa e geral, que uma ex-subdiretora do Teatro podia então afirmar, sem provocar risos, que o regime de Clémenceau e de Poincaré, de Jules Ferry e Ferdinand de Buisson, tinha «criado» na França um «deserto cultural». Isso ainda é repetido hoje, mas mais raramente e sem convicção. Na verdade, Jeanne Laurent, invejosa dirigista, tinha raiva da administração da III República por causa de sua prudente reserva e de seu liberalismo. Mencionei Gambetta. É preciso citar Hugo, profeta do regime, que, em 1866, tinha esboçado antecipadamente as competências do futuro Estado republicano, por oposição aos excessos cesaristas do Segundo Império:

> O governo restrito à considerável vigilância das vias públicas, as quais têm duas necessidades, circulação e segurança. O Estado só interferindo para oferecer gratuitamente o padrão e o molde. Concorrência absoluta das aproximações em presença do modelo, marcando a estiagem do progresso. O colégio normal, a oficina normal, o armazém normal, a loja normal, a fazenda normal, o teatro normal, a publicidade normal e, ao lado, a liberdade.

Em 1955, esse reino moderado da lei já não parecia suficiente para Jeanne Laurent e seus leitores. Já não era possível contentar-se com o poder do exemplo. Hugo falava em «*patron*», no sentido de padrão: agora se trata de um *patron*, no sentido de patrocínio direto e dominador. Calando-se quanto ao caráter exemplar do edifício de ensino construído pela III República, Jeanne Laurent a censurava por ter tido uma arte e uma arquitetura oficiais «pomposas», ou, o que para a autora era sinônimo, «acadêmicas».

Mas não está nisso também uma prova de conveniência e de moderação? O Estado moderno e laico não é nem a Igreja nem a realeza do Antigo Regime. Seus homens políticos, seus funcionários, não podem, para seus prédios públicos, fazer melhor do que patrocinar uma arte que, como a lei, observe um justo ponto médio impessoal, acima das preferências sofisticadas ou especiais dos indivíduos ou das minorias privadas. A arte oficial da III República, hoje em via de plena reabilitação, apenas registrava com atraso, prudentemente, em um espírito de concessão, os gostos e as pesquisas que suscitavam o entusiasmo dos pequenos círculos dos informados. A III República superou-se, ao menos, nas grandes exposições de síntese. A de 1900, triunfo da *art nouveau*, conciliava o saint-simonismo industrial com os esoterismos simbolistas. As de 1925 e 1937 fizeram aparecer, em duas etapas, a passagem do cubismo à *art déco* e ao neoclassicismo. Nenhuma exposição, desde 1959, nem pelo sucesso internacional, nem pela «vitalidade criadora», pode ser, nem de longe, comparada a essa sequência gloriosa. Mesmo assim, temos uma Arte oficial. Mas o Arco de La Défense, eco tardio das audácias construtivistas e da Bauhaus, poderia perfeitamente ter sido erguido em Sydney ou em Riad.

A sorte da arte «acadêmica» sob a III República foi justamente estar submetida à crítica incessante, feroz em um grau que já não ousamos imaginar hoje, que lhe faziam grandes talentos independentes. Ela era julgada, mesmo na imprensa, pela medida do gosto difícil e desdenhoso de seus mecenas e um público informados. Octave Mirbeau, monarquista, depois anarquista, podia escrever, com uma virulência hoje esquecida:

> Não obstante, está claro que, em 1910, em plena República radical-socialista, só tem valor a arte oficial, só são representativos os pintores e os escultores do Instituto. E os outros, e refiro-me aos Rodin, aos Monet, aos Renoir, a todos aqueles que mantêm com obras-primas a superioridade de nossa arte francesa, hoje valem nada, ou menos do que nada.

Rodin, Monet e Renoir estavam, então, longe da miséria ou da obscuridade. Mirbeau sonhava com um Luís XIV para eles. Era honra demais, ou indignidade demais. Resta que essa crítica pugnaz e essa concorrência entre a arte oficial e a arte mais ou menos «maldita» impunham respeito a uns e exaltavam os outros. Era pura e simplesmente uma situação liberal. Quando só existe um partido, o partido ministerial, e um coral de sicofantas, mesmo que o partido oficial levante a bandeira do «pluralismo», o tédio e a mediocridade causam devastações.

Se o imprudente Octave Mirbeau podia censurar a República por não aumentar o número de seus artistas oficiais, outros críticos, mais avisados, como Joris-Karl Huysmans, viam muito bem que a inclinação do Estado a «incentivar» já era forte demais. De fato, ele escrevia em *L'Art Moderne*, em 1881, sobre a Exposição de 1883: «O que disse Courrier ainda vale: 'O que Estado incentiva, decai; o que ele protege, morre'.».

Por simples reação, filosófica e jurídica, contra o cesarismo do Segundo Império, a III República tinha evitado, no geral, esse risco moderno e não tinha abandonado um papel de árbitro distraído e econômico em matéria de Belas-Artes. Aí estava o crime aos olhos de Jeanne Laurent e da maior parte das almas bondosas entre 1940 e 1991. É revelador esse furor. Ele esconde a profunda dúvida que se instalou nas almas desde junho de 1940, um sombrio complexo de inferioridade nacional. Ele revela que, agora, não mais se espera grande coisa da «natureza» francesa: tudo se tornou cultura, vontade de cultura, e é encargo do Estado. A questão das Belas-Artes foi levada para o coração da grande escolha política e filosófica que os franceses temiam fazer: ou uma República liberal, uma economia liberal e Artes liberais, ou um Estado que se toma, ele próprio, por único «criador», modelando a economia, as mentalidades, as artes. A escolha ainda não foi feita claramente.

Em seu breve livro, mas de grande consequência, Jeanne Laurent dá-se ao luxo de elogiar o Segundo Império para rebaixar a III República. Napoleão III, como déspota esclarecido, tinha criado o «Salão dos Recusados», tinha tirado da Academia de Belas-Artes o privilégio de conceder os Grandes Prêmios de Roma. A III República tinha devolvido à Academia a plenitude de seu papel, restringindo, assim, nas coisas da arte, o poder dos políticos e dos funcionários públicos.

Assim, a República «burguesa», que respeitava a Academia, tinha ousado preferir, para suas encomendas, para suas prebendas, para suas cruzes de honra, Bonnat a Degas, Besnard a Cézanne! Mesmo assim, Degas e Cézanne, burgueses a não mais poder, trabalharam em paz nessa boa República e, pouco a pouco, encontraram a glória. A crer em Jeanne Laurent, fiel a Octave Mirbeau, sua existência tinha sido crucificada porque os funcionários das Belas-Artes não lhes tinham cortejado, não os tinham inundado com encomendas e com honras. Ainda não se falava de *gulag*, mas, se a palavra circulasse, sem dúvida a III República teria sido chamada de «*gulag* para os artistas». Era, e ainda é, um raciocínio bizarro: se a arte oficial estava nas mãos de grosseiros peões, o que os verdadeiros artistas iriam fazer nesse meio? Caso Cézanne tivesse recebido uma encomenda para a nova Sorbonne, terminada em 1901, e a tivesse aceitado, isso teria sido uma catástrofe para a história da arte. O eremita de Aix (ainda nessa hipótese excêntrica, mas à qual convidam as ideias de Jeanne Laurent) ter-nos-ia privado de seus últimos desenhos e aquarelas, que foram pintados não para nós, mas para algum Ariel.

Haverá algum historiador da arte que censure Poussin por ter perdido a grande chance de sua vida, quando desistiu da encomenda oficial que lhe fora feita em 1642 para decorar os imensos tetos da Galeria da Beira d'Água, no Louvre? Ele preferiu, após algumas tentativas, abandonar esse trabalho, que o deixava infeliz, bem como as discussões sem fim com os altos funcionários da corte, para então voltar à sua modesta moradia em Roma e, ali, pintar, para meia dúzia de colecionadores escolhidos, em telas de pequeno formato destinadas à apreciação privada, suas sublimes paisagens heroicas, as quais Cézanne passará a vida «refazendo ao ar livre» em Aix, diante da montanha Sainte-Victoire. Do ponto de vista artístico, que é, espontaneamente, o de toda propaganda oficial, um Charles le Bun, mais avisado e mais capaz, que sabia pintar brilhante e docilmente vastas alegorias decorativas, como aquelas que decoram o teto do Salão dos Espelhos em Versalhes, é o artista necessário. O ofício para o «grande gênero» público, de Estado e de Igreja, ofício que a Academia de Pintura honrava preferencialmente, mas não exclusivamente, é totalmente distinto da arte de meditação, feita para o encontro íntimo, de um Poussin ou de um Vermeer. Ambos têm seus méritos, mas a confusão das duas ordens está na origem de muitos erros históricos e políticos. Quem não enxerga que a grandeza da arte francesa está do lado de Poussin e de Cézanne, e não de um Le Brun ou de um Bouguereau? Era preciso ter chegado a 1955 para achar que bastava que as burocracias confiassem a Poussin tarefas adequadas a um Le Brun, ou a Cézanne tarefas com que se contenta um Bouguereau, para que a Cultura se visse esclarecida, democratizada, moralizada!

Jeanne Laurent, então, desfia uma litania que, desde esse momento, foi recitada e amplificada: é a da suposta «recusa», por parte do Estado, do legado de Caillebotte; é a «perda» das vendas de Kahnweiler e Uhde pelos museus; é a «fuga para o exterior» de tantas obras-primas que poderiam ter, naquele tempo, entrado nas coleções públicas a preços baixíssimos. Todos esses episódios de uma verdadeira «legenda negra» escondem o fato de que a Europa e a América, então, olhavam a Paris das artes do mesmo modo como hoje olham os vinhedos de Bordeaux, um *terroir* naturalmente fértil em suculências dignas de reis, sem que o Estado republicano se intrometesse. É justamente nessa estrita abstenção que consiste o mérito da III República: a lembrança que o dirigismo tinha deixado nas artes e nas letras, no Primeiro e até mesmo no Segundo Império, servia de prevenção.

O argumento supremo de Jeanne Laurent, segundo o qual a III República teria, por sua incúria, permitido que se estabelecesse nas províncias um «deserto cultural», está longe de ser convincente. Essa noção de «deserto» foi difícil de matar.[10] Evidente para os esnobes de Paris, ela tornou-se a consciência culpada dos eleitos e notáveis locais, ciosos de não ficar atrás de Paris. Longe de estimular o sentido das conveniências próprias de cada localidade, ela aumentou a dependência dos modelos da capital e acentuou o desrespeito por hábitos, gostos e estilos de *habitat* tradicionais, que, até então, eram o charme, para seus habitantes, das cidades francesas e dos bairros de Paris, cada qual em sua singularidade. Todos esses velhos farrapos passaram cada vez mais a ser vistos como relíquias do «deserto» a ser combatido. Todavia, somente os grupinhos de semiletrados do Quartier Latin ou dos bairros chiques poderiam ser suficientemente arrogantes e convencidos de suas próprias preferências, para pretender que as moças de Bellac ou os nativos de Manosque estejam entre os «subdesenvolvidos» da Cultura.

---

10 Na época, ela era absolutamente recente. O livro de geografia humana de Jean-François Gravier, *Paris et le désert français: décentralisation, équipement, population* [Paris e o deserto francês: descentralização, equipamentos, população] (Paris: Le Portulan, 1947), tinha acabado de criar o clichê.

Essa atitude condescendente e intolerante é exatamente idêntica à dos missionários cristãos, rigoristas ou puritanos, que ousaram despojar seus próprios «indígenas» dos costumes, das crenças, dos prazeres e das festas que eles julgavam pagãos e primitivos. Para esses zelotas cristãos (dos quais é preciso dissociar os jesuítas, antes que a Controvérsia dos Ritos da China os colocasse na linha), o mundo não europeu era inteiro, antes da chegada das missões redentoras, um «deserto cultural». Sabemos que tipos de jardins foram «aculturados» por esses bons apóstolos. Para ater-se à França, não teria ocorrido a George Sand, parisiense e feminista que era, inventar a expressão «deserto cultural» para descrever o Berry[11] de *François le Champi* [François, o menino abandonado] ou de *O charco do diabo*. A lucidez moral de Balzac, em suas *Cenas da vida provinciana*, exclui todo desdém reformador. Não se exige a Eugénie Grandet, nem ao padre de Tours, um passaporte de boas frequentações culturais ou um atestado de familiaridade com as «obras-primas da humanidade» para entrar na *Comédia Humana*. Nem Giraudoux, nem Giono, nem autor nenhum desde a *Odisseia* foi roçado por essa idiossincrasia de beócio pedante.

* * *

Jeanne Laurent escreveu seu livro entre 1951 e 1955. Nesse período, reinava o «terror» nas letras francesas, assim como ele reinava entre os «intelectuais». Eram dois os públicos a que se dirigia a teórica da Descentralização Teatral. Raymond Aron apressou-se em combater um deles em *O ópio dos intelectuais* (1957); Jean Paulhan, que vira o outro vir junto com o surrealismo, tinha-o analisado e dele zombado delicadamente em *Les Fleurs de Tarbes* [As flores de Tarbes] (1941). Porém Jean-Paul Sartre tinha pego o bastão de André Breton no papel de

---

11 Província francesa do Antigo Reinado. [N. E.]

Robespierre. Em 1948, ele tinha publicado *O que é a literatura?*, em que acusava as letras francesas de terem-se «aburguesado» desde a Revolução, enxergando a salvação política do escritor moderno apenas em uma poesia de ruptura absoluta, ou, na falta de algo melhor, em uma crítica militante de todo compromisso passado e presente das letras como o «inimigo de classe». Sartre encontrou, em 1953, um aliado de grande talento em Roland Barthes, que, naquele ano, publicou *O grau zero da escrita*: em nome da «História» hegeliana-marxista e sartriana, a literatura está condenada, até que se siga a ela a «escrita», a purificar-se de todos os lugares-comuns com os quais se comprometeu em sua longa servidão à «Burguesia». Em 1957, em uma coletânea de ensaios que permanece seu melhor livro, Barthes atacava os clichês da «cultura pequeno-burguesa», a seus olhos subprodutos da literatura dos «grandes burgueses», mas mais simplória, mais ingênua, mais «pegajosa» também e, portanto, ainda mais perigosa para a «consciência de classe». Vários desses trechos notáveis (sobre «o plástico» ou sobre o «Tour de France») felizmente escapam ao brechtismo militante que, hoje, torna dolorosa a leitura desse livro. Porém a essência do Terror descrita por Paulhan desde os anos 1936-1941 está ali: ela consiste em identificar «lugares-comuns» e clichês, ou *slogans* ideológicos, e a convocar a inteligência a endurecer contra toda concessão à «bobagem», calcanhar de aquiles do intelectual, por onde a «Burguesia» o segura. Para endurecer nessa autocrítica política sem piedade, o intelectual pode se apoiar em um «saber absoluto», que é seu privilégio e que, curiosamente, pode ele próprio ser resumido em alguns *slogans* sumários: «a História», primeiro, que tem um sentido único; a «mistificação política burguesa», depois, que, enquanto a Revolução não acontece, trabalha por toda parte, na França, para esconder esse sentido e para retardar seu aparecimento.

    Essa crítica terrorista, que dá a quem a exerce o poder de procurador-geral, Paulhan mostrou o quanto é danosa à literatura. Pois esta, a menos que pretenda cometer *harakiri*, encontra sua vitalidade e seu amplo florescimento nesses «lugares-comuns» que são sua razão de ser: Breton, Sartre, Barthes e Brecht insistiam todos para que ela os sacrificasse no altar da «História». O teatro não foi poupado, apesar do exemplo dado por Sartre, dramaturgo absolutamente convencional por sua técnica e seus temas. O que são, efetivamente, o amor, o ciúme, a morte, a liberdade, a verdade, a felicidade, Deus e o Diabo, senão lugares-comuns? Eles são o próprio estofo dessa jurisprudência da vida humana que é a literatura desde Homero e Sófocles. O drama, a comédia, o romance, a poesia e o ensaio só interessam e atravessam as gerações porque tratam desses lugares-comuns. O que é específico à literatura, dizia essencialmente Paulhan, não é expelir os lugares-comuns, mas aprofundá-los até a revelação de seu «segredo». Esse segredo, o mais difícil alcançar, é o da natureza humana, comum a todos, mas singular em cada um. Esse segredo é inesgotável e está na fonte da fertilidade literária e de sua extrema variedade.

Por querer confundir, em nome do Terror, o estofo dos lugares-comuns com sua usura na vida corrente e, com ainda mais razão, com seu uso na propaganda ou na publicidade comerciais, jogamos o bebê fora junto com a água do banho, saímos da conversa civil e humana. Politicamente, colocamo-nos fora da democracia. Ao pretender fazer a guerra total aos «clichês» burgueses, são exterminadas também as questões gerais pressupostas por esses clichês, questões que assombram todos os homens, que definem sua humanidade e das quais a literatura é tecida desde sempre. Porque essas questões simples e fortes, comuns a todos os públicos, aceitam as respostas mais diversas, segundo os lugares, as pessoas, os talentos e as circunstâncias. E essas próprias respostas, não sendo insinceras e tocando, de perto ou de longe, o segredo dos corações, interessam a todo mundo, pois despertam em todos nós uma dessas questões que nunca têm fim e que nos doem. É preciso ser muito pedante para não enxergar que as respostas de Edith Piaf, de Maurice Chevalier, ou de Charles Aznavour (que as *Mitologias* de Barthes não evocam) podem comover, dependendo da hora, tanto quanto as de James Joyce ou de Marcel Proust. Na verdade, a arte popular, quando consegue ser verdadeiramente popular, pode chegar ao segredo dos lugares-comuns tanto quanto a arte sofisticada. Cada qual, em sua ordem, participa, à sua maneira, da grande democracia dos lugares-comuns. Esta, em última análise, repousa sobre a natureza humana, cujo segredo certamente escapa quando, após ser proibida, é também condenada a ruminar seus crimes, a expiá-los vergando-se diante de uma cultura que não lhe diz nada, mas que ela precisa fingir amar por seus pecados. Essa crítica terrorista torna impossível toda arte popular e também toda arte e toda literatura vivas. Esse adjetivo foi roubado pela Cultura de Estado. Para ela, «vivo» significa «contemporâneo» e «conforme ao gosto dos grupinhos reinantes». «Vivo» significa, na verdade, de acordo com a natureza e, assim, vencedor do Tempo. É esse o «segredo» no fundo dos lugares-comuns que assombrava Paulhan.

    A língua, para quem não se contenta em servir-se dela maquinalmente, é um tecido de lugares-comuns que nunca paramos de desfiar. Por si, ela é, para todos aqueles que a falam e que a escrevem, um direito natural que desdobra incessantemente consequências imprevistas. Por isso, ela é um inferno para quem decreta que os lugares-comuns são essencialmente uma mistificação da História burguesa, ou da Metafísica ocidental. É preciso então exortar as consciências a sair dela. Porém, com essa saída, colocamo-nos à margem de toda sociedade natural com nossos semelhantes, fora da humanidade, fora da nação, fora da família, fora da liberdade. Colocamo-nos em posição de loucura ou de extremo poder — às vezes, nas duas.

    Quem não enxerga o profundo parentesco entre esse Terror político-literário e o Estado cultural? Este pretende fazer a guerra contra os lugares-comuns da arte comercial e burguesa, pretende igualmente disseminar, por toda parte, uma «cultura» previamente submetida a seu próprio estame: quando ele passa, a grama da arte espontaneamente popular, assim como das artes sofisticadas tradicionais, para de crescer.

Sem que imaginasse, em 1955, ao colocar o Teatro Nacional Popular contra o teatrão de bulevar, os Centros Dramáticos Nacionais contra a Comédie-Française, a vanguarda contra a arte burguesa, Jeanne Laurent tomava parte no Terror que havia nas Letras. Um pouco mais de tempo, e o próprio Vilar, Jean Dasté e os herdeiros de Copeau serão acusados de enganar o povo e de não entender a crítica brechtiana dos lugares-comuns. O Terror alimentará a vontade de potência administrativa e alimentar-se-á dele. Nessa aliança, selada sob Malraux, não surpreende que a arte francesa do teatro, e também as outras, tenham, no mais das vezes, parado de encontrar o caminho para os corações. Seu público francês tornou-se um público de encomenda, que já não interroga seu sentimento para julgar, mas que docilmente aprova aquilo que essa ideologia oficial exige que seja aprovado, doce terror que dispensa de procurar o segredo das artes: a felicidade de reconhecer a natureza no fundo dos lugares-comuns.

* * *

Nos trilhos de *La République et les Beaux-Arts*, o trem da Administração Cultural, dedicado à reconquista do «deserto» francês, foi acompanhado, em cada estação, de declarações de desprezo por aquilo que aparentemente obscurecia a inteligência de nossos concidadãos: o teatro «burguês», o teatrão, o repertório de óperas, de operetas e de óperas cômicas que faziam os belos dias das salas líricas em Paris e em Lille, Bordeaux, Marselha, Toulouse e Nîmes. A popularidade dessas obras líricas ainda era tão geral e espontânea como aquela de que gozava a canção francesa. Dando o tom a uma intolerância de semiletrados, André Malraux não terá palavras duras o bastante para condenar a infâmia de *Cloches de Corneville*[12] [Sinos de Corneville]; seu desdém se estenderá à ópera em geral, cuja popularidade o desolava, e sobre a qual ele gostava de dizer, por antífrase, que era «uma diversão para os porteiros, que ninguém quer em Romorantin». Esses malditos deleites de burgueses e de pequeno-burgueses tinham, no entanto, a vantagem, assim como o teatrão de *bulevar*, de servir bem a língua nacional e de reforçar sua função natural de laço comum entre os franceses. Eles, aliás, não interferiam em nada com os usos, os costumes e os sotaques particulares que coloriam bairros de Paris e cidades de província. Na «conversa pequeno-burguesa e burguesa», eram citados versos de teatro, como o *Cyrano* de Rostand, outrora desdenhado pelas inteligências elegantes, hoje reabilitado pelo cinema, para o alívio de todos. Cantavam-se as melodias de *Manon*, de Massenet, ou de *Violettes impériales* [Violetas imperiais], de Scotto, nos piqueniques de domingo e em passeios. Nem todos podem elevar-se às altitudes de Michel Butor, que recentemente declarou: «Às vezes me surpreendo assobiando Webern». Eram montadas, e muitas vezes na província, óperas de Verdi, a partir de um libreto traduzido para o francês, óperas-cômicas e operetas, gênero de grande valor, em que se destacava Reynaldo Hahn, amigo de Proust e autor do imenso sucesso que foi *Ciboulette* [Cebolinha] (1925). Era isso um deserto? Porém o objetivo da Cultura não foi fazer verdejar as terras ermas. Parecia-lhe urgente trocar o gosto popular e médio que realmente convinha ao maior número pelo gosto de «alto nível», então definido nos cafés intelectuais e nos apartamentos enfumaçados da capital. Um excelente pretexto para

---

12 Ópera cômica composta por Robert Planquette, com libreto de Lois Clairville e Charles Gabet. Estreou em 19 de abril de 1877, no Théâtre des Folies-Dramatiques, em Paris. [N. E.]

uma ação missionária de grande envergadura, que convinha perfeitamente às ambições e à vontade de potência das burocracias atualizadas. Nada é mais alheio à verdadeira cultura, que é harmonia e não violência, do que um projeto como esse, marcado pela violência, sob pretextos humanitários. Ele equivalia a impor por decreto, desde Paris, uma revolução dos costumes e dos gostos, contra a vontade e a expectativa dos cidadãos. Em 1955, por mais que isso desagradasse Jeanne Laurent e André Malraux, Georges Thil e Ninon Vallin eram tão famosos em toda a França como Georges Simenon e Maurice Chevalier. Isso não era um sinal da incultura geral.

Essa ideia da cultura como um líquido ou um gás, cuja concentração é insuportável, que deve a todo custo ser «difundida» uniformemente por toda parte, é uma ideia de engenheiro de fluidos, ou de imperialista do gosto. No entanto, era tão grande a impaciência daqueles distribuidores que Jeanne Laurent, em nome deles, convocava o Estado, então indolente, a impô-lo a todos e por toda parte. Na conclusão de seu livro, levada pelo desprezo e exaltada pela lembrança de sua própria obra missionária de «Descentralização», ela chamava e profetizava um comissário investido de plenos poderes que energicamente acabaria com a tragédia em que o liberalismo da III República tinha mergulhado a arte francesa: «A ruptura com os maus hábitos do passado será estrondosa. À irresponsabilidade das comissões substituir-se-á uma responsabilidade individual. Aquele que a deter terá os meios (créditos e poderes) de enfrentá-los».

Não se pode recusar a Jeanne Laurent a extrema coerência de seu pensamento. Ela teve dois grandes inimigos: a Sociedade dos Atores Franceses e a Academia de Belas-Artes. Dois senados cooptados de artistas, dispondo, até então, de uma segura independência de corpo, à qual estendiam, uma, à Escola de Belas-Artes e à Academia Francesa em Roma, e a outra, ao Conservatório de Arte Dramática. Era demais para uma déspota e ativista burocrática. Era preciso procurar, aí, as causas da decadência «burguesa» das artes francesas. Esses corpos intermediários tinham freado ou impedido a ação redentora do Estado. A «descentralização do teatro» foi uma estratégia de cerceamento, que, efetivamente, acabou colocando a Comédie- Française sob a autoridade, sem intermediários, da Rue des Valois[13] e aumentou o número dos fiéis da Direção Ministerial do Teatro. André Malraux, desconcertado em 1968, julgou estar fazendo concessões ao decidir subitamente tirar a Escola de Belas-Artes e a Villa Médicis da competência da Academia de Belas-Artes. Um de seus sucessores, Michel Guy, aconselhado por Jacques Rosner, suprimiu, em 1974, o concurso de saída do Conservatório, tradicional viveiro das estrelas do francês.

Assim, realizava-se, sem ela, a vontade de Jeanne Laurent. Nem Malraux nem seus sucessores deram grande reconhecimento a essa Santa Joana Batista da Cultura de Estado. Será que André Malraux leu *La République et les Beaux-Arts*? É altamente provável. Foi como se esse livro tivesse não apenas inspirado a ideia de um «comissariado da Cultura» que convinha a um famoso especialista da propaganda, mas também ditado com frequência a conduta do «comissário», assim que ele assumiu seu cargo.

---

[13] Rua onde se localiza o Ministério da Cultura, em Paris. [N. T.]

Dois ensaios comparados de Estado cultural

O Front Populaire

Quando for escrita a história do Ministério da Cultura, Jeanne Laurent, que nunca esteve nele, terá nela um lugar de honra, figurando como a Lênin dessa revolução administrativa. Podemos até esperar que lhe seja dedicada uma biografia e que sejam públicas suas *Memórias* ainda inéditas, nas quais essa observadora implacável da obra que lhe foi roubada com certeza presta um serviço à história e à École des Chartes. Em *La République des Beaux-Arts*, ela exime de sua desforra, dentre todos os políticos da III República, apenas Jean Zay, ministro da Educação Nacional e das Belas-Artes entre 1936 e 1939. É um indício interessante. Seria o caso de pensar que a Frente Popular fincou as primeiras balizas dos Assuntos Culturais confiados em 1959 ao autor de *A esperança*? É verdade que «os intelectuais antifascistas» de que Malraux fazia parte e que apoiavam o governo Blum usavam e abusavam, em seus jornais e revistas, da palavra «cultura», ou da expressão «defesa da cultura». Eles faziam suas reuniões nas Casas de Cultura. O dirigismo cultural de Stálin lhes parecia um modelo e a melhor resposta possível ao dirigismo de Hitler e de Mussolini. Seu problema, ao qual retornaremos, era conseguir o apoio do «povo» para sua causa, e Malraux não era o único a achar que as artes poderiam ser ímãs eficazes. No semanário «frontista» *Vendredi*, dirigido por Jean Guéhenno e Andrée Viollis (Malraux publicou nele boa parte das páginas de *A esperança*),[1] Jacques Soustelle escreveu, em 26 de junho de 1936:

> Abramos as portas da cultura. Rompamos as muralhas que cercam, como um belo parque proibido aos pobres, uma cultura reservada a uma elite de privilegiados. Não é por acaso que as Casas da Cultura, a Radio-Liberté e a imprensa do Front Populaire hoje multiplicam seus esforços para efetivamente realizar essa grande tarefa. Caminhamos para um Renascimento. É hora de trabalhar por ele.

Esse apelo em favor de uma Associação Popular dos Amigos dos Museus (assinado por Paul Rivet, Georges Salles, André Varagnac, René Grousset e André Chamson) foi ouvido por Jean Zay. Ele mandou abrir o Louvre à noite e organizou visitas guiadas gratuitas nas salas iluminadas *a giorno*. Era ótimo, mas estávamos longe da «cultura para todos» e do Renascimento que, por um otimismo de época, Jacques Soustelle esperava. Os homens aos quais Léon Blum confiou aquilo que não era unanimemente chamado, na época, de Cultura — Jean Zay, na Educação Nacional e nas Belas-Artes, Léo Lagrange, nos Esportes e Lazer —, não eram revolucionários culturais. Malraux tinha laços de amizade com Léo Lagrange, de quem fez um belo elogio na sala

---

[1] É preciso acrescentar, na direção do *Vendredi*, André Chamson, amigo de Edouard Daladier, mas também de André Malraux, e que reencontraremos um pouco adiante, alistado em 1939, e participando, durante a «drôle de guerre» [«guerra de araque»], das atividades culturais do estado-maior do general de Lattre em Estrasburgo. Maurice Agulhon faz-me observar que a composição política do triunvirato do *Vendredi* era exatamente simétrica àquela da direção do Comitê de Vigilância dos Intelectuais Antifascistas (CVIA): a André Viollis (Partido Comunista), Jean Guéhenno (Partido Socialista) e André Chamson (radical-socialista) correspondiam, no CVIA, Paul Langevin (próximo ao Partido Comunista), Paul Rivet (Partido Socialista) e Alain (radical-socialista).

Pleyel, em 9 de junho de 1945. Por outro lado, ele tinha poucos pontos em comum com Jean Zay.

Léo Lagrange, sobrinho de um ministro de Gambetta, pertencia à aristocracia republicana da III República. Tinha 36 anos quando se tornou ministro de Léon Blum. Malraux, no elogio que lhe fez, falou, a seu respeito, de «socialismo nietzschiano». Uma vez mais o orador definia a si mesmo. Na verdade, Lagrange procurava uma fórmula republicana que respondesse à política, então unanimemente temida e admirada, dos regimes alemão e italiano, em matéria de esportes e juventude. A conjuntura era favorável: a Frente Popular concedia, aos assalariados e aos empregados, o direito às «férias pagas». A República, pela primeira vez, tinha a oportunidade de organizar as diversões de massa. Os sindicatos, recém-legalizados nas empresas, eram uma engrenagem intermediária ideal. À mística neopagã das festas, típica do fascismo, Lagrange contrapunha os relaxamentos que não aboliam a liberdade de escolha de ninguém — esportes, turismo, escotismo, teatro, leitura, iniciação às artes. Ele declarava:

> A organização dos lazeres é um termo atrás do qual convém pensar o que se pretende colocar. Em um país democrático, não se podem militarizar os lazeres, as distrações e os prazeres das massas populares e transformar a alegria distribuída com habilidade em um meio de não pensar.

Léo Lagrange apoiou-se, então, nas Associações oriundas dos sindicatos, para favorecer a educação popular nos esportes, nas artes e na leitura. Ora, é justamente essa noção de «educação popular», excessivamente rústica e modesta aos olhos de Malraux, que foi combatida e rejeitada pela «Cultura» do novo

Ministério, em 1959.[2] Léo Lagrange dedicou-se a criar uma rede de bibliotecas públicas que deveriam ser também fototecas e discotecas, onde aqueles que desejavam podiam ler, iniciar-se na audição da grande música e instruir-se na história da arte. Ele incentivou, com modestas subvenções, turnês, pelas províncias, das trupes de André Barsacq e de Jean Dasté. No vocabulário de Léo Lagrange, a palavra «educação» aparece com frequência. O treinamento físico e o aprendizado de uma disciplina mental ou manual parecem-lhe verdadeiras alternativas ao trabalho e ao ofício cotidianos. Mas ele tinha o senso, então muito difundido na França, depois perdido pelos burocratas culturais, de um gosto mediano popular e dos prazeres sem pretensão. Ele deixou seu Ministério em 1939, para entrar no exército, quando não podia ser conscrito, na qualidade de deputado e de ex-combatente: morreu no *front* em 9 de junho de 1940.

Jean Zay, preso de 1940 a 1944, assassinado em 12 de junho de 1944 pelos milicianos de Darnand, foi um ministro ainda mais jovem do que Léon Blum: tinha 32 anos quando foi encarregado daquilo que havia de mais «ateniense» na III República: a Educação Nacional e as Belas-Artes. Na chefia desse prestigioso Ministério, ele trabalhou em estreita colaboração e

2   Em uma circular inédita, emitida por Emile Biasini, então diretor de Teatro e de Ação Cultural no mandato de Malraux, e datada de outubro de 1962, pode-se ler a seguinte diretiva: «Elas [as Casas da Juventude] querem ser um meio de familiarização, e muitas vezes de familiarização manual, com os meios de expressão de uma cultura. A Casa da Cultura deve, por sua vez, organizar o encontro entre todos aqueles que aspiram a essa cultura e suas mais perfeitas formas. Ela encontrará, assim, sua característica fundamental na noção do nível cultural mais elevado, e da melhor qualidade, ao proscrever tanto a condescendência como o paternalismo. A essa noção de alto nível, a Casa da Cultura deve somar a de polivalência... etc.». Agradeço ao Sr. Biasini por ter-me comunicado esse documento que merece crédito.

simpatia com Léo Lagrange. Ambos continuaram trabalhando após a queda de Léon Blum, e Jean Zay conseguiu que a Subsecretaria de Estado para Esportes e Lazeres de Léo Lagrange, até então associada à Saúde Pública, passasse para a Educação Nacional, em 1937, durante a formação do ministério Chautemps. Essa repartição das competências era profundamente fiel ao espírito do regime. Os Esportes e Lazeres, para Jean Zay e Léo Lagrange, deveriam ser associados à escola, da qual eram um complemento, e não um substituto. A III República, por outro lado, nunca tinha dissociado as Belas-Artes da Instrução Pública (que, na década de 1930, foi transformada em Educação Nacional). Nunca será demais insistir no erro cometido em 1959, na nova decupagem de competências que levou à invenção de um ministério feito sob medida para Malraux. De um lado, as Artes e as Letras, dissociadas da Educação Nacional, mas dedicadas, sob pomposas fórmulas, a organizar os «lazeres para todos»; de outro, uma Educação Nacional descoroada das Artes e das Letras e reduzida a tornar-se uma enorme e acinzentada escola profissionalizante. Quanto aos esportes, deixaram de ser um fator comum dos Lazeres e da Educação. Tendo o dirigismo tecnocrático do Estado-Providência assumido, nesse ínterim, proporções desconhecidas durante a III República, essa repartição arbitrária das competências projetou-se na sociedade civil francesa e acabou por moldar suas representações.

Sem ser, ele próprio, um «grande universitário», Jean Zay era, como muitos homens políticos da III República, um «homem verdadeiramente culto». Tomemos emprestado de Nietzsche — Malraux lera-o pela diagonal — a definição desse termo: «Um homem verdadeiramente culto possui o bem inestimável de poder permanecer fiel aos instintos contemplativos de sua infância, e de assim atingir uma calma e uma harmonia que aquele que é atraído pela luta pela vida não consegue sequer conceber». Ele fora precedido nesse Ministério, transformado por Jules Ferry em poder espiritual da República, por homens da estatura intelectual de um Léon Bérard ou de um Anatole de Monzie, humanistas no sentido que essa palavra tinha no Renascimento. Jean Zay não era indigno dessa nobreza republicana.

No belo livro *Souvenirs et Solitude* [Memórias e Solidão], escrito na prisão, cada página prova o respeito que Jean Zay, ministro das Belas-Artes, tinha pela Universidade e pela ciência francesas: «Um jovem ministro iniciante», escreve,

> não descobria prova mais temível [do que comparecer diante do Conselho Superior de Instrução Pública, ao qual a III República tinha conferido ampla autoridade, e do qual faziam parte professores das três ordens do ensino], nem mesmo no salão da Câmara nem no do Senado [...]. Aquilo que nos enchia de um temor respeitoso no começo do discurso ministerial era o sentimento de estar sendo julgado, ao falar, por áugures carregados de pergaminhos.

São muito significativas da fidelidade de Jean Zay à «República ateniense» suas observações sobre o prestígio da cultura francesa no estrangeiro. «Não podemos julgar», escreve, «a verdadeira grandeza da França lá fora se nunca vimos trabalhando, no local, aqueles que representam seu pensamento por meio do mundo. Em Atenas, o centro de influência francesa era muito menos a legação ou os escritórios comerciais do que a École d'Athènes, com o Sr. Demangel, o Institut d'Études Supérieures, do Sr. Merlier.» A mesma observação, no Cairo, para o Instituto Francês de Arqueologia Oriental e os estabelecimentos de ensino. Ele acrescentou à rede desses institutos de alto nível, dotados de bibliotecas de pesquisa, o Instituto Francês de Londres (associado à Universidade de Lille) e a Casa Descartes, de Amsterdam. Hoje, dedicados ao «cultural», esses institutos, sem exceção, deixaram de ser extensões do ensino superior francês e suas embaixadas, junto a seus pares estrangeiros. As *Enciclopédias* de Diderot e d'Alembert, nas edições do século XVIII, que a III República tinha enviado a suas bibliotecas, foram relegadas aos arquivos com o cessar do fundo científico a partir de 1940. Deixando de ser intermediários entre o mundo científico e universitário francês e seus correspondentes no estrangeiro, esses Centros Culturais do estrangeiro dedicam-se, com excessiva frequência, a animar os lazeres locais, o que faz a França oficial parecer um agente artístico, e sua língua, uma variante secundária do inglês do *show business*. No entanto, é a III República a «meretriz» que, hoje ainda, passa por ter feito a França cair no descrédito «cultural».

Jean Zay preocupou-se em criar uma Escola Nacional de Administração, que, para ele, devia completar, para o recrutamento dos administradores, «a obra democrática buscada há muitos anos no ensino público e prolongar, de certa maneira, a escola única». Ele acrescentava: «A continuidade entre o liceu, a escola superior (ou a bolsa de ensino superior) e a função pública é o princípio experimentado que deve nos servir de guia em matéria de recrutamento». O projeto de Jean Zay, criticado pelo jovem Michel Debré, não teve sucesso. Jean Zay foi acusado, entre outras coisas, de querer criar um mandarinato administrativo. Marc Bloch, em seu *A estranha derrota*, marca sua hostilidade, de princípio, em relação ao projeto, mesmo na forma prudente que lhe tinha dado Jean Zay. «Melhor teria sido, com certeza», escreve, «ajudar, com bolsas, o acesso de todos às funções administrativas e confiar seu preparo às universidades, segundo o amplo sistema de cultura geral que é a força do *Civil Service* britânico.» Quando, em 1945, Michel Debré obtive a aprovação de seu próprio projeto, a nova Escola justificava um pouco as prevenções de Marc Bloch. Ela formava um corpo de altos funcionários «generalistas», imbatíveis na técnica do resumo do dossiê, e imaginava, de bom grado, que esse virtuosismo universal fazia deles «*honnêtes gens*» [«pessoas honestas»], como no século XVII, aristocratas que não se abalam com nada e dão a última palavra a respeito de tudo. Contudo, aí estava o contrário da disciplina universitária e republicana, que, sem dúvida, leva à cultura geral, mas como recompensa de uma arte liberal e especial, aprendida pacientemente e a fundo. A «bota» dessa nobreza de Estado, muitas vezes formada por outras grandes Escolas, escolhe, em princípio, os grandes corpos e, muitas vezes, em seguida, como uma «pantufa» passa para a economia nacionalizada ou privada. Entre 1969 e 1991, aconteceu, no entanto, que essas *«honnêtes gens»* de alta extração deixaram-se tentar pela Administração da Cultura, que lhes dava o triplo *frisson* do mecenato aristocrático, da boa ação democrática e, até, de uma forma de boemia nomenklaturista.[3]

Jean Zay, por outro lado, fez com que fosse adotada, em 1937, uma reforma do ensino, comumente aprovada. Ela prolongava a escolaridade obrigatória para quatorze anos e previa, em consequência, o orçamento de construções escolares implicadas por essa medida. A reforma criava, ao lado do ciclo de estudos clássicos, e em pé de igualdade com ele, um ciclo moderno e um ciclo técnico. Os três eram precedidos, no começo do ensino secundário, por um tronco comum de orientação. «Lazeres dirigidos» foram instituídos uma tarde por semana. A educação Dúvida: no original está com inicial maiúscula? Se estiver, manter assim; se não estiver, seguir o original e alterar para inicial minúscula.ísica tornou-se obrigatória. Essa evolução não sacrificava nem as humanidades, que a esquerda venerava tanto quanto a Action Française[4] [Ação Francesa],nem os estudos modernos e técnicos, indispensáveis em uma nação

---

[3] Palavra russa, derivada do latim (*nomenclatura*), com a qual se costumava designar a burocracia do Partido Comunista soviético, ou, mais comumente, os afiliados e protegidos do Partido, que gozavam de privilégios no governo e suas estruturas administrativas. [N. E.]

[4] Movimento contrarrevolucionário francês, de orientação monarquista e orleanista, fundado em 1898. [N. E.]

industrial, nem a democracia, servida pela ênfase dada à orientação, mas sem demagogia igualitarista.

Jean Zay tomou bastante cuidado para não isolar a seriedade das tarefas da educação do brilho das Belas-Artes. Porém, evitou as seduções da moda e da vanguarda, muito fortes entre a extrema esquerda intelectual do Front Populaire. De tradição clássica e racionalista, ele considerava «tenebrosas e bizantinas» as preferências pós-simbolistas e surrealistas afetadas pelas pessoas mundanas e pelos intelectuais revolucionários. Ele preferia La Fontaine a Mallarmé, Jules Renard e Anatole France a Breton e até a Valéry, a quem chamava de «delfim do simbolismo». Seu gosto pessoal nas artes, no entanto, parece ter sido bastante próximo do Valéry de *Eupalinos*, mas é provável que uma tese universitária venha a mostrar-nos um dia que seu verdadeiro mestre nesse ponto era Alain, que tinha sucedido Renan no papel de Sócrates da República. Com seu diretor das Belas-Artes, Georges Husman, fez muitas encomendas a artistas como Maillol, Bonnard, Vuillarad e Despiau. Pediu a uma comissão de artistas que assessorasse as compras do Estado (é visível a provocação antiacadêmica). Foi sob sua autoridade que se organizou a Exposição Universal de 1937: o Palácio de Chaillot, hoje reconhecido como obra-prima, resume perfeitamente, assim como o museu flutuante do Normandie, a elegante vitalidade da «arte oficial», contemporânea de *La Guerre de Troie n'aura pas lieu* [A Guerra de Troia não ocorrerá]. Enquanto Raoul Dufy celebrava, em um imenso afresco, a fada Eletricidade, os Delaunay encarregavam-se de decorar o Pavilhão das Técnicas. Foi instalada, no Palácio de Tóquio, uma magnífica *Retrospectiva das obras-primas da arte francesa*. Foi exatamente com a lembrança deslumbrada de uma Paris Cidade-Luz, fiel à sua tradição de inteligência e de bom gosto, moderna, mas com moderação, que o mundo, estupefato, recebeu a notícia da derrota em 1940.

Jean Zay buscava, em suma, atenuar a discrepância, com a qual a III República estava bastante acomodada, entre a arte das diversas «vanguardas» e a arte oficial, sem, no entanto, esforçar-se para que elas fossem identificadas. Jacques Rouché, valendo-se de seus próprios recursos, tinha dado à Opéra de Paris[5] grande brilho, desde 1915. Com Jacques Doucet, com Paul Poiret e com tantos outros, ele foi um daqueles mecenas que, engenhosa e generosamente, fizeram contrapeso à prudência parcimoniosa de que a III República não desistiria, mesmo em matéria musical.

O que seria da Opéra sem o Front Populaire? Em «La Musique et le peuple» [A música e o povo], artigo que permaneceu inédito até 1955, mas que foi escrito em 1936, Max d'Olonne, influente crítico musical, fazia reflexões características da disposição geral das mentes da época: «Na hora atual, quais são os governos que atribuem à música e ao teatro um papel importante e lhes dão ajuda pecuniária eficaz? São os da Itália, da Alemanha, da Rússia. Por quê? Porque todos eles têm uma concepção da vida que engloba e unifica nela todas as manifestações, uma doutrina».

Esse esteta, desprovido de preconceitos políticos, interrogava-se, assim, quanto às intenções do governo Blum:

> A música é uma arte muito cara. Os eleitos do Front Populaire votarão pela manutenção de subvenções absolutamente insuficientes de nossos teatros, de nossos concertos, de nossas escolas de música? Ou vão suprimi-las? Alguns pessimistas bradam: «Logo virá o fim de toda arte refinada. É a morte dos concertos sinfônicos e dos grandes teatros líricos. A subvenção agora só irá para os orfeões e para as fanfarras». Essas opiniões parecem-me excessivamente superficiais e simplistas. O movimento

---

5   Refere-se assim ao Palais Garnier, ou L'Opéra Garnier, antigamente chamado de Académie Nationale de Musique — Théâtre de l'Opéra (1875--1978) e de Théâtre National de l'Opéra de Paris (1978-1989). Inaugurado em 1875, é, atualmente, de propriedade da Ópera Nacional de Paris. [N. E.]

socialista e comunista só tem amplitude graças a seu idealismo, à sua mística. Ele é sustentado, vivificado, por muitos intelectuais, por «crentes», de incontestável valor moral. Os economistas podem discutir ou negar as possibilidades de transformação do velho tecido social. Essa questão não me diz respeito absolutamente. Porém, em vez de ver uma antinomia forçada entre a revolução social e a arte, basta recordar o romantismo e muitos escritos de filósofos e de artistas, principalmente de Wagner, para apreender as profundas afinidades e as razões que eles têm para aliá-las.

Em 1955, reproduzido em uma coletânea intitulada *Le Théâtre lyrique et le public* [O teatro lírico e o público], esse programa de reforma adaptada «às exigências de uma sociedade nova» pareceu outra vez atual a Max d'Olonne. Foi justamente na época em que Jeanne Laurent estava escrevendo *La République et les Beaux-Arts*.

Às perguntas feitas pelos melômanos, Jean Zay respondeu, em 1936, com a nacionalização da Opéra e da Opéra-Comique, que justificou, aos olhos dos eleitos do Front, o orçamento de luxo, mas manteve o mecenas Jacques Rouché na liderança da novíssima Reunião dos Teatros Líricos Nacionais, na qual permaneceu até 1945.[6] Ali, ele era assistido por um comitê consultivo de compositores: pelo Grupo dos Sete (Milhaud, Darcy, Honegger, Auric, Poulenc, Taillefferre e Lazarus) e por Henri Rabaud, Reynaldo Hahn e Jacques Ibert, os quais nomeou para a direção da Villa Médicis. Para a Comédie-Française, nomeou, com insólitos plenos poderes, Edouard Bourdet, assistido

---

6   Para a sequência dessa história cortesã dos avatares da Opéra, na República cada vez mais monárquica dos anos 1960-1990, remeter-nos-emos à excelente obra de Maryvonne de Saint-Pulgent, *Le Syndrome de l'Opéra* [A síndrome da Opéra]. Paris: Laffont, 1991.

pelos amigos encenadores do Cartel:[7] Jouvet, Dullin, Baty e Copeau. Criou o Grande Prêmio do Cinema Francês e preparou o primeiro Festival de Cannes, para rivalizar com o de Veneza, quando a guerra estourou em 1939.

Dirigistas, portanto, mas com tato e com moderação, Jean Zay e Léo Lagrange formaram por si, durante três breves anos, o mais completo «Ministério da Cultura» republicano da III REPÚBLICA, tendo, como único precedente, o breve ministério de Antonin Proust no efêmero governo de Gambetta. Porém, dessa vez, o grande professor da Universidade era também o patrono das Belas-Artes e tinha colocado, subordinados a si, com seu amigo Léo Lagrange, os Esportes e Lazeres. Jean Zay tentou também subordinar a si o rádio, tendo conseguido, no entanto, derivar para si parte dos direitos de licenciamento.

Esse radical, maçom, filho de professor de escola, em um momento em que os perigos aumentavam, quis ser o Péricles da «República ateniense» ameaçada. O livro de Claude Nicolet, *L'Idée républicaine en France* [A ideia republicana na França] (Gallimard, 1982), permite-nos compreender, desde dentro, contra tantos preconceitos acumulados, que sentido cívico e filosófico um homem dessa tradição podia dar à sua ação. Ele coligou e revivificou a Educação Nacional, as Artes, os Esportes e os Lazeres, segundo um esforço que culminaria nas festas do sesquicentenário da Revolução em 1939: a reunião do povo em torno da representação de suas leis e de suas obras, comemoração de seus anais. Era, com uma coerência totalmente diversa daquela do bicentenário de 1989, o recurso completo e consciente à religião civil segundo Rousseau, à cidade antiga segundo Fustel de Coulanges, à sociologia religiosa leiga de Durkheim, mas corrigidos pelo liberalismo das *Propos* de Alain e de sua estética. Síntese última, antes do desaparecimento de um regime que tinha uma filosofia.

---

7 Como ficou conhecido o grupo dos quatro encenadores listados. [N. E.]

Ao longo da Exposição Universal de 1937, o contraste dos vários pavilhões franceses com o da Alemanha e o da Rússia era impressionante. De um lado, os emblemas da Razão, inseparável da Beleza, deixando liberalmente seus fiéis manifestarem a diversidade de seus talentos, de suas vocações, de seus gostos, e não invadindo suas preferências privadas. De outro, a Águia Coletiva e o Casal dos stakhanovistas entusiasmados, dois símbolos do Leviatã pisoteando a razão, a liberdade, a diversidade, a vida privada. Porém a filosofia da República não se opunha apenas à de Vladimir Ilitch Lênin e de Adolf Hitler: ela protestava, de antemão, contra o Estado comunitário de Vichy, contra o Estado tecnocrata e cultural do pós-guerra. O encarniçamento dos nazistas e de seus sectários contra Jean Zay honra sua memória. Sua execução sumária pela milícia de Darnand conclui um confinamento arbitrário com um crime. Sozinho, ele encarnava a República ateniense. Seus herdeiros nominais de 1981 não se conectam a ele. O Estado Dúvida: no original está com inicial maiúscula? Se estiver, manter assim; se não estiver, seguir o original e alterar para inicial minúscula.ultural já não é o culto republicano da Razão, e menos ainda o da Beleza. É o do golpe midiático. Entre Jean Zay e nós, é preciso agora trazer o testemunho de Emmanuel Mounier.

Vichy e a Jeune France

A vitória simbólica não é necessariamente seguida pela vitória das armas. A derrota militar de 1940 foi imediatamente interpretada pelos adversários, mas também pela maioria dos beneficiários da III República, como o julgamento de Deus. Esqueceu-se de imediato de que o mesmo regime tinha dado à França (mutilada, é verdade, de um milhão e meio de seus jovens, uma geração inteira, com Péguy, com Cochin) a maior vitória militar de sua história. A III República não encontrou um defensor.

Somente Marc Bloch, em seu A estranha derrota, permanece integralmente fiel aos princípios liberais da República vencida, à qual, enfim, a virtude tinha faltado. Mesmo Léon Blum, mais tarde, em seu belo livro À l'echelle humaine [Em escala humana], ficará na defensiva. Mesmo Giraudoux, cujo romance Bella tinha, no entanto, feito um retrato amigável e espiritual, desiste em Sans pouvoirs [Sem poderes]. Anatole France, o de A ilha dos pinguins, não estava mais ali para recordar a «doçura de viver» sob aquele regime excelente. A III República foi, portanto, envolta no desprezo pelo «estúpido século XIX», ou pelo «burguês», essa aberração da história. Maurras e Marx, Baudelaire e Flaubert eram contra esse sujeitinho, esse leproso, de quem vinha tudo o que era ruim, tantas eram as testemunhas contra ele. As cuspidas de Céline venceram o humor de Giraudoux. Mesmo Valéry, poeta laureado do regime, não disse uma palavra de condolências.

A Revolução Nacional proclamada por Vichy[8] beneficiou-se dessas altaneiras amarguras, que escondiam uma intensa humilhação. Livre do Parlamento, do voto universal, da liberdade de imprensa, dos direitos do homem, o regime do Marechal imprimiu ao Estado vencido herdado da III República o viés ativista e tecnocrático, infelizmente fazendo com que ele entrasse em nossos costumes. Esse Estado amputado, amarrado por draconianos acordos de armistício, dirigiu tanto mais sua atividade legisladora, regulamentadora e cultural para sua própria sociedade civil amordaçada quanto estava reduzido à impotência externa. Essa lei de compensação, que voltou à baila

---

8   Vichy é uma cidade francesa, mais conhecida por ter-se tornado a capital do Estado francês durante a Segunda Guerra Mundial (1940-1944). Nesse período, a então chama França de Vichy foi liderada pelo marechal Philippe Pétain, sob a batuta do III Reich, durante a ocupação alemã do território francês. [N. É.]

com o fim das guerras coloniais, está em vigor, mais do que nunca, desde 1981.

Vichy não atacou frontalmente o edifício da Educação Nacional (rebatizada como Instrução Pública), exceto por revogações escandalosas e pela prisão sem processo de Jean Zay. Por outro lado, Vichy desenvolveu uma «política da juventude» e de seus «quadros», a qual, tomando a Educação Nacional pelo avesso, começou indiretamente a despojar a República de sua razão de ser: a emancipação das inteligências.

No governo de Vichy, o Secretariado-Geral para a Juventude é encarregado de enquadrar e formar os rapazes que os acordos de armistício retiravam do serviço militar. Lyautey, teórico do «papel social do oficial», assume, assim, a posição de Jules Ferry e de suas escolas. O escotismo e o patronato católicos, influenciados pelas Casas de Cultura e de Obras Leigas dos partidos do Front Populaire, ousam conceber uma «missão cultural» de vasta escala, apoiada no Estado.

Enquanto aguardamos a desejável investigação histórica, podemos ao menos recolher, desde antes de 1940, testemunhos sobre o estado de espírito dos oficiais generais que, inspirados pelos dois modelos, católico e leigo, acrescentam, às missões tradicionais do exército, a missão de mergulhar um contingente em um banho de «cultura». Na obra que a marechala de Lattre de Tassigny dedicou a seu marido, *Jean de Lattre, mon mari* [Jean de Lattre, meu marido] (1971), ela evoca, na data de 1937, «audácias novíssimas nos métodos de comando», em que se arriscava o general, veterano do Marrocos e, então, no comando do 1510 Regimento Militar de Infantaria, em Metz. Os jovens recrutas «podiam aproveitar uma belíssima biblioteca, descansar em salões confortáveis, assistir duas vezes por semana a sessões de cinema nos quartéis, escrever suas correspondências e ler em salas bem iluminadas e bem aquecidas».

Promovido em 1939-1940 ao comando do estado-maior do 50 Exército, em Estrasburgo, o general decide «uma inovação original, criando uma seção dedicada a todos os problemas de ordem psicológica e moral, e dotada de meios adaptados: fotos, cinema, contatos com a imprensa». Essa seção de ação psicológica e cultural trabalha em concerto com os capelães militares de diversas confissões. Um ateliê de artistas (um pintor, um gravador) é encarregado de compor uma história da Alsácia em imagens de Épinal,[9] «no estilo de Turenne e de Vauban, até a vitória de 1918, passando pelos soldados da Revolução, Hoche e Kléber». A série contemporânea foi inaugurada pela imagem do «General e da freira». Ela representava o encontro do general Bourret com um grupo de estudantes conduzidos por uma religiosa, que leva o estandarte de Niederborn. Vinham, em seguida, «O soldado trabalhador», «O ataque surpresa contra o Lauter», «Os defensores da Linha Maginot», «A visita do presidente Daladier». André Chamson redigia as legendas. Segundo a marechala, o coronel de Gaulle, durante uma visita a Estrasburgo, teria sido ouvido dizendo, como que falando consigo mesmo: «Ah, esse de Lattre! Como ele tem ideias!».

Quando o governo de Vichy empreende uma «política da juventude», o que não faltam são ideias. O general Huntzinger, ministro da Guerra, codifica a organização das «Oficinas da Juventude». E o general de Lattre, ele próprio autor de uma «Carta da Juventude», que, durante seu comando de Montpellier, ocupava seus homens com concertos, com serviços religiosos e também com exercícios físicos, «esperava, como nos disse a marechala, de tanto que se interessava por essa formação, ser encarregado da missão de dirigi-los. Esta coube enfim ao general de la Porte du Theil, um gigante louro, com bigode à gaulesa, que tinha sido seu professor de artilharia na Escola de Guerra». Enquanto o comandante de La Chapelle ergue, em Theix, uma

---

9   Épinal é uma cidade localizada no nordeste da França, que ficou conhecida pelo estilo colorido das gravuras lá impressas pela *I*magerie d'Épinal, imprensa fundada em 1796. [N. E.]

Escola de Comandantes, e Dunoyer de Segonzac cria, em Uriage, uma Escola de Quadros para civis e militares, o general de Latter cria uma escola dentro de seu próprio comando. Essa «Casa da Cultura» militar (com teatro, piscina, esplanada e mastro para hastear a bandeira) atrai muitos visitantes.

Porém foi evidentemente em Uriage, e na interseção entre o Ministério da Guerra, do general Huntzinger, e o Secretariado da Juventude, de Georges Lamirand, que as sementes de um verdadeiro Estado cultural germinaram. O «castelo de Bayard», onde a Escola de Quadros de Dunoyer de Segonzac (o «Velho Chefe») estava instalada, hoje se tornou lendário. Ele lançou um desafio, na terra de França, aos burgos medievais onde as s.s gostavam de estabelecer suas «casas». Em Uriage, aconteceu a junção entre os militares e os intelectuais da revista *Esprit*, «não conformistas dos anos 1930», liderados por Emmanuel Mounier. Eles trouxeram o elemento «cultural» (conferências e oficinas de arte), de que os militares, reduzidos à inação, tinham necessidade, e encontraram, eles mesmos, um campo de ação para tirar da utopia seu projeto de «comunidade personalista», convocado a substituir a República radical e leiga. Péguy e Claudel serviam-lhes de caução literária. Não há nenhuma dúvida de que o projeto de Mounier foi apenas uma das várias veleidades, e, aliás, uma veleidade menor, entre as que agitavam o novo regime.[10] Em 1942, esse projeto saiu de cena, mas, durante pouco menos de dois anos, foi tentado.

Não entrarei no debate — o mesmo que, depois, a respeito de Heidegger, ocorreu em um grau de intensidade e de

---

10 Um outro testemunho capital dessas veleidades do Estado cultural que fermentaram em Vichy é o de Georges Hilaire, nomeado em 1944 secretário-geral das Belas-Artes por Pierre Laval. Seu programa é desenvolvido com talento em *Les Lauriers inutiles, Traité pour une politique des Beaux-Arts*. Paris: Nouvelles Éditions, 1949. Nele, encontramos, além do elogio das ideias estéticas de Malraux, uma viva crítica do Instituto e da definição de um «novo colbertismo»: «Dirigir a arte é permitir que ela chegue a termo».

gravidade bem distinto — sobre Mounier e seus amigos estarem ou não «resistindo» atrás da máscara, ou se, por algum tempo, aderiram à Revolução Nacional. Até 1942, o futuro ainda parecia caminhar para o fascismo. Em Uriage, era-se bom francês o bastante para querer uma França que voltasse a ser forte e fosse capaz de «manter sua posição» no mundo novo. Assim, era preciso formar uma aristocracia francesa de «líderes», semimilitar e semi-intelectual, ativista, viril, solidária e armada de uma fé ardente contra os vícios do Antigo Regime democrático: individualismo, hedonismo, mercantilismo e capitalismo. No entanto, essa escola de oficiais desempregados propunha-se, de boa-fé, a preparar uma França verdadeiramente moderna. A modernidade política era então definida (e por muito tempo assim permanecerá) pelo dilema fascismo-comunismo. Os cavaleiros de uma tecnocracia futura formados em Uriage deveriam abrir uma terceira via absolutamente francesa. O «mito do século XX» como imaginado em Uriage passou com armas e bagagens à mais corajosa resistência a partir do fim de 1942, mas permaneceu sob a mesma constelação imóvel. Em Uriage, era esse o «mal francês».

O outro instrumento de trabalho para Mounier é muito menos conhecido e interessa diretamente a nosso propósito: a Associação Jeune France.[11] Uriage foi desenterrado por

---

[11] O estudo que se segue deve muito à tese inédita de Véronique Chabrol, *Jeune France: Une expérience de recherche et de décentralisation culturelle*, defendida na Universidade de Paris-III e que só pode ser consultada em formato datilografado na biblioteca do Institut d'Études Théâtrales dessa universidade. Esse trabalho de primeira mão apoia-se nos arquivos pessoais de Paul Flamand, ex-diretor das Éditions du Seuil e pai da Sra. Chabrol. A maior parte dos textos que citarei são reproduzidos dessa tese e só estão disponíveis nela. Por outro lado, a elegante brochura de apresentação da Associação Jeune France, impressa, mas sem assinatura, nem paginação, onde é usada pela primeira vez a expressão «revolução cultural», figura entre os anônimos da Biblioteca Nacional, com o título: *Jeune*

Bernard-Henri Lévy e, desde então, foi objeto de vários livros. Claude Roy, em sua autobiografia (*Moi, je*, 1969), «toda em elipses», praticamente não menciona, ao falar da Radio-Jeunesse, o pequeno círculo então formado em torno de Pierre Schaeffer e de Roger Leenhardt, amigos de Mounier, em Vichy e em Paris. Sobre a Jeune France, nem uma palavra. Encontramos o mesmo silêncio na biografia de Jean Vilar, escrita pelo mesmo autor, embora Vilar tenha contraído o gosto pelos estandartes nas «Reuniões da Juventude» organizadas pela Jeune France para Georges Lamirand, secretário para a Juventude do Marechal e orador apaixonado.

E, no entanto, a associação, apesar de sua vida breve (novembro de 1940 a março de 1942), é uma etapa determinante no caminho que nos leva aos «Assuntos Culturais» da v República. Pela primeira vez na França, um organismo análogo ao Opera Nazionale Dopolavoro [Obra Nacional Pós-Trabalho] (OND) da Itália fascista, ao Kraft durch Freude [«Força pela alegria»] hitlerista, aloja-se dentro do aparelho de Estado. Em 1935, Mounier e seu amigo Ulmann foram a Roma a convite do Instituto de Cultura Fascista. Michel Winock, historiador imparcial de *Esprit*, desculpa da seguinte maneira a conduta de Mounier:

> O fascismo era, para alguns, um modo de ultrapassar o conflito considerado artificial e estéril da esquerda e da direita: um modo de reconciliar pátria e socialismo; um modo de romper com o individualismo burguês. Em todos esses pontos, os jovens de *Esprit* podiam ter simpatia por aqueles que aderiam às ligas de extrema direita. Ninguém melhor do que Brasillach descreveu (seria melhor dizer «cantou») aquilo que denomina «o espírito

---

France, principes, direction, esprit. Agradeço a Paul Flamand por ter-me apresentado à obra da Sra. Chabrol, que depois publicou um artigo sobre o mesmo tema, recolhido em Jean-Pierre Rioux (Org.), *La Vie culturelle sous Vichy*. Paris: Complexe, 1990, pp. 161-78.

do fascismo», exaltando a juventude, os exercícios corporais, o ar livre, a camaradagem do esporte, a carona, o fascismo como poesia, como estética, como lenda. A adesão a essa mitologia traduzia em muitos o ódio visceral por um regime econômico e político incapaz de frear a decadência do país... Era um modo idêntico de dizer não à França de Herriot.

Essa mitologia, temida por Léo Lagrange, encontra sua versão «chauvinista francesa» na bizarra organização vichyista do culto prestado pela juventude a um velhote, o Marechal, ainda por cima identificado com Joana d'Arc!

A Jeune France, cuja alma é a equipe de *Esprit* e cujo estrategista é Mounier, encarrega-se das cerimônias do novo culto. Porém suas ambições são mais vastas e até mais radicais do que a OND de Mussolini, que não foi muito mais do que uma agência de turismo e diversões para os operários e empregados italianos, veículo muito débil da propaganda para o Duce e suas proezas. Enquanto Uriage queria criar uma nova aristocracia de Estado que substituísse os políticos e universitários liberais da III REPÚBLICA, a Jeune France quer dotar essa aristocracia de mediações «culturais» que consolidem, em torno de si, um povo ardoroso e, em primeiro lugar, a juventude. No vocabulário de Uriage e no da Jeune France, a palavra «cultura» conhece sua segunda inflação contemporânea — a primeira foi resultado do trabalho dos «intelectuais» companheiros de viagem do comunismo nos anos 1930-1940. Uma das palavras de ordem da associação é formulada da seguinte maneira: «Toda cultura é popular, isto é, partilhada por todos». A «cultura», nesse sentido, torna-se o laço pseudorreligioso ou sacral que, ao suprimir os individualismos, as diferenças entre famílias intelectuais ou opções filosóficas, os graus sociais, reúne todas as «pessoas» em torno de um objeto de fé unanimemente compartilhado e une-as a seus «líderes» — outra palavra-chave do vocabulário de Uriage e da Jeune France. Estamos nas antípodas da educação republicana e de sua maneira de colocar o problema das elites. Na República liberal, a educação (além de seus fins científicos e literários) visa despertar, no sufrágio universal, qualquer que seja a vocação própria a cada um, o espírito crítico e os instrumentos do diálogo cívico. Uriage e a Jeune France, as duas pinças da tenaz que colocaria fim à hegemonia universitária, pensam a sociedade futura em termos hierárquicos. Para Uriage, a formação dos «líderes» políticos e tecnocráticos; para a Jeune France, a difusão de uma «cultura» emotiva e sensorial que une o povo, jovem ou rejuvenescido, a seus líderes, na comunhão dos cantos, dos espetáculos, dos mitos e das imagens. Nas origens da «República ateniense», Gambetta podia afirmar: «Democracia não é reconhecer iguais, mas fazer iguais». Essa era a máxima da Instrução Pública e da Universidade na III REPÚIBLICA. Ela estará em vigor outra vez na débil IV REPÚBLICA. Porém, para Uriage e para a Jeune France, em que não se fala nem de democracia nem de igualdade, a questão é apenas a comunidade «orgânica», em que os líderes são o motor, e a «cultura», as engrenagens e o óleo.

Só depois da guerra, quando o Partido Comunista se apresentar com uma nova arrogância como o partido da Cultura, o patronato marxista e o patronato católico se fundirão de maneira mais íntima, o primeiro servindo cada vez mais de caução «de esquerda» ao segundo. Para Uriage e para a Jeune France, nesse estágio da nossa história, a Universidade da III REPÚBLICA era detestável justamente porque pretendia, pela educação da razão, «fazer iguais» que partilham as mesmas disciplinas de diálogo, o contrário de um «sagrado» hierarquizante. No Estado que então se perfila no horizonte desses dois «laboratórios», a distância e o segredo, que separarão o comando da obediência, serão compensados pela participação cultural: a «Cultura» — nesses círculos em que os amigos da *Esprit* estão lado a lado com os veteranos da Ordre Nouveau [Nova Ordem], seguidores de Maurras, ou, em suma, «não conformistas dos anos 1930» —

quer-se popular não apenas em sentido folclórico, mas por apelar à afetividade, à admiração, à onda das paixões, comuns ao povo e a seus líderes. Aliás, ela não deixa de refletir-se neles: a vulgata ideológica corrente em Uriage e na Jeune France era elementar e emocional.

O estudo do «Ministério da Cultura» do qual Emmanuel Mounier e seus amigos foram, durante dezessete meses, animadores e pensadores, esclarece retrospectivamente a ideologia atual da «cultura». Retomada em seu nascimento «personalista», a ideologia cultural só é democrática por sua vontade totalizante de aplicar-se a «todos», de fazer com que «todos» partilhem os mesmos «valores» vagos e comoventes. Essa democracia não passou pela prova socrática, ela não procura libertar, na mesma busca da verdade, no mesmo respeito às leis, a singularidade dos talentos e das inteligências. Ela ignora a distinção propriamente moderna entre vida pública e vida privada, entre a regra do jogo fixada pela lei e o livre jogo de preferências e vocações individuais. Ela tem poucas luzes em economia e em filosofia política. Ela quer que um ambiente abrangente (às vezes sonhado a partir do modelo do «corpo místico» medieval) oriente e condense as energias do homem privado e público. Da Igreja medieval e barroca, ela não guarda a teologia, mas uma estética e uma sociologia do fervor. Os sons, as imagens, os gestos e as emoções patéticas e dramáticas convêm-lhe mais do que a investigação histórica ou a análise filosófica. É exatamente essa via que foi seguida pela «Cultura», nome mais nobre da propaganda de Estado.

Nesse ponto, dois textos datados de 1941, ambos vindos da associação Jeune France, podem fazer as vezes de incunábulos da vulgata cultural. Um é anônimo, mas provavelmente devido a Paul Flamand, então diretor da associação para a zona ocupada; o outro, verdadeira «circular ministerial», é assinado por Emmanuel Mounier e dirigido aos quadros da associação.

O primeiro texto, impresso e destinado à propaganda da Jeune France, começa assim:

> No dia seguinte a 11 de novembro de 1940, a Radio-Jeunesse comentava por sete dias seguidos a grande mensagem do Marechal. Os temas da Revolução Nacional eram assim retomados um após o outro, sob o ângulo da juventude, sem discursos nem proclamações, mas como que em uma paráfrase sonora e poética, próxima do testemunho pessoal. Esse procedimento surpreendeu um pouco. Fomos considerados muito ousados por apropriarmo-nos desta maneira do texto do Marechal. Não era nosso direito, e quem impediria outros de fazer a mesma coisa? Em épocas em que o espírito de equipe e o sentido de comunidade estavam na ordem do dia, tínhamos o sentimento de dar o exemplo disso: jovens poetas, escritores, compositores, atores e músicos, formávamos uma verdadeira equipe e, misturados a nossos camaradas da juventude francesa, tínhamos respondido à voz do Marechal com uma voz *comum e pessoal* [grifo meu]. Nossa resposta não foi estudada, mas saiu de nossa alma e de nosso coração.

Esse elogio de emissões de propaganda em que poesia e música, teatro e bons sentimentos são mobilizados para transmitir os *slogans* do dia é o esboço do programa de difusão «cultural» que assumirá o nome de Jeune France. Quando Malraux recebeu a tocha em 1959, ele também acabava de sair de uma carreira, muito mais longa, de delegado da propaganda e, depois, de ministro da Informação. Um dos equívocos com que a palavra «Cultura» foi carregada depois de 1930 certamente tem a ver com o fato de ela ter servido, a partir daquele momento, de uniforme de corte antigo a um monstro nascente, a propaganda ideológica, a papagaiagem política. *Cultura animi* [«cultivo da alma»] era o crescimento da alma pelo estudo desinteressado. Ela é inseparável da conversa íntima e letrada. Cultura, agora, é a adaptação imposta às inteligências, com o apoio das artes usadas como meios de sedução e de impregnação, de fórmulas repetitivas, de *slogans*, de clichês ideológicos. Mais um pouco e a «Cultura» tornar-se-á o álibi da publicidade comercial, pois ela também precisa de açúcar para passar suas poções amargas. A síntese da «cultura» e da propaganda, da «cultura» e da publicidade, «consome» as obras do espírito, inocentes e amigáveis, no interesse do poder e da cupidez. Graças a elas, o estupro das multidões torna-se um contágio unanimista, fácil, afetivo.

O sucesso dos comunicadores da Radio-Jeunesse (uma rádio de propaganda) deu-lhes os títulos para obter a aprovação da associação Jeune France. Acreditando em Claude Roy (*Moi, je*), sua própria colaboração com Mounier, Messiaen, Chris Marker, Roger Leenhardt, Pierre Barbier, Daniel Lesur e Albert Ollivier não durou muito. «Escrevíamos pouco», diz, «mas nossas ideias enredavam-se cada vez mais, antes de, puxadas umas pelas outras, esclarecerem-se. No último dia, éramos antipetainistas.» Na realidade, para essa pequena «sociedade de pensamento», a aventura começava.

Eis como, na mesma brochura anônima de 1941, na qual, pela primeira vez, aparecia a expressão «cultura jovem», é descrita a missão redentora atribuída à Jeune France:

> A Jeune France não atribui a si a tarefa de prover os lazeres, mas de reanimar a vida da arte e a vida da cultura, por meio dos jovens, no povo francês. Nosso projeto principal não é distrair nem ensinar, mas ajudar a transfigurar a vida cotidiana dos franceses.
>
> Uma civilização excessivamente utilitária acabou por fazer-nos esquecer que certa gratuidade precisa entrar até dentro da trama de um dos nossos dias, que ela deve transfigurar o banal, e não nos divertir com ele. Sem isso, trabalhamos por um ganho ou por um interesse técnico, em uma atmosfera de triste necessidade. E depois, quando chega o esgotamento, pedimos a

qualquer distração que tape o buraco de um ócio que não conhece mais alegria, nem recolhimento, nem o gosto sadio do jogo. O tempo do trabalho e o tempo do repouso sofrem, portanto, do mesmo mal. Aumentar a qualidade dos lazeres seria apenas meio remédio: alimentos sãos não ajudam muito organismos doentes. É a própria cor dos nossos dias e dos nossos corações que temos de ajudar a mudar [...] Houve um tempo em que o canto acompanhava o movimento do ofício, em que a festa nascia dos trabalhos e dos dias, assim como da oração e do repouso, em que a poesia corria ao longo das horas, misturada às penas do labor. É essa normalidade da arte que queremos reencontrar.

A arte que liberta, a cultura que faz crescer, entram, assim, em um projeto totalitário: a inteligência cativa vê-se constrangida a trabalhar por uma conversão coletiva, a cimentar um novo regime político e a derrubar os efeitos do racionalismo leigo que era a filosofia do regime defunto. Arte, cultura e ecologia *avant la lettre* combinam bem com a Jeune France. Profética também sob esse aspecto, a Associação faz, do mito agrário e pseudomedieval da harmonia entre homem e natureza, um auxiliar da sociedade «orgânica» reunida em torno de seus chefes.

O desígnio político que procura um veículo na ação cultural aparece com ainda mais clareza no *Relatório sobre a organização das atividades culturais gerais da* Jeune France, assinado por Emmanuel Mounier e que, por sua vez, é de um tom quase leninista. O texto é datado de 1941 e, nele, Mounier fala como professor, como "ministro da Cultura" de fato (o que contribuiu muito para sua desgraça em 1942). Valeria a pena comparar esse texto a todos aqueles que Pierre Emmanuel multiplicará nos anos 1950-1970, em um livro como *La Révolution parallèle* [A revolução paralela] (1975) e em seus relatórios à Comissão do VI Plano. A tenaz continuidade de um mesmo projeto, dentro de uma mesma família espiritual, é patente. Nesse ínterim,

Emmanuel tinha substituído a «convivialidade» pela «comunidade» de Mounier.

Desde as primeiras linhas desse Relatório de 1941, aparece a fórmula «vontade de cultura», forjada talvez a partir da expressão «vontade de arte» (*Kunstwollen*) de Aloys Riegl, que marca bem a cesura semântica entre o sentido tradicional em latim e em francês da palavra «cultura» e o sentido novo que ela está assumindo na França. Até então, só se falava de cultura em associação com um complemento: cultura das Letras, cultura das Artes Liberais, cultura da alma. Era uma atividade filosófica própria dos homens livres que os tornava dignos de ser livres, por aumento de seus dons naturais e pela «fertilização» de sua razão. A «vontade de cultura» inverte por completo a ideia tradicional. Agora, a «cultura» já não é uma atividade que encontra em si mesma seu próprio princípio e sua própria recompensa: ela é um objetivo, um objetivo coletivo, a ser expandido e difundido, desde o exterior, pelas técnicas oportunas, como se faz com o leite em períodos de penúria, a fim de consolidar a comunidade ameaçada de estilhaçar-se. Essa vontade parte de um movimento ético abstrato e termina em uma manipulação sociológica das mentalidades, não menos abstrata. Mounier a contrapõe àquilo que denomina «mística dos lazeres» do Front Populaire, «chegada em má hora, em um momento em que a França precisou obstinar-se em uma atividade de saúde pública». A política de Jean Zay e de Léo Lagrange, respeitando e incentivando a livre escolha individual, desfazia, portanto, a «comunidade» no momento em que teria sido necessário começar a refazê-la. Mesmo assim, prossegue Mounier, essa política «fez nascer uma esperança autêntica de cultura, e seria desastrado feri-la». A Jeune France assume, então, o leme da República burguesamente liberal, substituindo o esmigalhamento dos indivíduos em «vãs distrações», «ócio» e «tempo vazio» pela verdadeira cultura, aquela que firma a «pessoa» na «comunidade».

A condenação feita pelo líder intelectual da Jeune France, à Universidade da III República não é menos severa do que sua condenação dos lazeres dos anos 1936-1939. Também encontraremos uma condenação igualmente virulenta em Pierre Emmanuel, em 1975, que falará de «revolta da alma» contra o saber universitário. Mounier esboçava, desde 1941, o clichê do «deserto cultural» francês:

> Desperdiçamos nossa herança nacional até o último centavo. A incultura do estudante e da nova burguesia que ainda formam nossas classes dirigentes é nada menos do que alarmante: a Universidade tem sua responsabilidade, que saberemos aproveitar. O jornal e 80% da produção cinematográfica, a cada dia, prosseguem sua obra de desumanização entre as massas populares. O homem da rua só pensa por *slogans*. E ouvimos professores universitários declarando ser difícil demais para eles a própria leitura de um periódico feito para seu uso. Esse emburrecimento coletivo é, pelo menos, tão responsável por nossos reveses quanto as falhas do caráter ou da política francesa.

Assim, é preciso formar «homens novos», que, dedicando-se a fazer surgirem «as fontes privilegiadas da ressurreição do país», se entregarão a uma «vasta cruzada para fazer com que o povo mais inteligente do mundo volte a ser o povo francês, que deixou de sê-lo». A «formação cultural», que eles difundirão, rompendo com as especializações científicas, com as disputas doutrinais, com a divisão entre trabalho e ócio, com os divertimentos comerciais, capacitará esses «animadores culturais» para agir sobre o «homem total». O que entender por isso? «Um homem que vive não em harmonia, pois toda vida é inquietude, mas em estado de tensão constante com seu corpo, seu meio, com a sociedade dos homens e, para além disso, com o universo e com um ideal de superação de si.» Supondo que essa geleia filosofante tenha sentido, ela quase tranquiliza quanto à realidade do desígnio de Mounier: mais do que uma utopia fascistizante (da qual a Jeune France tira algumas premissas), não se trata, no fundo, de estender a todos os franceses o privilégio de tornar-se intelectuais do grupo *Esprit*? A França reunida tornar-se-ia uma igreja povoada de fiéis «personalistas».

É uma tarefa grandiosa, daquelas que são organizadas. O organograma do comissário personalista na Cultura prefigura com precisão, até demais, a administração cultural que será instalada por Malraux, para que não haja, entre 1941 e 1959, filiação e continuidade. «Cabe à Jeune France», escreve Mounier,

> assumir a renovação cultural na massa do país e preparar uma rede de Casas de Cultura. É evidente que esse projeto, em toda a sua amplidão, só poderá ser realizado depois da paz. Porém, seria precisamente perigoso que ele fosse empreendido inicialmente em larga escala, em que os inevitáveis insucessos das primeiras experiências seriam sentidos no edifício inteiro. Aqui também, creio na necessidade de experiências limitadas, rigorosas, acompanhadas de perto. Poder-se-ia, para começar, fazer uma delas em cada domínio da zona não ocupada. As lições que tiraremos disso nos permitirão ajustar em protótipos o instrumento definitivo que será estabelecido depois da guerra. A cultura está morta até na escola e na Universidade. Nunca um grande corpo reforma-se em seu aparelho sem impulsão externa. Cabe à Jeune France, na minha opinião, a imensa tarefa de despertar a cultura francesa à margem da Universidade e obrigar a Universidade a seguir o impulso dado por nós.

Redigido fora da Universidade por um professor *agrégé* [«adjunto»] de filosofia, esse texto, que a visa, não é desprovido de analogia com o famoso *Discurso do reitorado*, pronunciado por

Heidegger, em 1933.[12] Encontramos a mesma vontade de acabar com um ensino que, para retomar os termos do próprio Heidegger, deve «deixar de ser o calmo prazer de se ocupar sem risco de simplesmente fazer avançar o progresso dos conhecimentos» e cuja disciplina liberal significava, principalmente, «a despreocupação, a arbitrariedade dos projetos e das inclinações, a licença em tudo aquilo que se faz ou não se faz».

A longo prazo, é o mesmo apelo a que um ensino novo (Mounier prefere falar em «formação») colabore com a tarefa de regeneração total da nação, a fim de orientar-se para o «espírito do povo» reencontrado. Em altitudes filosóficas diferentes (Mounier é um Heidegger do pobre), vemos a mesma negação da razão crítica e das Artes Liberais como constitutivas da autodisciplina da liberdade. É a mesma saudação inaugural a um mundo novo, a um destino novo, que faz ressurgir, ali, o fundo germânico e, acolá, o fundo cristão e francês, há tanto tempo ocultados. Os «cruzados» de que Mounier fala aqui, como, certamente é preciso dizer, os estudantes regenerados de que falava Heidegger, têm, por missão, tomar para si e compartilhar uma instituição pungente, destinada a apagar o saber subversivo dos professores de razão. Essa grande «tarefa de cultura» fará o povo francês passar do estado de «burrice» em que caiu ao da «inteligência»!

Mas como? O primeiro princípio é abolir a distinção entre as «atividades de expressão» e as «atividades pedagógicas», ou, em outros termos, entre a emoção e a razão, entre a participação sensório-motora e o aprendizado das severas disciplinas intelectuais. É preciso entrar imediatamente «em comunicação».

---

12 Reportamo-nos à obra de Victor Farias, *Heidegger et le nazisme*. Paris: Verdier, 1987 [ed. bras.: Heidegger e o nazismo. Trad. Sieni Maria Campos. Rio de Janeiro: Paz e Terra, 1988].

Toda atividade de expressão da Jeune France deve ser informativa e, nesse sentido, educativa e, ao mesmo tempo, gratuita. Todo ensino da Jeune France deve ser o ensino de um gesto, do corpo, da inteligência, do coração; logo, em sentido pleno, uma «comunicação mímica», e não um adestramento ou uma comunicação acadêmica e verbal. Seria mortal justapor uma equipe de professores a uma equipe de artistas. Nossa função eminente é dissolver essas categorias estéreis em uma vida comum, em um estilo comum, em preocupações comuns.

É claro que, nesse tipo de formação, a elite de formadores projeta suas próprias atitudes nos discípulos que se incumbe de formar, «unindo-se» a eles. É isso que entendia Heidegger em sua visão do novo saber alemão «comunitário», que não deixa nenhum campo de ação para as instâncias independentes da opinião pública, nem para a crítica argumentada, nem para a colaboração maiêutica ou dialética do professor e do aluno na busca da verdade.

Como serão formados esses «formadores»? A doutrina «personalista» ser-lhes-á, primeiro, inculcada. Porém qual será sua formação «cultural», que, para Mounier, parece radicalmente distinta da reflexão filosófica, tendo esta lhes sido dada de antemão e dogmaticamente? Ela procederá por «temas culturais». Mounier contenta-se com algumas sugestões. Elas bastam para que se compreenda a que redução bárbara, na Jeune France, são submetidas as Artes Liberais. Primeiro tema cultural: o «problema da revolução cultural» (*sic*). «Uma lição introdutória, o mais cáustica possível, sobre a incultura contemporânea, suas causas, suas modalidades, os princípios e as grandes linhas de uma cultura do homem total.» Encontramos o mesmo tom ácido e mordaz no segundo «tema», a «cultura literária»: «Ela deverá romper, é óbvio, com os mornos métodos universitários feitos de imprecisões, de retórica e de academicismo. Será necessário ter um cuidado particular, aqui, com a escolha dos colaboradores, principalmente quando se tratar de professores do ensino secundário ou superior».

A «bagagem» literária dos novos cruzados é definida, sobretudo, por recusas. Mounier bate-se, em seguida, com os conservadores do Louvre e zomba dos comentários a obras-primas a que eles se dedicaram durante as visitas organizadas sob Jean Zay, em 1936-1938. A esse pedantismo de historiadores da arte, Mounier contrapõe seu método novo de iniciação às Belas-Artes, que prefigura, muito exatamente, o ensino dito das «Artes Plásticas», que hoje é favorecido pela «Cultura» e até pela Educação Nacional:

> Não ensinaremos a nossos estagiários nem a história da arte, com exceção de rápidas colocações, nem as admirações forçadas. Vamos ensinar as atitudes estéticas elementares, ou, antes, esforçar-nos-emos para nos aproximarmos delas.
> Por exemplo, em vez de dedicar uma lição à escultura egípcia ou à pintura italiana, diremos: hoje procuraremos o sentido da cor; vamos passear pelas várias salas do museu, buscando coloristas, suas qualidades, seus erros; nas vitrines das ruas por onde passamos, buscando exemplos de mau gosto; ao voltar, nos catálogos de moda ou de decoração, combinemos jogos de tecidos e de interiores. Eis uma curiosidade despertada. Outro dia, buscaremos o sentido da forma. Ao longo das galerias de esculturas, sem esquecer as cariátides da Prefeitura ou o inevitável monumento aos mortos, quando passarmos por eles, estudaremos a diferença de uma forma exata, de uma forma flexível, de uma forma sugestiva, de uma forma rígida, de uma forma vibrante, de uma forma fixada. Outro dia, ainda, voltar-nos-emos para os valores. O programa da análise musical, com a ajuda de discos, está todo traçado... Nossos estagiários talvez, saiam com poucos conhecimentos, mas terão um saber «novo» (a menos que tenham alguma incapacidade congênita), ou pelo menos um despertar «novo». Terão menos do que séries

de conferências ter-lhes-iam dado. Eles «serão» mais. Uma vida «nova» começará para eles.

Essas são as luzes que dissiparão a ignorância francesa. Mounier acrescenta-lhes muitas tagarelices imprudentes sobre as «significações históricas» (arte e decadência, incidências estéticas de fenômenos sociais e espirituais «como a fé») e, ainda, as «significações estéticas» («O que constitui a essência da pintura...?»). Um semissaber fuliginoso de «animadores culturais» está, portanto, perfeitamente situado. E Mounier conclui, como se não fosse óbvio: «Mas não será nunca um ensino de erudição ou de memória».

Esse catecismo cultural não podia deixar de abrir espaço para a moral. Ela formará os caracteres pelo exemplo heroico e hagiográfico. Segue-se uma lista heteróclita de modelos a seguir: «Roland, chefe das cruzadas; São Luís; os grandes personagens da Reforma: Coligny, d'Aubigné, o Hospital (sic); Descartes, Poussin, Saint-Just (sic), Psichari, o pai de Foucauld, Péguy, um ou dois colonizadores».

Essas *Vidas Paralelas* do pobre, que misturam ficção (Roland) e história, guerreiros e filósofos, resumem muito bem o espírito de clube juvenil que reinava tanto na Jeune France quanto nas casernas do general de Lattre, e que continuou sendo a marca distintiva da «impregnação» cultural. O último capítulo da circular intitula-se, justamente, «A difusão cultural». A *langue de bois* a que nos acostumamos desde 1959 já está inventada na Jeune France, e a pena de Mounier mostra-se muito experiente. A «cultura jovem», a «animação cultural», a «difusão cultural» fazem parte das dívidas do nosso idioma com a Jeune France e com seu inspirador. A nostalgia da comunidade sacral e do homem total, que nela reencontraria seu lugar, não se limitou a essa linguagem vagamente energética, dejeto laicizado do vocabulário propriamente religioso. Ao converter-se em «vontade» de reconstituição do corpo místico perdido, ela torna-se tecnocrática e burocrática, e a linguagem da Jeune France, principalmente do «Relatório» de Mounier, tem um excesso de «investigações», de «dossiês», de «responsáveis» por diversos «mestrados» que preparam as futuras «Casas de Cultura», formando uma rede no país inteiro. Observemos, de passagem, que, nesse organograma e também nos planos das Casas de Cultura da Jeune France, não há espaço nenhum para bibliotecas ou para a leitura, atividade privada, separada e, portanto, contrária ao «cultural» buscado. Léo Lagrange e Jean Zay preocuparam-se muito em desenvolver, na França, à imagem das nações anglo-saxãs ou escandinavas, a leitura pública. O general de Lattre, em 1937, oferecia a seus recrutas uma biblioteca. Malraux, herdeiro, nesse ponto, da Jeune France, permanecerá completamente indiferente.

O fundo de leituras previstas por Mounier para os «animadores» da Jeune France certamente não é destinado à leitura solitária e silenciosa, mas à leitura em grupo e em voz alta, de preferência em «vigílias» em torno de fogueiras de acampamentos. Cuidadosamente selecionada, ela não vai além de «cem textos», muitas vezes trechos selecionados e sempre mimeografados. Mounier não oferece a lista exaustiva, mas um «núcleo» que dá uma ideia do resto: cinco textos escolhidos de Péguy; *Réflexions sur le sport* [Reflexões sobre o esporte], de Montherlant; *Renaissance du village* [Renascimento da vila] (coletânea de textos), de Giono; *Voo noturno*, de Saint-Exupéry; dois extratos de *Sido*, de Colette; um extrato de *La Femme à tout faire* [A mulher faz-tudo], de Marius Richard; extratos de *Knock*, de Jules Romains; e uma novela de Marcel Aymé.

O homem total, segundo Mounier, será, talvez, uma pessoa musculosa e determinada. Não existe risco de ele ter uma cabeça muito cheia.

Basta, quanto à teoria. O que foi, na verdade, a Jeune France? Na origem, então, emissões de propaganda animadas por Pierre Schaeffer e por seus amigos nas ondas da Radio-Jeunesse. Seu sucesso deu, ao «velho chefe» de Uriage, a ideia de que vigílias no castelo e, em geral, as Oficinas da Juventude poderiam ser «animadas» com a mesma felicidade. O grande desígnio, então, tomou forma e foi aprovado pelo secretário-geral da Dúvida: no original está com inicial maiúscula? Se estiver, manter assim; se não estiver, seguir o original e alterar para inicial minúscula. uventude. Os estatutos oficiais da associação (em nítida discrepância com o grande desígnio secreto de Mounier) colocavam, antes de tudo, a ênfase no controle dos jovens:

> A associação *Jeune France*, fundada em 1940, em Vichy, sob a égide do secretário-geral para a Juventude, sob o patronato do Secretariado de Estado da Educação Nacional e da Juventude, tem por finalidade:
> 1. Criar, pelos jovens e para os jovens, um movimento Jeune France, que renove a grande tradição da qualidade francesa em matéria artística e cultural (espetáculo, música e canto, dança, artes plásticas e arquitetônicas etc.).
> 2. Realizar agrupamentos de jovens artistas dispostos a uma produção artística adaptada à juventude e capazes de impactar todos os públicos.
> 3. Esforçar-se para dar possibilidades de trabalho aos jovens desempregados, utilizando-os em equipes encarregadas de proporcionar espetáculos de qualidade para todos os públicos (burgos, cidades e campanhas, oficinas e centros de juventude).
> 4. Trazer um apoio qualificado de todos os pontos do território às emissões da Radio-Jeunesse, à ação do Centro de Jovens do Cinema Francês e, em geral, às organizações que buscam, na juventude, os fins da Revolução Nacional.
> O primeiro conselho de administração, designado em fins de 1940, compõe-se de:
> — Pierre Schaeffer, chefe de serviço adjunto de propaganda pelo espetáculo e pelo rádio.
> — Albert Ollivier, redator da Radio-Jeunesse.

— Paul Flamand, chefe de serviço adjunto de propaganda pelo espetáculo e pelo rádio.
— Pierre Barbier, diretor da primeira Casa Jeune France, em Lyon.
— Maurice Jacquemont, diretor da trupe teatral Les Quatre Saisons Provinciales.
— Daniel Lesur, do serviço musical Jeune France.
— Henri Malvaux, diretor da Escola de Artes Profissionais de Mâcon.
— Claude Roy, das edições Jeune France.

Muito rapidamente, é criado um órgão com uma direção-geral na zona Sul (Pierre Schaeffer) e outra na zona Norte (Paul Flamand). Sete escritórios de estudos, em Paris e em Lyon, são encarregados, respectivamente, do teatro, da literatura, da arquitetura, da música, das Artes Plásticas, das Artes Populares e do artesanato, do rádio e do cinema. Tirando os dois últimos setores, é o espectro profético do Ministério dos Assuntos Culturais. É apenas justo acrescentar que esse ministério englobou os órgãos que já tinham mostrado seu valor havia muito tempo e cuja competência científica teve de sofrer com a vizinhança e com as diretivas da nova «Cultura».

Os Museus, os Arquivos e os Monumentos Históricos, aquilo que eles supunham dessa «ciência universitária» tratada tão de cima por Mounier, não apareciam no horizonte da Jeune France. Esses antigos órgãos, mesmo sob o governo de Vichy, eram seus adversários. Por outro lado, muitos nomes que aparecem nessa administração paralela e embrionária reaparecerão na história da ação cultural, que recomeça a partir da IV República com o proconsulado, breve, mas memorável, de Jeanne Laurent, na Subdireção do Teatro (1946-1951). Para o teatro, enfim, encontramos Olivier Hussenot e Jean-Pierre Grenier, em Lyon; Jean Vilar, Pierre Fresnay, Fernand Ledoux, Raymond Rouleau e Pierre Renoir, em Paris. Para a literatura, Albert Ollivier, Claude Roy, René Barjavel e Jean de Fabrègues, em Lyon; Maurice Blanchot, Albert-Marie Schmidt em Paris. Para a arquitetura, Edme Lex em Lyon; Bernard Milleret e Pierre Billard, em Paris. Para a música, Daniel Lesur e Maurice Martenot, em Lyon; Annette Dieudonné, Jacques Chailley e André Jolivet, em Paris. Para as artes plásticas, Laprade, em Lyon; Jean Bazaine, Léon Gischia, Alfred Manessier e Edouard Pignon, em Paris. Para as artes populares e o artesanato, Maurice Martenot, em Lyon; Daniel Apert, em Paris. Para o rádio e o cinema, Claude Roy e Roger Leenhardt, em Lyon; Victor Soulencq, em Paris. Assinalemos, ainda, no enquadramento dos «domínios» da Jeune France, os nomes de Jean-Marie Serreau, Jean Dasté, André Clavé, Jean-Louis Barrault e Jean Desailly. Na liderança das Casas Jeune France, que prepariam as Casas de Cultura «descentralizadas», Jean Françaix está no Mans, Léon Chancerel, em Toulouse, Roger Leenhardt e Max-Pol Fouchet, em Argel.

Emmanuel Mounier, a alma da organização, só figura nela com o título de «encarregado da missão». É ele também que, com o grupo de Olivier Hussenot, é o principal elo com Uriage e com vários personagens de grande futuro que ali transitam: Benigno Cacérès, Joffre Dumazedier e Paul Henry Chombart de Lauwe, futuros sociólogos da «cultura» e dos lazeres; Jean-Marie Domenach, futuro diretor de *Esprit*; Hubert Beuve-Méry, Jean Lacroix e Philippe Viannay, futuros intelectuais de plantão de *Le Monde*; Simon Nora, Paul Delouvrier e Roger Stéphane. Todos simpatizantes da associação Jeune France, que verão, sem surpresa, após um período de relativa latência de dezessete anos, ressurgir, em torno de Malraux, em 1959, a «constelação cultural» que surgira brevemente em 1940-1942.

No geral, dois grupos destacam-se, pelo número e pelo talento, do pessoal artístico da Jeune France. O grupo das pessoas do teatro e o dos pintores. As pessoas do teatro, herdeiras diretas ou próximas do Cartel, estão ciosas, como Copeau, de vivificar sua arte enfatizando o ator e o texto, mais do que o cenário, e procurando, para ele, um público pouco numeroso e ardoroso. É isso que será traduzido por Jeanne Laurent, em 1946, no conceito administrativo de «descentralização». Os pintores e, antes de tudo, seu líder, Jean Bazaine, formam o núcleo daquilo que se poderia chamar de Escola de Chartres, pela influência que os vitrais da catedral exerceram em sua abstração. Eles terão sua merecida hora de glória na primeira década do pós-guerra, com Manessier, Bissière, Estève e Vieira da Silva: antes da ofensiva nova-iorquina do expressionismo abstrato, esses amigos do padre Couturier, do padre Morel e da revista *Art sacré* serão considerados a última palavra da tradição francesa em pintura. A partir do fim dos anos 1950, eles passarão injustamente por antiquados e provinciais, em comparação com a arte «internacional» da qual Nova York e Düsseldorf começam a dar o tom. Eles também não eram os preferidos de Malraux. Foram as primeiras vítimas da nova Cultura. Por outro lado, muito ligada a esses pintores, enredada por suas funções e por suas convicções com pessoas de teatro sequiosas de um público novo, Jeanne Laurent desempenhou um papel importante, entre 1946 e 1951, em ao menos fazer renascer o espírito teatral da Jeune France, da qual ela não tinha participado pessoalmente. Seu livro, *La République et les Beaux-Arts*, deve muito às ideias de Uriage e à experiência da Jeune France. Se ela não pôde fazer nada pelos amigos pintores, pôde fazer, por muitos anos, muitas coisas pelo teatro: por sua vontade, os primeiros Centros Dramáticos Nacionais, o Théâtre National Populaire e o Festival de Avignon, que ela confiou a Jean Vilar, fizeram reviver a rede provincial esboçada pela Jeune France e pelas «festas» que a associação encenava para o Secretariado da Juventude de Vichy. Léon Gischia, cenógrafo do Théâtre National Populaire, estava entre os pintores amigos de Jean Bazaine e de Jeanne Laurent.

    A influência da Jeune France (e, aliás, também a de Uriage) é desproporcional à sua breve duração e à relativa modéstia de seus meios. Seu legado ideológico, reflexo de um momento do pensamento de Mounier, é considerável: foi em torno da Jeune France que a noção de «cultura», no sentido oficial que assumiu na v República, foi polida, e que os planos de um Ministério da Cultura foram inicialmente traçados. Se excetuarmos a importante e corajosa exposição organizada em Paris por Jean Bazaine em 1941, *Vinte pintores de tradição francesa*, seu saldo artístico é nulo: reduz-se a uma soma de «acontecimentos culturais» efêmeros, cuja lembrança foi ocultada ou apagada pela passagem de Mounier, da Jeune France e de Uriage para a Resistência. Uma das principais atividades da Jeune France, de fato, foi dar um grande brilho teatral e musical às «assembleias de juventude» e às comemorações de que o regime do Marechal gostava.

Na Europa alemã, a hora era das «festas» oficiais, do elogio das festas. O diretor do serviço das manifestações da Jeune France em Lyon, Yves Bonat, publicou em *Le Figaro*, em 1941, um artigo intitulado «É preciso reviver a arte das festas», cuja atualidade, hoje, não escapará a ninguém. Ele recomendava que elas fossem nacionais, mas também locais, familiares e corporativistas, e que fizessem renascer o folclore e os ritos esquecidos. Ele concluía:

> Devolver um significado aos símbolos eternos, reencontrar no empolgante trabalho conjunto os motivos para crer, para esperar, ou para construir, essas parecem ser as características das últimas festas de que a nação participou: o 1º de Maio; as viagens do Marechal; a celebração de Joana d'Arc; as assembleias da juventude; o aniversário da Legião.

A paixão totalitária, de direita ou de esquerda, recebeu, de Rousseau, adversário sem compromisso do teatro «à italiana», que ele considerava corruptor da sociedade política, o sonho de grandes festas unânimes que consolidassem a vontade geral e reforçassem a virtude. Richard Wagner — e Hitler foi-lhe grato — tinha oferecido ao nacionalismo alemão as liturgias de Bayreuth. Seguindo seu exemplo, no fim do século e depois da Primeira Guerra Mundial, Gordon Craig, Max Reinhardt e Erwin Piscator tinham feito a teoria e a prática de um teatro de encenadores megalômanos, manipulando o espaço cênico e as técnicas de iluminação, para eletrizar as massas. Nada era mais estranho aos franceses do Cartel, com Jacques Copeau à frente, que buscavam a renovação do teatro na poesia dos textos e do ator, bem como na intimidade de públicos restritos. Assim como o expressionismo pictórico, o expressionismo de teatro, ou seu derivado cinematográfico, não tinha encontrado adeptos na França. Porém, em 1941, *O Triunfo da Vontade*, de Leni Riefenstahl (1934), hino cinematográfico à glória das festas nazistas de Nuremberg, em estilo Piscator (no entanto, marxista), passava por prova da modernidade hitlerista. A mecânica grandiosa e o *páthos* brutal das cerimônias coletivas do regime nacional-socialista assombravam as mentes e, por motivos que nada tinham de artísticos, fascinavam até os adversários mais resolutos do hitlerismo. O próprio Marc Bloch chegou a escrever, em *A estranha derrota*: «Não é por acaso que nosso regime, supostamente democrático, nunca soube dar à nação festas que fossem verdadeiramente de todos. Deixamos a Hitler o encargo de ressuscitar os antigos peãs...». O fascismo de Mussolini tinha aberto o caminho ao reanimar, em uma mistureba, peregrinações de santos e carnavais pagãos, cultivando o folclore, «descentralizando» o teatro e a ópera, com a ajuda de Caminhões de Téspis e de Caminhões Líricos, multiplicando os feriados: Festa da Árvore, Festa da Fruta, Festa da Uva, Festa das Amoras. Sem dúvida, já se considerava a Festa do Peixe, quando os infortúnios começaram.

Em 1942, para recuperar o claro atraso francês nessa moda moderna e internacional, Yves Bonat anunciou quatro festas grandiosas, feitas para realmente reunir o povo inteiro. Na

Páscoa, o Evangelho da Luz (texto de Maurice Audin, música de César Geoffra); no 1º de Maio, a Festa do Trabalho, com delegações dos ofícios e corporações, portando suas bandeiras; a Festa de Joana d'Arc; e o Natal. Para a Festa do Trabalho, Jean Vilar tinha escrito um jogo dramático adaptado de Hesíodo, *Les Travaux et les Jours* [Os trabalhos e os dias]: a música original, de Marcel Landowski, foi dirigida por Charles Münch, e a encenação foi feita por Bernard Lajarrige. Em uma grande pradaria, são dispostas cinco plataformas sobre as quais se desenrolam, ao mesmo tempo, vários espetáculos. A festa, respondendo às grandes palavras de ordem da Revolução Nacional, começa com um desfile de todos os corpos de ofício do mundo rural, bandeiras à frente, pás e enxadas nos ombros, nas cinco plataformas. Depois, todos os elementos do desfile reúnem-se em torno de uma grande plataforma norte, sobre a qual acontece a representação de *Les Travaux et les Jours*.[13] Não é a premonição do desfile Goude nas Champs-Elysées e da Festa de Valmy, em 1989, tirando a participação popular espontânea?

Para a Festa de Joana d'Arc, duplo feminino e jovem do Marechal, era representado *Le Portique pour une Fille de France* [O pórtico para uma garota da França], obra, também esquecida, de Pierre Schaeffer e de Pierre Barbier, encenada por A. C. Gervais, em Lyon, por Olivier Hussenot, em Marselha, por Léon Chancerel, em Toulouse. Olivier Messiaen colaborou com a partitura. Por toda parte, 100 mil espectadores, no mínimo, participarão, a cada vez, do acontecimento cultural. O mundo novo estava operando.

Sugeri alguns dos incontáveis canais que puderam veicular essa «vontade de cultura» comunitária desde os anos 1940-1942, cheios de esperança crepuscular, em um pós-guerra em que a esperança tinha mudado de lado. Assim como a pequena

---

[13] Tomo emprestada essa descrição da tese, já citada, da Sra. Chabrol, p. 169.

madeleine mergulhada no chá da tia Léonie,[14] o Ministério dos Assuntos Culturais, em 1959, despertou todo tipo de lembranças de juventude, de velhas esperanças, de antigas emoções incubadas no fundo das consciências desde 1940-1942. Será um acaso que, durante o proconsulado cultural de Malraux, tenham-se reavivado também, para a maior tristeza do teatro francês, os espectros de Jouvet e de Vilar, de Édouard Bourdet e de Ionesco, de Piscator e de Brecht, e o velho sonho expressionista do encenador — tirano, mobilizador e manipulador das almas? O próprio Malraux, filho da década de 1930 e orador expressionista como ninguém, foi admiravelmente designado para inaugurar esse singular «Renascimento» germano-soviético em terra francesa. Desde 1981, o número de feriados na França aumentou de novo, assim como na Igreja do Antigo Regime e no governo de Vichy:

> *Et Monsieur le Curé*
> *De quelque nouveau saint*
> *Charge toujours son prône.*[15]

---

14 Referência à famosa passagem de *Em busca do tempo perdido* (1913--1927), de Marcel Proust, em que, após experimentar uma *madeleine* em um café, o narrador relata ter sido involuntariamente transportado a suas lembranças de infância na casa de sua tia Leónie. [N. E.]

15 «E o senhor padre / de algum santo novo / sempre acrescenta à sua homilia». Citação da fábula «Le Savetier et le financier», de La Fontaine. [N. T.]

André Malraux e a religião cultural

Mens agitat molem.
[Um espírito trabalha a matéria.]
Virgílio

O intelectual e «o homem»

E Malraux? Pois, afinal, se Jeanne Laurent de fato tirou o acanhamento da Administração das Belas-Artes, foi na verdade Malraux, com sua lenda, com seu verbo, com seu talento para a teatralidade, que violentou os antigos pudores republicanos e fez entrar nos costumes os Assuntos Culturais. É com dificuldade que o imaginamos, em 1941-1942, interessando-se pelo patronato semiclerical da Jeune France. Retirado na *villa* Suco, em Saint-Jean-Cap-Ferrat, ele escrevia, então, *La Lutte avec l'ange* [A luta com o anjo]. Do livro, ele deixou que restassem apenas alguns fragmentos, publicados em 1951, com o título de *Les Noyers de l'Antenburg* [As nogueiras de Antenburg]. Ele também estava trabalhando em *La Psychologie de l'Art* [A psicologia da arte]. Em *Les Noyers*, a palavra «cultura» aparece com a mesma frequência que nas circulares, quase contemporâneas, da Jeune France. A outra palavra-chave, com a qual Mounier é mais avaro, preferindo-lhe a de «pessoa» que tomou emprestada de Renouvier, é «homem». É também uma palavra de época, partilhada pelo autor de *Noyers*, no mesmo ritmo, com sua geração literária. Em *Terra dos Homens*, de Saint-Exupéry, publicado em 1938, reencontramos esse fundo comum:

> Onde se abriga a verdade do homem? A verdade não é, de jeito nenhum, aquilo que é demonstrado [...]. Se uma religião, se uma cultura, se uma escala de valores, se uma forma de atividade, e não outras, favorecem, no homem, essa plenitude, se libertam nele um grande senhor que ignorava a si mesmo, é porque essa escala de valores, essa cultura, essa forma de atividade são a verdade do homem. A lógica? Ela que se vire para dar conta da vida.

Reconhecemos, de forma mais branda, a deriva de toda uma geração distante da República «burguesa», e a busca de um princípio novo, religioso, político, já associado à palavra «cultura». Saint-Exupéry, assim como Malraux, não busca esse princípio na luz natural, mas em uma conjunção entre uma «certa ideia» que ele tem do «homem» e o quadro exterior que a favorece. Segundo essa exigência, a III República não é uma «terra dos homens». Ela talvez tenha feito bem seu trabalho: a higiene, o nível de vida e a instrução melhoraram, desde o século XIX. Porém esse aviador humanitário não fica satisfeito com isso. Um grande escândalo subsiste. De toda essa brava gente, o regime não fez intelectuais. Ele escreve:

> Há outros, presos nas engrenagens de todos os ofícios, aos quais são vedadas as alegrias do pioneiro, as alegrias religiosas, as alegrias do cientista. Acreditava-se [a III República] que, para vê-los crescer, bastava vesti-los, alimentá-los, atender todas as suas necessidades. E, pouco a pouco, basearam-se neles o pequeno-burguês de Courteline, o político de cidade pequena, o técnico fechado para a vida interior. Se eles são bem instruídos, não são mais cultivados. Aquele que pensa que a cultura repousa sobre a memorização de fórmulas passa a ter, dela, uma opinião

lastimável. Um mau aluno do curso de *Spéciales*¹ sabe mais sobre a natureza e sobre as leis da natureza do que Descartes e Pascal. Será ele capaz dos mesmos esforços intelectuais?

Para apagar essa miséria inédita, que consiste, entre os não intelectuais, em estar (ou em ser considerados) privados dos estados de alma grandiosos e sublimes, que são o sofrido privilégio dos intelectuais, Saint-Exupéry pensa no festival de Nuremberg e na grande empreitada nazista. Ela deixa-o horrorizado. Então, ele sonha restaurar as comunidades aldeãs dissolvidas pela urbanização e evoca um «Nós» onisciente e compassivo que, capaz de conhecer e de reunir todos os corações, conseguiria identificar e revelar, a si próprio, o Mozart nascente em toda criança que tenha «cara de músico». Voltando-se para a França de Herriot, de Daladier, ele não hesita em contrapor-lhe esta atroz acusação: «Aquilo que me atormenta [em um trem francês lotado] é um pouco, em cada um desses homens, Mozart assassinado». E conclui, da seguinte maneira, sua invectiva:

> Não entendo mais essas populações dos trens de subúrbio, esses homens que se julgam homens e que, no entanto, são reduzidos, por uma pressão que não sentem, como formigas, ao uso que se faz deles. Com o que eles preenchem, quando estão livres, seus dominguinhos absurdos? Uma vez, na Rússia, ouvi tocarem Mozart em uma fábrica. Escrevi isso. Recebi duzentas cartas com insultos. Não tenho raiva dos que preferem a taberna. Eles não conhecem outros cantos. Não gosto que as pessoas sejam colocadas em situações desagradáveis.

---

1 Cursos de matemática avançada, preparatórios para os exames de admissão às Grandes Écoles francesas. [N. T.]

Na fonte dessa passagem célebre, e nesse mesmo veio de humanismo, no sentido humanitário e moderno que a palavra então assume, é preciso voltar a *Caliban parle* [Caliban fala], de Jean Guéhenno, publicado com grande sucesso em 1928. Nesse livro, Jean Guéhenno dava a palavra a Caliban, o «homem» no sentido de Saint-Exupéry, e o fazia atribuir sua própria conversão aos mistérios da Cultura. Esse Caliban, contemporâneo da Exposição Colonial organizada por Lyautey, não devia nada a Shakespeare. Seu monólogo era, na verdade, uma resposta a Maurice Barrès e, para além de Barrès, a Ernest Renan, que, em 1888, tinha publicado um drama filosófico em que o estudioso orientalista divertia-se imaginando uma sequência para *A Tempestade*, de Shakespeare. Nela, Renan mostrava a decadência de Próspero, o cientista, o letrado, que terminava dignando-se a aceitar o papel de ministro da Cultura de Caliban. Assim que Próspero aceitava essa inversão de papéis, Ariel, disparando uma última harmonia mozartiana, desaparecia nos ares e desertava a terra. Não havia como dizer, em termos mais velados e goethianos, que a democratização do espírito é estender a todos a partilha de coisas que não existem mais.

O autor da *Prière sur l'Acropole* [Oração na Acrópole], texto sagrado da «República ateniense», tinha, no fim do século, a autoridade de um Sócrates do regime. Ele aceitava seu princípio democrático, mas por achar que era mais capaz do que os outros de manter viva a alta cultura liberal. A República, portanto, devia, por meio de sua Universidade, preparar a passagem de Caliban a Próspero, sem que este tivesse de submeter-se àquele. A verdadeira «traição dos clérigos», que Renan, a título de advertência, descrevia em seu drama, consistia em deixar Caliban acreditar que a cultura de massas era a verdadeira cultura. No entanto, era essa a tentação que se apossava, então, de Jean Guéhenno, obcecado que era pela impossibilidade de converter os outros nele mesmo, de transportar a alma de um intelectual para a alma de um «homem»:

> Indo ao trabalho de manhã ou de noite, voltando dele, enquanto o trem leva-nos todos juntos, apertados uns contra os outros, massa humana destinada às penas monótonas dos dias, muitas vezes me pego a interrogar os rostos de meus companheiros desconhecidos. Pesa um estranho silêncio. Os homens saem do sono ou apressam-se a entrar nele. Eles não conhecem minha ansiedade, e, se nossos olhares se cruzam, nenhuma troca acontece. Cada qual está sozinho e como que murado em si mesmo. Nesses momentos, ergue-se em mim um singular desejo de conhecer aquele dentre esses seres que, sem que eu saiba, é, naquele instante, o mais ameaçado.

Jean Guéhenno, abrindo então o caminho para o Saint-Exupéry de *Terra dos Homens*, pinta um quadro sombrio das desigualdades «culturais» que a III República teria deixado subsistir, da burguesia gananciosa que ela favorece e à qual ciosamente reserva a «cultura» e a notoriedade, estendendo, assim, esse abismo insuportável entre o intelectual, que «sabe», e o «homem» que não sabe nada. Essa teoria, que conhecerá o maior sucesso na América Latina, leva Jean Guéhenno a formular o desejo de uma «Noite de 4 de Agosto»[2] cultural, em que os intelectuais poderiam comunicar aquilo que os torna intelectuais a seus irmãos, inumeráveis e separados. Porém, no fim do livro, o apóstolo da compaixão cultural é tomado por sua própria indignidade, em um movimento que o *Pároco de aldeia*, de Bernanos, não renegaria:

> No entanto, à noite, no meu casebre, sinto erguer-se em mim uma grande angústia com a ideia de que nos cabe salvar o homem e de resguardar seu gênio. Conseguiremos? Seremos nós mesmos puros o bastante? Escapamos do aviltamento e

---

2   O feudalismo foi abolido na França em 4 de agosto de 1789. [N. T.]

da corrupção que a civilização engendra? Quem não precisa de águas purificadoras?

Assim, os intermediários da III República, dobrando a aposta da caricatura feroz que Maurice Barrès tinha feito deles em *Les Déracinés*, vão ainda mais longe do que Barrès e do que a crítica da Ação Francesa em sua condenação da República «burguesa» e retrógrada. A «República ateniense», como Renan temera, era renegada por aqueles mesmos que ela tinha elevado ao sacerdócio do espírito. Próspero, abandonado por Ariel, tornava-se o macaco não do «homem» real, indiferente a tantas idas e vindas, mas de seu próprio duplo projetado em Caliban. Gide não se enganava e deixou esta tirada vingativa: «Guéhenno é como Caliban. Assim como uns falam do nariz, ele fala do coração».

Natureza e cultura, matéria e espírito

Em 1991, meio século depois de Saint-Exupéry, Danièle Sallenave indaga-se, nos belos ensaios a que dá o título de *Le Don des morts* [O dom dos mortos]:

> Essa separação que a privação da cultura e dos livros abre entre os homens é filosoficamente, politicamente intolerável, porque separa o homem de si mesmo e do mundo. Diremos: mas quem vivencia essa dor, quem é seu sujeito? E objetaremos: aquele que vive sem livros é como o ignorante segundo Sócrates, que não sabe o que ignora. Somente aquele que vive com os livros sabe do que desfruta e do que o outro está privado... Essa dor, ele pode senti-la ainda que não possa nomeá-la. É o pressentimento terrível de que 'o vasto mundo começa aqui do lado'. Como diz uma faxineira citada por Pierre Bourdieu em *A Distinção*: 'Quando a gente não sabe grande coisa, fica meio por fora'.

Como se conformar com essa separação, com esse vazio, com essa dor? Como, também, lidar com eles?

É surpreendente e perturbador, após trinta anos de intensa democratização cultural, que um escritor sensível possa colocar-se, com a mesma intensidade, a mesma questão de Jean Guéhenno e Saint-Exupéry em 1928-1938. Em última análise, essa questão altruísta é a única justificativa moral da Providência Cultural, e o único argumento aparentemente irrefutável que ela pode invocar para «tratar» o problema à sua maneira. Porém será essa uma boa pergunta? Nos três autores que acabo de citar, a «cultura» é definida como uma propriedade do clero intelectual, e eles desejam generosamente que essa propriedade seja universalmente compartilhada. Não há por que duvidar de sua generosidade. Porém seu ponto de aplicação é muito contestável. A definição da «cultura» como soma de «coisas», ainda que preciosas e luxuosas («Mozart», «livros»), convém a uma *intelligentsia*[3] no mais das vezes recrutada por concurso e que, com razão, coloca bem no alto as «obras» e os «valores» da inteligência a que seus estudos lhe deram acesso. Porém a raiz dessa «cultura», desse museu de coisas infinitamente preciosas, seu terreno fértil e original, sua chance de crescimento e de renovação, é a natureza, é a luz natural concedida mais ou menos a todos os homens, e que talvez os viajantes do trem, olhados com comiseração por Saint-Exupéry e Guéhenno, ou a faxineira citada por Danièle Sallenave, possuam em abundância, mais do que seus doutos observadores.

Essa luz natural encontra em cada um de nós uma expressão diferente e, às vezes, incognoscível pelas almas providas do luxo diplomado da «cultura»: seria primeiro necessário ter certeza

---

[3] Termo empregado a partir do séc. XIX em países como Rússia, Polônia e Alemanha para designar intelectuais que trabalhavam em prol da divulgação da cultura e de seu desenvolvimento. [N. E.]

disso, antes de mandar todo mundo subir no mesmo vagão repleto de «coisas» preciosas e que o intelectual considera «cultural». Isso não quer dizer, por isso e por um excesso inverso, que «tudo é cultural». Afinal, essa fórmula nada faz além de estender ao infinito uma caridade que não imagina o outro nem tem, por ele, verdadeira simpatia, e que ignora a luz natural concedida a cada um de nós. Quando essa luz é obscurecida, o mais comum é que seja por razões morais sobre as quais a «cultura», reduzida a «coisas», não tem nenhum efeito mágico. É preciso aplicar a maiêutica de Sócrates. A dificuldade, no fundo, não é essencialmente diferente daquela com que se chocaram os missionários cristãos espalhados pelo «mundo pagão», quando eles se recusaram a admitir uma luz natural comum a toda a humanidade. Em vez de se dirigirem a esses pagãos em nome daquilo que eles já tinham em comum, o desejo de verdade, o desejo de felicidade, os missionários exigiram deles que quisessem trocar sua «cultura» pela nova, que, como bons funcionários das Igrejas, eles julgavam a única propícia para salvar as almas daqueles cegos infelizes. Trata-se, também, de uma dificuldade pedagógica: ou toda criança traz em si um germe fecundo que a educação tem de fazer crescer, sempre segundo sua própria luz e segundo uma finalidade singular, ou ela não passa de uma matéria informe a que é preciso impor as formas já prontas de que seus professores têm tanto orgulho e com as quais estão tão satisfeitos. Esse germe fecundo, se participa de uma mesma luz universal, e talvez transcendente, nem por isso deixa de tomar, em cada indivíduo, uma orientação e uma extensão diferentes, que é o próprio princípio de sua liberdade. As estacas e os adubos podem ajudar muito nesse crescimento interior e guiá-lo para as formas em ato que mais lhe convêm, que o ajudarão a passar da potência ao ato: nada pode substituir esse movimento primeiro e natural e sua orientação singular. E nada pode ser mais prejudicial ao vigor desse crescimento e à sua singularidade do que o *prêt-à-porter* «cultural», mesmo quando emprestado dos tesouros mais preciosos, mais bem escolhidos. Aplicadas desde o exterior, e mecanicamente, as obras-primas, por si, nunca tomarão o lugar dessa invenção de si mesmo, nem da educação conveniente que poderia favorecê-la. Uma democracia liberal tem, nas culturas de massa, seu principal inimigo. É paradoxal que a própria generosidade possa ser invocada em favor de alguma cultura de massa, mesmo quando ela se pretende, na frase de Antoine Vitez, «elitista para todos».

É bom, é excelente que tudo seja feito — e a III República se dedicou a isso com mais inteligência pedagógica do que os regimes seguintes — para que a educação, aberta a todos, dê a todos os meios de dialogar com as obras-primas; porém, para dialogar, é preciso haver dois. A luz das obras-primas chama e faz surgir nossa própria luz, mas também precisa dela para se manifestar. Toda «cultura» só tem valor quando rejuvenescida e como que acesa por essa luz natural, ou, como diziam os antigos, essa centelha divina que nos torna capazes não apenas de inventar, mas de reinventar de novo aquilo que já tinha sido encontrado. O verdadeiro diálogo é entre cultura e natureza, e não de cultura a cultura. Também é preciso admitir que a natureza não é uma matéria opaca e neutra, e que, também no homem, ela é germinação de formas vivas que desejam, para crescer, beneficiar-se do exemplo das formas aparentadas que já estão lá. Reduzindo tudo a uma questão de cultura, impõe-se um imenso apagador sobre a luz natural e entra-se, mesmo sem querer, no caminho da grande confusão contemporânea entre a germinação das obras do espírito e a repartição das mercadorias.

**

Assim como a média de sua geração, André Malraux não tinha a fibra liberal. Menos humanitário do que Guéhenno ou Saint--Exupéry, ele é assombrado, assim como eles, pelo muro invisível que separa o intelectual do «homem». Mas, nele, o muro não é de ordem psicológica, é metafísico, e não é objeto de desgosto, mas de especulação e de vontade. Esse muro, ou esse abismo, é uma obsessão em *A esperança*, em que o narrador-herói exige, assim como Saint-Éxupery e Conrad, seu mestre comum, que as fraternidades da ação tenham uma fusão emocional. Mas desde *A esperança*, na narração da conversa de Scali com o pai de Jaime Alvear, na biblioteca deste, vemos a Arte servir de contraponto e até de remédio para os tumultos da guerra civil. Em 1941-1942, em *La Lutte avec l'ange*, ou no que restou da obra, a cena capital tem como cenário a biblioteca romanesca do Altenburg («As abóbadas romanas na sombra em que se perdiam as prateleiras de livros, pois o salão só era iluminado por lâmpadas elétricas fixadas à altura dos olhos...»). Ela é o teatro de um colóquio de tirar o fôlego entre intelectuais de enorme estatura. O narrador, de uma geração mais jovem, que se lembra muito mais tarde, está metido na guerra de 1939-1940. Mal ficamos surpresos ao reencontrar, nesse outro episódio, o lugar-comum ferroviário caro a Guéhenno e a Saint-Exupéry: porém, dessa vez, o encontro impossível entre o «intelectual» e o «homem» tem, por cenário, não um vagão de terceira classe, mas a nave da catedral de Chartres, em 21 de junho de 1940: «Toda manhã, observo milhares de sombras na inquieta claridade da aurora e penso: 'É o homem!' Aqueles que me cercam, esses, há milênios se deixam levar pelo dia a dia».

E Malraux conclui sua meditação matinal com uma definição do super-homem como o «intelectual padrão»:

> Acreditei reconhecer mais do que minha cultura, pois eu tinha encontrado turbas que militavam por uma fé, religiosa ou política. Hoje sei que um intelectual não é apenas aquele para quem os livros são necessários, mas todo homem cuja vida é empenhada e ordenada por uma ideia, por mais elementar que ela seja. Aqueles que me cercam, esses, há milênios se deixam levar pelo dia a dia.

E, dessa vez, o abismo não arranca gemido nenhum de quem está do lado certo. Malraux, inteiramente liberto daquilo que restava de caridade cristã entre seus antecessores, escreve friamente, a respeito dos desconhecidos aos quais nunca se mistura:

> Os timbres mudavam, mas todos permaneciam os mesmos, muito envolvidos no passado, como a sombra dessa condenação, a mesma resignação, a mesma falsa autoridade, a mesma ciência absurda e a mesma experiência, a mesma alegria indestrutível e aquelas discussões que só conhecem a afirmação, cada vez mais brutal, como se essas vozes da obscuridade nunca chegassem nem mesmo a individualizar sua cólera.

A questão colocada por Guéhenno em 1928 muda de sentido, que não é mais «como projetar-me no outro para salvá-lo», ilusão tolstoiana, mas «como reduzir o outro a mim mesmo», o que cria um problema muito prático de meios. É aí que o narrador reporta-se ao passado, ao colóquio dos «grandes intelectuais» do Altenburg, em que a questão era formulada de modo menos brutal, mas substancialmente nos mesmos termos. O acordo dava-se em torno de um ponto essencial: as religiões morreram e deixaram, como dejeto, esse «homem» retrógrado e aglutinado, que o intelectual, mecânico da locomotiva-história, tem de fazer subir em seus vagões. Dura tarefa, pois o mecânico não ignora que «somos homens apenas por causa do pensamento, só pensamos aquilo que a História permite-nos pensar, e não há dúvida de que ela não tem sentido... O homem é um acaso, e sem dúvida o mundo é feito de esquecimento». Esse evangelho gnóstico é impossível de ensinar explicitamente, exceto à pequena «família» de mestres-pensadores. E, no entanto, o pai do narrador tinha sugerido, no Altenburg, que uma retórica do niilismo é possível. Para o filho, é um raio de luz: «O maior mistério não é que sejamos lançados ao acaso entre a profusão da matéria e a dos astros, mas que, nessa prisão, tiremos de nós mesmos imagens fortes o bastante para negar nosso nada».

Eis a mediação encontrada. A conversão do «homem» cego é possível por meio de imagens, conforme conclui o narrador:

> E a cada dia fico mais obcecado pelo mistério que não opõe, como afirmava Walter, mas que religa, por um caminho apagado, a parte informe dos meus companheiros aos cantos que subsistem diante da eternidade do céu noturno, à nobreza que os homens ignoram em si, à parte vitoriosa do único animal que sabe que vai morrer.

As imagens da Arte tornam-se, assim, manifestações do vão desafio que o intelectual, proprietário da nobreza humana, lança contra a morte e contra o nada. Os livros também manifestam isso. Mas a vantagem das imagens, Bíblia dos pobres, está em serem mais indiretas e mais facilmente receptíveis pelo «homem» ainda embrutecido por sua pré-história religiosa. Pelas imagens da Arte, a fé niilista encontra um veículo que a comunica de maneira velada e que, assim, instaura o elo de subordinação buscado entre o intelectual à frente da História e o «homem» que vem atrás.[4] Essa doutrina não deixa de re-

---

[4] Não há dúvida quanto ao modelo marxista dessa concepção. Em uma «Réponse à Trotsky», publicada pela NRF em abril de 1931, Malraux escreve: «Só é possível uma ação marxista em função de uma consciência de classe. Enquanto as massas professam que é mais importante salvar a alma do que ser feliz e livre, enquanto elas creem — como na China — que toda vida é provisória e serve de preparação a uma vida melhor, da qual a violência afasta-nos para sempre, toda consciência de classe permanece secundária. Ela precisa ser despertada e, depois, desenvolvida». A ação cultural «brechtiana» é essa violência que desperta e desenvolve uma «contranatureza», a «consciência de classe». Porém a ação cultural «heideggeriana», que desperta da «metafísica ocidental», não é uma violência menor à natureza humana, a seus lugares-comuns.

cordar, sobretudo na data em que foi estabelecida, o heroísmo «de destino» a que Heidegger, em 1933, convidava a nação alemã e que deveria religar o povo com seus professores, em uma grande superação da «metafísica ocidental». As imagens da Arte andam junto com as da Festa, e, em Malraux, umas e outras, em violentos contrastes de branco e preto, de luz e de trevas, sem poupar as deformações óticas, permanecem fiéis à estética do expressionismo cinematográfico alemão e russo. *Les Noyers de l'Altenburg* são os fragmentos de um evangelho gnóstico. Malraux nomeia, a si mesmo, o arconte convocado a reunir os «perfeitos» e o povo, diante do «silêncio dos espaços infinitos», em grandes celebrações audiovisuais cuja eficácia, nessa data, já estava bastante verificada.

É anunciada uma ordem nova; nela, uma comunhão, ao menos afetiva e sensorial, pode ser estabelecida entre os intelectuais de vanguarda e a massa atrasada. É Malraux o convocado a trazer essa revelação à nação francesa. Não é preciso dizer que essa ordem e essa comunhão não serão fruto de um impulso recíproco entre os guias e seu povo. O segredo último permanece segredo, conhecido de meia dúzia de iniciados, os outros precisando se contentar em crer. «A nobreza que os homens têm em si» não está em sua natureza, mas na cultura, nos livros, nas imagens, cujo sentido último e oculto somente os intelectuais compreendem. O «homem» (e com isso Malraux entende o não intelectual) não chega a eles espontaneamente. Ele precisa ser exposto a eles, e exposto neles, com todo o aparato de uma liturgia, para que adore aquilo que nem compreende, nem deseja. Porém Malraux, assim como seus sucessores distantes, não tem a menor intenção de expor «os livros». Nunca lhe ocorreu que eles, algum dia, pudessem tornar-se objeto de culto e de cultura de massa. Por outro lado, as imagens, mais acessíveis às sensações e às emoções elementares, prestam-se melhor aos grandes eventos gnósticos e aos *frissons* das multidões. Ídolos do niilismo, elas são objeto de exibições públicas e de comunhões coletivas, «sob a eternidade do céu noturno», enquanto intelectuais-arcontes oficiam pela palavra.

Entre essas grandes cerimônias gnósticas sonhadas por Malraux ao final dos *Noyers* e a «revolução cultural» de que Mounier ocupa-se na mesma época, a margem é evidente. Essas duas perspectivas, contudo, surgidas em um momento de humilhação, estavam destinadas a simpatizar uma com a outra e a fundir-se em tempos melhores. Elas têm muitos pontos comuns. O principal é o papel de clero missionário e convertedor que uma e outra atribuem aos intelectuais, e a essência ideológica da mensagem que eles têm a divulgar. O isolamento do intelectual e o orgulho que ele tira disso são transformados em «visão de mundo» cultural a ser compartilhada por vias irracionais. A diferença entre as duas versões da ideologia não é tanto de substância como de relação com as realidades. Sobre o aviador Malraux, podemos dizer aquilo que Proust dizia de Stendhal, tomando-o literalmente: ele tem o «sentimento da altitude». Ele não abandona as nuvens e os relâmpagos. Mounier e seus amigos têm mais senso prático, o qual tiram da experiência do mecenato de paróquia. Eles até adquiriram, chocando-se com a Jeune France nas gestões da III República reempregadas por Vichy, um começo de sentido do Estado. Não é surpreendente que o zelo e a eficácia de Jeanne Laurent tenham-se inspirado, nos anos 1946-1951, no ambiente Jeune France. Porém a ação de Jeanne Laurent talvez não tivesse tido os prosseguimentos que ela desejava se, em 1959, a queda da IV República não tivesse projetado Malraux no cargo de ministro de Estado, encarregado dos Assuntos Culturais da França. Sua pregação, sua celebridade, os gestos sensacionais que ele acostumara-se a fazer, amplificados pela televisão nascente, transformaram em «ardente obrigação» nacional aquilo que, até então, apesar de Jeanne Laurent e de Jean Vilar, era apenas uma aventura teatral das Artes e das Letras. Malraux aclimatou, e era o único a poder ter feito isso, uma ideologia cultural de Estado na França e no governo francês.

Contudo, como ele estava longe de ter a tenacidade e o gênio administrativos de uma Jeanne Laurent, essa vitória no imaginário ficou longe de corresponder a um sucesso real.[5] As Direções Patrimoniais agrupadas em seu ministério não se deixaram afetar pela ideologia, e Malraux também não ficou insistindo. Por outro lado, a nova Direção do Teatro e da Ação Cultural, mais entusiasta de suas ideias, tirou seus recrutas de um clero menos «nacional» do que Malraux gostaria, o do Partido Comunista. Tímido em relação aos tradicionalistas de seu ministério, ele foi indiferente, ou muito tolerante, aos ideólogos de outra margem que afluíam para ele, nos quais, sem dúvida, ele reconhecia sua própria juventude. Tudo pareceu concluir-se em 1968 com um cataclismo. Porém, na realidade, o ministério ideológico enquistou-se e sobreviveu, aguardando dias melhores. Ele os encontrou em 1981.

Um cimento para a sociedade orgânica

Para bem compreender em qual espírito a Cultura desenvolveu-se na França, é preciso acrescentar ao testemunho de Mounier e de Malraux o testemunho mais comovente, mais inocente, de Gaëtan Picon. Esse normalista, esse *agrégé* de Letras, fora grande admirador de Malraux desde antes da guerra e

---

[5] Reportar-nos-emos ao juízo de Jean Lacouture (*Malraux, une vie dans le siècle*. Paris: Seuil, 1973, pp. 382-8): «L'art et l'État»: «Não é totalmente paradoxal pretender que foi na primavera das barricadas que a empreitada que começou no mês de junho de 1959 deu seus frutos revolucionários, contrapondo o André Malraux 'agitador cultural' ao Sr. Malraux, ministro».

tornou-se seu diretor de Artes e Letras de 1959 a 1966. Em 1943, meditando também sobre a derrota, ele escrevia:

> É da essência da cultura ser partilhada entre todos. Cultura nenhuma é criada pelo povo, toda cultura é criada para ele. O fim da civilização é o homem, e o homem é cada um de nós.
> Uma sociedade orgânica tem de prever a difusão de seu conteúdo espiritual. Vemos aquilo que poderia ser feito com alguns dos meios que a técnica moderna coloca a nosso alcance... Não esperemos que o público peça algo diferente dos filmes do Sr. Fernandel, da obscenidade do cabaré francês, da pomposa mediocridade de nossa Ópera-Cômica; é a nós que cabe habituá-lo ao melhor.[6]

Esse jovem intelectual atormentado bate-se contra o mesmo obstáculo que tirou dos trilhos tantos de seus camaradas «não conformistas», desde o *Caliban* de Jean Guéhenno. Ele só enxerga o ideal político na «transparência» que o libertaria, ele mesmo, de seu isolamento em relação ao «homem». Além de Guéhenno, é preciso, portanto, com Jean Starobinski, ir até a fonte, ao mesmo tempo, da política e da psicologia narcísicas do intelectual moderno: Rousseau. A «transparência» quase mística que uniria a «sociedade orgânica» supõe dois pré-requisitos: o desaparecimento do «burguês» e o das sociedades corrompidas pelo dinheiro, pelo individualismo e pelas letras e artes egoístas. Então, torna-se possível a junção entre o intelectual (o «criador de cultura») e o «homem» (a quem ela é destinada). Mesmo então, essa junção continua difícil: ela não é natural, mas cultural. A cultura dos intelectuais tem de combater o pecado de separação cometido pelas Artes e Letras burguesas,

---

6   Essa citação e as seguintes são tiradas da coletânea de Gaëtan Picon, *La Vérité et les mythes, entretiens et essais, 1940-1975*. Paris: Mercure de France, 1979.

corruptoras do elo social. Ela tem de formar, repitamos porque é aqui que está o cerne da questão, uma «vontade de cultura», técnica e organização, que desaliena do pecado e cria o laço místico e novo.

Encontramos, mais uma vez, a religião civil de Rousseau, que é, como bem tinha percebido Renan, uma das tentações da III República e, principalmente, de seus sociólogos. Os intelectuais que «vão para o lado de Caliban» fazem isso para firmar, com ele, um laço religioso, mas, a partir de então, falta-lhes aquilo que, ainda assim, era pressuposto pela religião civil do *Contrato social*: a fé em uma luz natural e original transmitida a todos os homens. Sua religião civil é agora inteiramente «cultural». E eles já não se contentam com a teoria, mas querem a experiência da religião civil nova e niilista, querem colocá-la em prática, querem vivenciar existencialmente o poder. A filosofia política emocional partilhada, com nuances, por Guéhenno, Mounier, Saint-Exupéry, Malraux e Picon (seria o caso de alongar a lista...) recusa admitir qualquer fórmula de sociedade que não seja «orgânica», mas somente eles detêm o segredo desse organicismo. Aquilo que havia de liberal na III REPÚBLICA (que admitia vastas exceções privadas à divisa «pública» da República: «una e indivisível»), e, mais ainda, a filosofia liberal dos regimes inglês e americano, era-lhes, portanto, profundamente odioso. Eles querem experimentar, mas, dessa vez, em nome da História, a participação que Lévy-Bruhl, Mauss e os etnólogos descreviam-lhes naquele mesmo momento, em ato, nas sociedades «primitivas» e pré-históricas.

Gaëtan Picon, jovem intelectual durante a ocupação, é inteiramente determinado por uma série de lugares-comuns especiais que, desde os anos 1930, são aceitáveis em sua casta: a «cultura» como soma de coisas que podem e devem ser compartilhadas. Essa partilha deve ser organizada e, como vemos desde 1943, apontar, como prolongamento da teoria das imagens cara a Malraux, a esperança nas técnicas audiovisuais para massificar essa partilha; esse é o dom de uma elite que tem de combater as apetências espontâneas da massa; enfim, esse vasto trabalho de massificação da cultura deve tornar-se o elo social e político de uma sociedade «orgânica».

Assim, não surpreende que, em 1940-1943, Gaëtan Picon experimente a mesma aversão que Mounier pela Universidade da III República, construída sobre uma filosofia da educação e da democracia inteiramente alheia à participação «cultural». Ele imagina uma reforma radical para a instituição:

> A reorganização do ensino faz parte dessa organização prática da cultura. Hoje o ensino está à margem do povo e, também, da vida. Queira-se ou não — e a gratuidade não mudará nada —, trata-se de um ensino de classe. O ensino parece, àquele que o sofre, uma morna necessidade, e àquele que fica na porta, uma distração para alguns privilegiados. Ora, a cultura é um bem comum a todos, ela é também a mais alta exigência da vida. Temos uma ideia lastimável do ofício do educador, quando se fala para jovens burgueses para quem as horas na escola são tanto um passatempo inconsequente como um doloroso castigo; talvez tivéssemos uma concepção inteiramente distinta caso nos dirigíssemos a homens vindos de todos os horizontes do povo e que veriam, nesses instantes, a recompensa por seu dia de trabalho, maravilhosas férias e a única parte importante de sua vida. Não basta aproximar o homem da matéria do ensino, cuidemos para não tirar dele a cultura que lhe é destinada. Que a escola dê lugar à casa de cultura, que a sala de aula amplie-se até tornar-se sala de reunião. Catedrais futuras, catedrais do homem, quando dominardes as cidades, então é que saberemos que uma nova civilização apareceu.

A ideologia do futuro Ministério dos Assuntos Culturais e seu projeto de tomar o lugar da antiga Instrução Pública e até da recente Educação Nacional já estão, portanto, inteiramente formados. A virulência de Gaëtan Picon contra a Universidade ultrapassa até a de Mounier e contrasta, até mesmo, com a reserva de André Malraux quanto ao assunto:

> A cultura não é comprada, mas dada. Ela não é imposta, mas responde a um chamado. Porém, como ampliaremos a sala de aula, também daremos à voz de quem fala mais força e mais alcance. Para falar a todo um povo em nome do gênio de todo um povo, é preciso ser um pouco mais do que um desses incontáveis parasitas da erudição moderna ou do que alguém totalmente largado, é preciso ser um homem. Aqueles que formam, nós os escolheremos entre aqueles que são eles mesmos formados, entre as vozes mais eloquentes e mais altas. Pediremos a eles mais gênio do que objetividade [o modelo, aqui, é Malraux]: fogo, não indiferença. Quando o ensino não for mais a conversa daqueles que fazem cara feia para a cultura e daqueles que a aceitaram friamente, quando ele for a comunhão daqueles que vivem dela e daqueles que querem viver dela, talvez, então, seja possível esperar algo daí.

Assim, naqueles anos terríveis, em que a amargura e a humilhação nacionais alimentavam sonhos, inegavelmente generosos, de revolução e de regeneração, nascia, em vários lugares, ao mesmo tempo, a vontade de recriar a França por meio de uma «participação cultural», a fim de que ela possa juntar-se, na modernidade política, aos regimes que, então, pareciam contraditoriamente encarnar essa modernidade: fascismo e comunismo. Essa «vontade de cultura» queria-se francesa e livre dos vícios que faziam com que a Alemanha fosse odiada, e a União Soviética, motivo de preocupação. Ela, no entanto, não deixava de negar resolutamente a filosofia política que tinha estado na origem da Constituição «orléanista» da III República e que tinha, justamente, valido à França republicana a assistência dos Estados Unidos contra Guilherme II e Francisco José em 1917. Ela rejeitava o racionalismo crítico e científico que tinha, até mesmo entre seus sociólogos, prevalecido em sua Universidade.

Bem entendida, essa caridade cultural, que se reportava tão excelsamente ao sentido da História, já entrava atrasada na história. Fascinada pelos regimes «orgânicos» e pelas filosofias niilistas que eram efeitos perversos da desordem introduzida na Europa pelo maquiavelismo de Bismarck, ela era, e permanecerá, cega para o principal fato do século XX, o triunfo da democracia liberal. Essa cegueira, amplamente partilhada pelos «intelectuais» após a Libertação, vai ancorá-los na desconfiança em relação aos Estados Unidos e na simpatia pela União Soviética. Quando, com Malraux, apresenta-se a questão de uma «terceira via» francesa, esta teimará em colocar um falso problema: nem capitalismo, nem comunismo. A «terceira via» supõe, ao mesmo tempo, um capitalismo vampirizado pela tecnocracia do Estado, e um comunismo abrandado pela Cultura. Na realidade, o verdadeiro dilema, que abre para a França e para a Europa a única via digna delas e que lhes convém, está em outro lugar: o que é que, em nossa própria tradição, permite-nos ir além do puro utilitarismo que preside, com sucesso, a democracia americana? O que é que não nos fecha em uma gestão exclusivamente intestinal e comercial das coisas e nos dá nobreza o bastante para fazer convergir, para nós, tudo o que é livre e nobre em um universo infeliz e desmoralizado? Não pode ser a administração de uma Cultura egoísta e comercializada. O espírito francês, o espírito europeu têm de dedicar-se a uma rememoração que, no Ocidente, eles são os únicos que podem fazer, em nome de todos os povos assaltados por uma cruel atualidade imediata.

É a isso que temos de dedicar nosso tempo livre, pois temos a luxuosa oportunidade de dispor dele. É somente isso que pode justificá-lo e torná-lo aceitável. A oportunidade da França e da Europa, ontem, chamava-se Taine e Renan; hoje,

Alphonse Dupront e Claude Lévi-Strauss. Os recursos materiais de que dispomos não são nada em comparação com os recursos de nossa memória: Platão e Aristóteles, Cícero e Virgílio, Salomão e o Eclesiastes, Atenas, Roma e Jerusalém. Pelo alto, a «metafísica ocidental» pode entrar em diálogo com todas as grandes tradições de sabedoria esquecidas pela modernidade utilitária e convergir em uma «filosofia perene» da humanidade. O futuro da França e o da Europa certamente estão do lado da ecologia, mas, em primeiro lugar e também, de uma ecologia do espírito. Uma Universidade que mereça esse belo nome de completude um dia fará disso seu programa.

A «vontade de cultura», tão cara aos «intelectuais» dos anos 1930, era um erro a mais, que nos embruteceu por muito tempo. Politicamente nociva, ela talvez também o seja economicamente: mas é, sobretudo, nociva espiritual e moralmente. Ela conheceu em 1968 uma dolorosa derrota. Por ter «coisificado» a cultura, Malraux acabou descobrindo que os beneficiários dessas «coisas» reivindicavam, dele, outros objetos culturais de primeira necessidade, as engenhocas e os prazeres do mercado de lazeres. É bastante patético, para concluir este capítulo das «origens», ler, da pena de Gaëtan Picon, trinta anos após ele ter sonhado com uma revolução cultural, esta página desorientada e desencantada, escrita em 1968:

> Cego e surdo para a palavra que acabava de ser tomada, porque eu conhecia de antemão as palavras em que ela ia recair, naquelas palavras que eram as minhas, «Professores, vocês nos fazem envelhecer». Afinal, eu também, eu antes deles... No entanto, não. De imediato, sinto-me afastado de uma experiência que nunca foi a minha. Nós também, nós, antes deles, tínhamos rejeitado as palavras alienantes, as palavras que não habitávamos mais, opondo-lhes uma palavra, mas era uma palavra que outros já tinham tomado; nós, nós sempre tínhamos agido como adultos, tínhamos deixado um caminho para escolher outro, sem

acreditar e sem querer que, aí, houvesse uma questão de idade; o amor precisa ser reinventado, como sabíamos, mas procurávamos mais a palavra do amor do que palavras para aquilo que ainda não tinha nome, e, da minha parte, se sempre segurei um fio no labirinto, esse fio era-me dado pelos homens que eu admirava, que tinham enxergado antes de mim ou que enxergavam mais do que eu, ao menos segundo eu pensava, não inventores do vazio, que o preenchiam com engenhocas de natureza e de uso variáveis...

Na época, para um de seus mais sensíveis iniciadores, a aventura francesa da «participação cultural» já tinha terminado.

Porém o Governo, que conserva o pior, quando não conserva o melhor, seguiu o impulso de Malraux e, em 1981, inaugurou uma *mise en scène*, ainda mais grandiosa e mais custosa do que nunca, do roteiro Próspero-Caliban, escrito por Jean Guéhenno, em 1928.

A «vontade de cultura» e a «igualdade de cultura», eram, na França, dinossauros nascentes, na hora crepuscular dos «regimes orgânicos». Hoje, quando a filosofia, o direito, a história, as Artes Liberais recuperam — e recuperarão — lentamente seu lugar ao lado da ciência, em uma Europa que, rio transbordado, volta ao leito, elas não passam de dinossauros empalhados que tapam e poluem a paisagem francesa.

RETRATO DO ESTADO CULTURAL

O fundo do cenário

A França foi, portanto, a primeira nação do mundo democrático a dar a si mesma, em 1959, um Ministério de Assuntos Culturais. Depois, ele tornou-se Ministério da Cultura, da Comunicação, do Bicentenário e, ainda, dos Grandes Trabalhos. Seu orçamento foi multiplicado. O número de suas Direções, de seus funcionários, de sua clientela aumentou. Ele tornou-se uma pujante burocracia, cujas antenas estão presentes em todas as regiões da França, engendrando nelas seus rebentos. O crescimento dessa burocracia e do orçamento que lhe é alocado é relativamente modesto em relação ao de um setor público e semipúblico que ocupa, na França, um lugar e detém um poder incomparável àqueles que conhecem os outros países liberais. Como um peixe dentro d'água, essa burocracia expande-se em um meio extremamente favorável, no qual, ao menos em princípio, as conexões, comunicações e solidariedades são cerradas e constantes, e os hábitos mentais e o vocabulário, semelhantes: ela é um tentáculo dessa enorme entidade que é o Estado-Providência, e, se este se identificava, como às vezes se diz, à Empresa França, quiçá ao Grupo França, o Ministério da Cultura (que tem esse nome desde 1976) seria seu gigantesco *Comité d'Entreprise*,[1] encarregado do lazer. Se existe, na

---

1 O *Comité d'Entreprise* era uma organização obrigatória dentro de empresas de mais de cinquenta funcionários. Sua função era representar os empregados perante a empresa. Foi substituído, na legislação francesa mais recente, pelo *Comité Social et Économique*. [N. T.]

França, nominalmente, apenas uma Administração da Cultura, esta, na verdade, preocupa vários ministérios, ao menos três, e até, assim como os mosqueteiros de Alexandre Dumas, quatro. Jack Lang, apesar de sua visibilidade midiática entre 1981 e 1988, desde o começo do segundo setenato Mitterrand, é uma figura cada vez mais pálida, em comparação com o próprio presidente da República, que, cada vez mais, dispensa seu ministro e cuida pessoalmente do grande negócio do reino, as Grandes Obras. O ministro da Cultura continua mais conhecido, mas é menos poderoso do que Catherine Tasca,[2] sua delegada, ministra da Comunicação e, portanto, da Televisão: os canais, públicos ou privados, direta ou indiretamente sob tutela, tocam a imensa maioria dos franceses, ao passo que as artes patrocinadas por Jack Lang, antigas ou modernas, só mobilizam parcelas do público. Enfim, a responsabilidade pela execução no prazo das Grandes Obras cabe a outro ministro de pleno exercício, Emile Biasini, que se reporta diretamente ao presidente. Como na tetrarquia romana do tempo de Diocleciano, o Estado cultural tem quatro cabeças desiguais, sendo uma delas singularmente mais desigual do que as outras.

    O general de Gaulle, que tinha suas competências específicas, deixou inteiramente a André Malraux o apanágio dos Assuntos Culturais. André Malraux, e apenas ele, fez com que o Parlamento aprovasse seu grandioso plano das «Grandes Obras» *avant la lettre*, que pretendia cobrir a França de Casas da Cultura. A prodigiosa tenacidade impessoal da Administração, apesar do fracasso de suas Casas, apesar do pequeno número delas que foi incrustado no interior, prosseguiu nesse projeto de conquista sob outras formas e sob outros nomes. O orçamento do ministério de Malraux era relativamente modesto. Tudo mudou de escala quando Georges Pompidou tomou para si esses assuntos: ao decidir impor a Paris sua primeira Casa

---

2   Essa pasta mudou de titular no ministério Cresson.

da Cultura, com o nome de Centro Beaubourg, ele fez do *Kulturkampf* à francesa, que um simples ministro de Estado não tinha podido levar ao fim de seu projeto, matéria de competência exclusiva do presidente da República. Com François Mitterrand, o peso político da Presidência fez aumentar o número e o tamanho das Casas da Cultura em Paris, infletindo para o gigantismo, ainda mais, tanto a visão, no entanto já grandiosa, de André Malraux como a magnificência de Georges Pompidou. O ministro titular da Cultura, hoje, não passa de um personagem mais do que secundário. Ao mesmo tempo, a Televisão, e portanto a Informação, permanecem fora da Cultura ministerial e, por artifícios diversos, estreitamente dependentes do Poder supremo.

O sentimento nacional francês, na época do Renascimento, tinha tomado como mascote o Hércules gaulês, um gigante vestido de peles de animais, cuja boca emitia cadeias de ouro que arrastavam atrás de si os povos, suspensos por sua palavra. O sol de Luís XIV é uma versão menos complicada desse símbolo da Eloquência do Estado. Uma auréola de raios mais harmoniosos substitui as bizarras cadeias, mas o sentido é o mesmo: somente o Porta-Voz real e seus repetidores autorizados devem atingir os ouvidos dos súditos. Hoje, o sistema solar do Estado cultural e comunicacional é igualmente exclusivo, mas mais eficaz: pelas cadeias de televisão, ele associa os lazeres privados de todos os franceses não ao Ministério da Cultura, mas ao centro do Poder.

E, como a pluralidade dos mundos é postulada pelo sistema de Galileu, não há cidade, não há região na França que hoje não tenha seu pequeno sistema solar cultural, ainda que desprovido, é verdade, dos raios mais potentes: as cadeias de TV. Mesmo em Paris, já sede da constelação do Estado, a Prefeitura oferece, ainda, um duplo reduzido, com sua poderosa Delegação dos Assuntos Culturais, instalada em dois prédios restaurados da rue des Francs-Bourgeois, que rivalizam o quanto podem com o Palais-Royal. Prefeituras, conselhos regionais e gerais de província lutam com imaginação e munificência para também se proverem de um sistema solar cultural, sem o qual, hoje, um notável passa por plebeu. O Estado cultural fez êmulos e miniaturas por toda parte na França. Se ele bondosamente permite que sejam imitados os modelos propostos pela Rue de Valois, ele é mais cioso daquele sobre o qual velam em Paris o Conselho Nacional do Audiovisual e seu ministro de tutela, sob o olhar atento do novo Rei Sol.

A III República tinha uma filosofia, a V, gaullista, uma paixão nacional, da qual a Cultura, segundo Malraux, era apenas um veículo menor. A V, socialista, quis-se inteiramente cultural. Nenhum outro Estado democrático aperfeiçoou um edifício tão compacto em vista da Cultura, nenhum tem, como a França, um chefe de Estado cultural, nenhum se aferrou com tanta tenacidade a conservar o controle da Televisão. Geralmente, dá-se a esse fenômeno uma explicação histórica muito discutível: na França, a nação teria sido criação do Estado, e o Estado cultural, na sua excrescência regular desde 1959, apenas teria reencontrado o leito preparado para ele pelo Antigo Regime, por Richelieu, por Luís XIV. A explicação é sedutora, mas estranha. Afinal, o Estado cultural, se é enobrecido por ela, também perde com ela essa modernidade de que se ufana, na liderança das nações, mostrando-lhes os caminhos do futuro. Herdeiro gigantesco da Superintendência de Construções da monarquia, mas também de *La Gazette de France* e da arte dos panegíricos de corte, ele aparece como uma regressão bizarra para sua própria infância, um arcaísmo ainda mais singular por tomar emprestadas, e com grande ênfase, as formas modernas da tecnologia e da ideologia. O que, então, aconteceu entre Luís XIV e de Gaulle, entre Luís XIV e Mitterrand? O Terror, o Império, *Le Moniteur*, a sagração de Josefina, o assassinato do duque de Enghien. Da Restauração ao fim da III República, os excessos tirânicos da Convenção e do Primeiro Império serviram de contraste. O academicismo oficial foi vitoriosamente arrasado pelo romantismo e pela boemia, e o filósofo da III República, Alain, acabou, ele próprio, fazendo, da estrita separação entre a política e as coisas do espírito, uma doutrina.

O Estado, durante o século XIX, tinha aprendido, na França, seu papel de restaurador e preservador do patrimônio, de monumentos, de museus, de teatros de repertório e de arquivos. Nisso, ele mostrou-se exemplar. O Ministério francês da Cultura, ainda que mal nomeado, encontra sua justificação cívica nos serviços propriamente patrimoniais, cuja herança assume. Hoje, porém, o patrimônio estendeu-se às cidades em geral e à Natureza inteira, ameaçadas pelos vândalos poluidores dos *habitats*, dos rios, das florestas e da atmosfera. O Estado teria sido muito inspirado ao prever essa extensão da ideia de patrimônio e ao concentrar seus esforços e nosso dinheiro nessa tarefa urgente e vital. Em vez disso, ele fica invocando o fantasma de um longínquo passado orgulhoso e sonhando-se o Rei Sol ressurgido. É um ressurgimento monstruoso. Os acadêmicos e publicistas que cantavam a glória de Luís, o Grande, não dispunham de nada além de seu talento e de sua eloquência para propagar a obediência ao rei — e eles davam-lhes uma audiência europeia; não é mais esse o caso da nova *Gazette de France*. Os pintores, músicos, arquitetos, jardineiros, pessoas de letras que trabalhavam nos faustos da corte não tinham necessidade de uma enorme burocracia para fazê-los trabalhar; pouco numerosos, cheios de zelo, eles eram e sabiam-se os melhores da Europa, comparavam-se até mesmo a seus rivais da Antiguidade. A Cultura francesa atual tem mais burocratas culturais do que artistas, e uns e outros, sem dúvida bem protegidos, comparam-se apenas entre si.

Arcaico por seus modelos históricos, o Estado cultural será moderno pelas aspirações que satisfaz? Em todos os países ricos e democráticos, observamos um crescimento da demanda por lazeres, demanda que a televisão satisfez, mas também o turismo, os espetáculos, as exposições de todo tipo, os parques de diversões e as galerias de arte. A oferta que responde a essa demanda vem do próprio mercado, exceto no caso dos gêneros mais difíceis, que o Estado ou o mecenato privado subvencionam sem espírito de sistema. Observamos também, nessas mesmas nações empreendedoras e relativamente afortunadas, um refluxo da crença, ou, em todo caso, das práticas religiosas: no lugar da igreja ou do templo, o museu torna-se o objetivo do passeio dominical, e a oração da noite em família é trocada por uma convivência absolutamente profana diante da tela da TV. A França moderna não escapa nem à sociedade de consumo, nem à busca de cultura como religião substituta.

Na França, porém, a sede das massas por diversões e a sede por uma religião alternativa não ficam abandonadas a uma busca tateante: o Estado as canalizou e proveu-se dos meios, se não de saciá-las, ao menos de ocupá-las, ainda mais facilmente por, na prática, não ter competidores. Ele invoca, com grande estrondo, e denuncia: o imperialismo cultural estrangeiro, o rei-dinheiro. Finge combatê-los e impedir as tentações que, sem ele, infalivelmente precipitariam o público francês disponível nesses braços corruptores. O Estado cultural, assim, organiza, ele próprio, as diversões e a religiosidade «como devem ser». Os franceses não as reclamam nessa forma, eles não foram consultados; eles as encontram já prontas a seu alcance e ficam bastante agradecidos por acomodar-se a elas.

Esse protecionismo preventivo não deixa de ter inconvenientes. Não há lugar onde sejam mais visíveis do que na televisão. Ela tem de permanecer, mesmo quando é financiada pelo dinheiro privado, e sobretudo nesse caso, sob a estreita tutela do Estado. É só assim que ela escapará, como se repete desde suas origens, da vulgaridade e da corrupção comerciais. A salvação do público da TV depende desse monopólio de fato. Porém, para ser esquecido e para tornar-se aceitável, espera-se que esse monopólio exagere na facilidade pegajosa, e a televisão «cultural» é uma serpente marinha sempre anunciada, mas cuja cabeça não emerge jamais, ou só muito raramente. O alinhamento da Televisão pública, ou cerceada pela autoridade pública, com os supostos gostos e paixões do público mais elementar, sacrifica os públicos intermediários, mais diversos, mais dispersos e menos numerosos que esse pilão burocrático e demagógico oprime sem remorsos. A Televisão de Estado, ou dócil aos desígnios do Estado, só pode e só quer conhecer um público, o público robô: ela exagera o medo de o perder. Ela impossibilita os riscos do livre jogo de oferta e demanda e, também, suas vantagens: o contato entre públicos e programas, a diversidade dos programas correspondendo à extrema diversidade dos públicos. Protecionismo e monopólio de fato condenam à monotonia e reduzem a «cultura pela imagem» ao menor denominador comum.

Aquilo que vale para a TV vale também, ou ameaça valer, nos domínios mais reservados que dizem respeito ao Ministério da Cultura propriamente dito: museus, teatros, óperas e concertos dirigem-se a públicos limitados em número e cujos gostos são muito diferentes. Isso vale ainda mais para as bibliotecas, que o Ministério da Cultura, tardia e parcialmente, também inseriu em suas atribuições. Uma biblioteca de leitura pública, como aquela que se encontra no Centro Pompidou, pode esperar, por meio de uma pedagogia apropriada, aumentar o número de leitores regulares. Os outros tipos de bibliotecas dirigem-se a públicos às vezes muito especializados, às vezes sabendo muito bem o que eles querem. A inclinação da burocracia cultural, no entanto, tão disposta a invocar a defesa da Cultura contra seus agressores mercantis ou estrangeiros, é constranger a demanda desses públicos diversos em nome de um não público anônimo, que deve, contra a vontade, ser levado ao teatro, à ópera, ao concerto, ao museu e à biblioteca. Esse imperativo abstrato sacrifica o real a uma entidade imaginária (o sufrágio real da Cultura), e a qualidade à quantidade.

Cai-se naquilo de que se pretendia fugir: na mediocridade do grande comércio; e cai-se nisso se enredando em contradições que o grande comércio, mais natural em sua ordem, desconhece. É assim que se chega ao estrondoso fiasco da Bastilha, ou ao absurdo projeto de instalar uma Biblioteca Nacional, restrita por sua própria essência, bem no meio de um gigantesco Centro de Diversões. Já se fala em Champs-Elysées da Cultura, que, do Louvre a Versalhes, passando pelo Grande Arco de la Défense, levaria em peregrinação a Versalhes, a Chartres, a Chambord, transformadas em complexos turístico-culturais de massa, esboço de um novo Caminho de Santiago. Seria a resposta francesa ao String, a Champs-Elysées de Las Vegas.

Povoada pelas Grandes Obras presidenciais de um número crescente de Casas da Cultura, Paris torna-se a capital de uma França que, seguindo seu exemplo, ou por seu impulso, transforma-se em parque monumental de diversões, talvez cada vez mais atraente para o turismo de massa, mas, a longo prazo, cada vez menos acolhedora para os amigos da reflexão, da invenção, do recolhimento. Conquistador do espaço nacional (mas em nome da cidade de agitação sem fim, não da floresta ou das nascentes), o Estado cultural sonha identificar todo o tempo de seus súditos com seu ano litúrgico: a salvação cultural idealmente passa pelos ofícios públicos das Casas da Cultura e pelas vésperas ou pelas missas comemorativas retransmitidas no altar doméstico da televisão. Na multiplicidade desses acontecimentos culturais sucessivos ou simultâneos, mas sempre programados, não se perde um instante pensando em si mesmo, levantando a cabeça para o céu, caminhand por caminhos que não levam a lugar nenhum, perdendo tempo a fim de redescobri-lo. Essa agitação coletiva, inteiramente artificial e urbana, acumula as distrações e não alimenta. O deserto ruidoso e arrogante da Cultura obriga, no fim das contas, ao gemido do Eclesiastes: «Vaidade das vaidades, tudo é vaidade». O paradoxo dessa religião de Estado é que ela não consome, em seu culto heterogêneo, todos os antigos ofícios, desde que eles tenham seu sentido esvaziado; ela alimenta-se de todos os sentimentos religiosos ao mesmo tempo, desde que eles tornem-se insinceros: a fé no progresso, na caridade, no nirvana e nos trocadinhos do Absoluto.

Quaresma e Carnaval

> *Eu ficaria tentado a dizer que a verdadeira finalidade de um ministério, e também de uma administração cultural, é definhar e desaparecer. [...] O que eu desejo é que sejam criadas regras que permitam que o Estado não tenha mais de intervir diretamente, para governar tudo, para orientar tudo. [...] Sete anos a mais, e o desastre estaria consumado, a atividade artística entregue às leis do mercado.*
>
> Jack Lang, Entrevista a Dominique Lamet (1º de junho de 1981)

A imagem do Ministério da Cultura e a de seu titular há dez anos, ou quase, são excelentes à direita e à esquerda. A acreditar nas pesquisas, dois franceses em cada três consideram o ministério útil. Essa aprovação mundana e midiática, essa popularidade da Ação cultural, são devidas, antes de tudo, a seu principal agente. Em uma foto de grupo que reúne a equipe governamental, ele pode exibir aquele sorriso kennediano e servan-schreiberiano que faz as vezes de mistério da Monalisa. Seus colegas, e até o próprio Deus, são mais carrancudos. No eterno combate entre Quaresma e Carnaval, Economia e Finanças, Interior e Exército, a Educação Nacional e a Justiça estão do lado da Quaresma; a Cultura, do lado prazenteiro do Carnaval. O Meio Ambiente, o Turismo e as Relações Culturais Exteriores não podem, nem de longe, rivalizar com esse arco-íris de néon. «Eu gostaria», declarava Jack Lang à *Playboy*, em 1981, «que a cultura fosse vista como prazer, como gozo, e não como dever, pedantismo, privilégio de casta, ou obrigação mundana.»

Ele conseguiu identificar-se há muito tempo com essa definição de cabaré.

Essa felicidade começou a ensombrecer depois de 1989. O trovão da reunificação alemã fez cair vários graus no barômetro de um brando outono francês, em que, a pleno sol, a euforia de Jack Lang dava o tom. Sucessivamente, reapareceram a antiga e severa competição franco-germânica, a questão do Ensino, a questão do Comércio Exterior e, o que foi ainda mais inesperado, apesar de no Oriente Médio, a angústia de uma «guerra de mentira». Em um lance, os ministros de sobrancelhas franzidas da Educação Nacional, da Economia e das Finanças, do Exército e, naturalmente, o chefe de Estado tomam a dianteira em relação ao homem eternamente jovem e contente. A Televisão, e portanto a Informação, que agora tem um «ministro delegado», tornam-se a questão visível que se estava tentado a esquecer. Do Estado cultural, permanecem relevantes apenas as Grandes Obras, diretamente ligadas à Razão de Estado. Entramos na zona de turbulências. Assistimos ao crepúsculo da Era de Ouro cultural.

Durante o primeiro setenato socialista, a conjunção, na pessoa de um ministro sorridente, das folgas da vida e do Estado havia dado uma segunda juventude a um governo que, antes dele, já deixava entrever sua falta de fôlego. Graças ao dinamismo do chefe, a Rue de Valois pôde parecer, durante cinco anos, menos um ministério do que uma cornucópia da qual se derramavam, sobre Paris, esculturas e pinturas, colunetas e lampiões, espetáculos e concertos, festas e salões, festas mundanas e recepções brilhantes, *vernissages* e inaugurações. O lado ensolarado das rua. Bercy e Grenelle, Beauvau e Saint-Dominique podiam tentar o quanto quisessem: na memória do público, ficaram associados a grades e guichês, a escritórios e salas de aula. A parte chata da existência. A polaridade que Daniel Bell quis enxergar no capitalismo americano foi projetada, na França, na tela imensa do Estado: hedonismo / luta pela vida; lazer / trabalho; fim de semana / dias úteis; tempo com e sem gravata. Nos Estados Unidos, esses dois modos de organizar o tempo moderno, esse Carnaval e essa Quaresma da *affluent society* [sociedade afluente], não buscam seus símbolos em Washington. A Quaresma da sociedade civil está em Wall Street, no Vale do Silício, em Chicago, em Detroit. Seu Carnaval está em Hollywood, em Nashville, em Las Vegas, na Disneylândia da costa leste e da costa oeste, em Acapulco. Epicuro e Calvino, Vênus e Júpiter repartem igualmente lugares e efígies. Na França, todos os deuses do Olimpo e todos os planos da existência cruzam-se e banqueteiam juntos em Paris, capital por excelência, justamente por essa mistura única de seriedade e de frivolidade, do poder, do pensamento e da *Vie parisienne*. Desde que a Cultura na França é um ministério, a própria frivolidade tornou-se ministerial. Tivemos um Epicuro de Estado. Isso não deixa de trazer certo constrangimento. O epicurismo é uma sabedoria privada: «esconde tua vida», «afasta-te do vulgo», «não te mistures com a política», são alguns dos axiomas do Jardim e suas recomendações para a felicidade. Nesse sentido, o hedonismo de massa americano, a *fun* [diversão] democrática e o *entertainment* [entretenimento] comercial, descritos por Bell ou por Bloom, permanecem sob o regime das transações privadas: a seu modo, fiéis à filosofia antiga do prazer. A cultura ministerial francesa é mais paradoxal: seu epicurismo é um serviço público, uma doutrina e uma religião de Estado.

Nem sempre o Estado cultural teve esse rosto sedutor. É nítido o contraste entre seu passado e seu presente. Na origem, contemporâneos da Guerra Fria e da Guerra da Argélia, a sombria veemência, o dramático claro-escuro de André Malraux intimidavam. O «amigo genial» do general de Gaulle vinha do Pórtico, não do Jardim. A sensação era de estar vendo as *Memórias de Luís XIV* e o *Memorial de Santa Helena* fazendo companhia a *La Légende des siècles* [A lenda dos séculos] e aos *Phares* [Faróis]. O Estado e a Cultura ainda não se tinham confundido.

Seu estilo harmonizava-se pelo alto. Duas versões, uma em prosa, a outra em verso, da epopeia do 18 de junho. Dois chamados à grandeza, francesa e universal. Os dois burgraves, o general e o ministro, ambos gloriosos, remetiam-se um ao outro exaltando uma autoridade que só deviam a si mesmos, e Malraux escreverá o testamento desse diálogo acima da França dos partidos e dos sindicatos, na conversa fúnebre dos *Chênes qu'on abat* [Carvalhos derrubados]. Bem longe de mudar junto com a opinião, ambos buscavam, um pelo outro, a impor-lhe respeito do alto de seu empíreo. Não manipulavam as mentalidades, eles dominavam-nas, ou acreditavam, sem muitas ilusões, poder dominá-las. Grande senhor, para Malraux foi um ponto de honra — exceto nas piores horas de Maio de 1968 — ser um fiador de seus inimigos políticos cujo talento honrava, e deixou, sem se perturbar ou sem fingir notar, seu governo tornar-se, dentro do Estado, um dos teatros de variedades da esquerda e da extrema esquerda intelectuais. A França sociológica e ideológica mudava de cor: Malraux, assim como de Gaulle, permaneceu impávido no mesmo claro-escuro rasgado por relâmpagos que era seu jeito desde 1942 e de *Noyers*. A Cultura, sob Malraux, era talvez outro nome da propaganda do gaullismo e do culto da personalidade do general: ela só podia ser isso por causa da personalidade fora do comum do chefe de Estado e da fidelidade de Malraux a este e a si mesmo. O Ministério dos Assuntos Culturais não se tornou um feudo gaullista, pelo contrário, e a ideologia veiculada sob Malraux pelo teatro subvencionado era o contrário daquela que o ministro, escritor e orador sugeria, com eloquência, em seus discursos fúnebres e em suas improvisações misteriosas.

A explosão hedonista de Maio de 1968 surpreendeu igualmente os dois grandes homens. As raízes de seu mito estavam nos anos trágicos, sombrios e pobres das guerras e dos pós-guerras. Seu humor era altaneiro e negro. Eles tinham-se tornado, após o efeito do crescimento dos anos 1945-1965, após o esquecimento da Guerra da Argélia, estraga-prazeres. Eles sentiram isso perfeitamente, e a Cultura administrada por Malraux foi a primeira a render-se. Os amantes de Jean Luc-Godard (cineasta subvencionado) começaram a gritar: «*Sous les pavés, la plage!*».[1] Foi então que começou a erguer-se a estrela de um futuro ministro da Cultura, e até, ainda bem escondida, a de um futuro presidente-monarca que, por sua vez, saberá servir-se da Cultura para permanecer eternamente «na moda». A aliança entre o socialismo e a esquerda festiva, entre a economia mista e a liberação sexual, entre o sindicalismo e o Club Méditerranée, entre as artes de vanguarda e a democracia do espetáculo estava então apenas em germe. Como seria possível, em Maio de 1968, ter suspeitado que os festins do Quartier Latin poderiam associar-se, na lenda, às licenças pagas do Front Populaire? Os dois acontecimentos não tinham em comum os mesmos agentes, mas o mesmo tema: as diversões. Mas como associar as diversões operárias, conquista do trabalho, às diversões perpétuas praticadas pelos discípulos de Marcuse e de Guy Debord? A Cultura, palavra-valise, palavra-tela, colocada em circulação por Malraux, favoreceu o transporte. Foi então que ela aprendeu, sempre na oposição, mas em uma oposição que, desde 1959, tinha penetrado e ocupado a Administração das Casas da Cultura e dos teatros descentralizados, a tornar-se o mais eficaz instrumento de propaganda política: aquele que constrói suas redes, não apenas sobre os *slogans* martelados, mas sobre a cumplicidade das prebendas e dos prazeres.

* * *

[1] Literalmente, «Debaixo dos paralelepípedos, a praia». Ao remover os paralelepípedos para fazer barricadas em Maio de 1968, os estudantes perceberam que eles estavam firmados sobre a areia. [N. T.]

Na origem da Cultura de Estado estava o teatro. Foi com a «Descentralização teatral» que Jeanne Laurent esboçou, na década de 1950, a transformação das Belas-Artes em Assuntos Culturais. No entanto, os primeiros centros dramáticos que ela tornou oficiais, o Festival de Avignon que ela confiou a Jean Vilar, eram a conclusão de uma grande aventura do espírito francês: todos os artistas que Jeanne Laurent colocava sob a proteção do Estado-Providência eram, em graus diversos, herdeiros de Jacques Copeau. No mesmo momento, em 1952, Sartre esmagava, sob o tijolo abstrato de seu *Saint Genet: ator e mártir*, o gênio poético de Jean Genet, que nunca se recuperou disso. A poesia de teatro que, desde 1913, tinha proporcionado à nossa língua uma de suas épocas mais encantadoras também não se recuperou. Com duas ondas sucessivas, o aparato instalado por Jeanne Laurent para salvar os herdeiros de Copeau foi invadido e ocupado por estrangeiros da tradição do Cartel. Sucessivamente, «brechtianos», depois «*soixante-huitards*»,[2] que tinham adotado Nancy como capital, atropelaram e substituíram os profissionais da gema do teatro francês. Enquanto os veteranos do *Vieux-Colombier*[3] viviam em harmonia com a Comédie-Française e até com o Boulevard, o conflito artificial sobre o qual Jeanne Laurent fundou sua obra e que contrapunha o «serviço público do teatro» ao teatro «comercial» e «burguês» terminou por vencer todas as famílias tradicionais do teatro francês. Na fratura aberta por esse conflito fratricida, ergueu-se o Festival, ao mesmo tempo oficial e contestador, de Nancy. Seu sorridente organizador reina há dez anos, ou quase, sobre o aparato estatal da Cultura.

Assim, é importante, para entender bem aquilo que separa a vida do espírito dos Assuntos Culturais e para medir a altura

2 Literalmente, «sessenta e oitistas». [N. T.]

3 O *Théâtre du Vieux-Colombier*, em Paris. Foi fundado em 1913 por Jacques Copeau. [N. E.]

da chama sobre a qual se abateu o apagador do Estado cultural, voltar atrás. Tudo começa, para nossos fins, ou tudo recomeça, em 1913, com a fundação do teatro do *Vieux-Colombier* por Jacques Copeau. Mas somos obrigados a reconhecer o *Fiat lux* [Faça-se a luz] dessa impressionante aventura das letras francesas na primeira temporada dos balés russos de Diaghilev, em 1909. Que ironia! Um parisiense de São Petersburgo, profundo conhecedor da arte de Richard Wagner, ofereceu, então, a Paris, aquilo que ela esperava, aquilo que havia muito tempo era preparado pela poesia de Stéphane Mallarmé, pela música de Claude Debussy, pelo grupo literário de *La Revue Blanche* e até pela sublime *Parade*, de Seurat: esse russo europeu, que morreu em Veneza, apresenta a Paris a mais requintada resposta à «obra de arte total» de Wagner, e a sua «melodia infinita», que, desde Baudelaire, assombrava os escritores e artistas franceses como uma inspiração, mas também como um desafio. Em torno da dança, Diaghilev organiza uma síntese espiritual de poesia e música, de pintura e teatro, cujos harmônicos jubilantes esconjuravam o *páthos* saturnino de que a *Kultur* de Bayreuth estava cheia. Não foi preciso Estado nenhum para «incentivar» e «subvencionar» essa resposta de gênio a gênio na grande competição europeia do espírito, mas uma conspiração de mecenas privados, entre os quais brilham a duquesa de Guermantes e o Charlus, de Proust, a condessa Greffuhle e seu inseparável amigo, o conde Robert de Montesquiou.

O efeito produzido pelos balés russos nas letras, na poesia, na música e nas artes decorativas francesas exaltou o último Renascimento europeu. Ele não se limitou, nas nossas letras, a ditar mais tarde, a Paul Valéry, *A alma e a dança*. A arte do teatro foi quase imediatamente fertilizada. Na época, ela era dominada, em Paris, pelo naturalismo de André Antoine e pelo vedetismo da Comédie-Française, inseparável do brilho do teatro de variedades. Do encantamento ininterrupto de Diaghilev, Jacques Copeau e seus amigos receberam a inspiração do poeta: levar à nossa língua a alegria das comédias-balés de Molière, reviver uma primavera do teatro. Esse sonho de renascimento encontrou apoio (e apoio financeiro e material) entre os escritores amigos de Copeau, agrupados na recém-fundada *Nouvelle Revue Française*: André Gide, Roger Martin du Gard, Jean Schlumberger e Georges Duhamel, mas também junto a Charles Péguy. A primeira temporada do teatro dirigido por Jacques Copeau, *Le Vieux-Colombier*, aconteceu em 1913-1914, quatro anos depois da publicação do primeiro número da NRF. Da cooperação então estabelecida entre o pessoal do teatro e os escritores e que se estendeu muito naturalmente aos pintores e músicos amigos da NRF, Copeau, em *Remarques intimes* [Observações privadas], escreveu:

> Em meio a eles [seus amigos escritores], formaram-se meu caráter e minhas ideias. Com eles, fiz o aprendizado de uma vida dedicada à tarefa de cada dia. Adquiri os costumes da independência e da coragem intelectual. A amizade, nessa família de espíritos orgulhosos, estava a serviço de cada coisa, mas nada estava a serviço da amizade. Éramos os mais unidos e os mais livres que jamais vi.

A casa de «poesia de teatro» que Copeau e seus amigos fizeram arder no *Vieux-Colombier* não atraiu apenas um público caloroso, que, em 1917, estendia-se até os Estados Unidos. Os melhores talentos da jovem geração associaram-se a ele imediatamente. Charles Dullin, ator e encenador, ficou ali até 1918 e depois levou a chama ao teatro *L'Atelier*, em Montmartre, uma das lendas mais importantes dessa história. Vindo do *Théâtre des Arts*, então dirigido pelo mecenas Jacques Rouché, Louis Jouvet entrou no teatro de Copeau em 1913, como diretor, depois como ator. Observemos de imediato um traço característico dessa grande Escola de Teatro que começa: longe de ter ciúmes da Comédie-Française, ela nasceu sob o signo de Molière, em uma emulação generosa com sua Casa; ela buscava, de sua parte, o sentido que Molière tinha da trupe de atores e do líder da trupe, «ao mesmo tempo», ele próprio, ator e «encenador».

Os encenadores formados por Copeau, seguindo seu exemplo, evitaram as faltas de seus grandes colegas alemães, Max Reinhardt e Edwin Piscator, demiurgos politizados que confundiram o público de teatro e o «povo» reunido em multidão solitária em torno de espetáculos intimidadores, mas «revolucionários». Na esteira criada imediatamente por Copeau, revelaram-se, por sua vez vez, Georges Pitoëff e Gaston Baty. Baty é o único, entre os cinco Grandes desse Renascimento, a inspirar-se, ainda que com medida e gosto, nas técnicas de iluminação e nos efeitos óticos preferidos pelos expressionistas alemães e russos, um Reinhardt, ou um Meyerhold.

O espírito do *Vieux-Colombier*, aparentado ao da NRF e ao do cubismo, está resolutamente na contracorrente do modernismo europeu, e é por isso que é tão moderno, e assim permanece, exemplarmente. Aqueles poetas não foram roçados por nenhuma das tentações de cair na armadilha que foi a perdição das artes modernistas: eles não tentaram rivalizar com as técnicas do espetáculo e da publicidade de massas, com o cinema, com os meios mecânicos ou com a tecnologia cara e ostentatória que, desde antes de 1914, fascinava a vanguarda teatral europeia. Copeau e seus discípulos sentiram com um instinto infalível aquilo que Jerzy Grotowski e o teatro-laboratório de Opole, e depois de Wroclaw, redescobrirão, à sua maneira, na década de 1960: o teatro, assim como a pintura e as outras artes tradicionais, só permanecerá um recurso espiritual, só poderá exercer uma catarse moral e estética no mundo moderno permanecendo, mais do que nunca, arte, intocado pela fantasmagoria tecnológica, ligado à mão, ao olho, à palavra viva, ao encontro direto entre artista, obra e seu público natural. Nesse sentido, *Le Vieux-Colombier* e os teatros que saíram dessa colmeia eram fiéis ao espírito de resistência de Baudelaire, à luz a que a arte francesa não renunciou desde Manet, e que Cézanne tinha reencontrado nas paisagens heroicas de Poussin.

Por tudo isso, seria difícil detectar o menor traço de nacionalismo entre esses artistas franceses e clássicos, mas que preservavam intactos, do romantismo, um desinteresse, uma fantasia, uma paixão pela beleza que não era azedada por nenhum dos rancores de Caliban. Jouvet, em *Témoignages* [Testemunhos], fala em nome de todos os seus camaradas: «O teatro não é apenas a expressão de um povo, de uma nação, mas o atestado mais verdadeiro e mais vivo de uma civilização: trata-se de um laço espiritual incomparável».

A extraordinária glória mundial do teatro francês nos Estados Unidos, na América Latina, na Europa não comunista ou não fascista do entreguerras é certamente devida a esse sentimento da arte que não separa o gênio de um lugar do gênio de todos os homens. Trata-se de um sentimento «vertical», que toma de surpresa os historicismos, os utilitarismos e os sociologismos modernos. Ele levou Charles Dullin a escrever, com a ingenuidade dos grandes talentos: «O mais belo teatro do mundo está na fé, no amor da nossa arte, em uma elevação constante do espírito que precisa ser buscada, e não no emprego de riquezas inúteis [...]. O mais belo teatro do mundo é o meu, em que o espírito venceu as contingências».

Se esse sentimento, que hoje, como desde sempre, está na raiz da grande arte, é repugnante aos cálculos dos políticos e dos técnicos, é ainda mais estrangeiro ao intelectual modernista, cuja vaidade do saber, no promontório da História, da qual ele se julga eleito, produz um homem de poder, e não um espírito fértil. Mas quem não enxerga, então, que o «burguês», o filisteu — que toda arte francesa digna desse nome nos séculos XIX e XX afastou de sua boca como um revulsivo — são eles, esses políticos, esses técnicos, esses bem-pensantes da modernidade que, hoje, não falam de nada além de arte? *Ecce*

Homais. O «burguês» opaco à luz natural, cego para a beleza, surdo para a harmonia, insensível ao gosto, categoria espiritual e não sociológica, ei-lo. Ele estava longe de ter ganhado o jogo na III República «burguesa». Os manes de Montaigne e de Poussin, de Baudelaire e de Mallarmé ainda estavam presentes. Estavam presentes em uma sociedade civil ainda substancial o bastante para desejar e apoiar os balés russos, *La Revue blanche*, a NRF, Copeau, Dullin e todos os seus maravilhosos sonhadores. É bem nesse momento que o filisteu, como entendido pelos artistas românticos, triunfa absolutamente, protegido por seu ativismo «cultural»: ele aprendeu a ser, ao mesmo tempo, o «criador» e o mecenas dos «criadores», sem renunciar a sua tradicional indiferença às coisas do espírito.

Esses poetas do teatro, com os altos e baixos da liberdade e do risco artísticos, encontraram, então, em Paris, no interior, um público que os exaltou aos céus, e críticos que os compreenderam. Eles beneficiaram-se da generosidade e da admiração de mecenas sensíveis como um Jacques Hébertot. Quando Copeau, buscando a pureza insaciavelmente, abandonou, em pleno triunfo, *Le Vieux-Colombier* pelo teatro pobre dos «Copiaus», na Borgonha, seus quatro principais discípulos, Dullin (em *L'Atelier*), Jouvet (em *L'Athénée*), Baty (no *Théâtre Montparnasse*) e Georges Pitoëff, aqui e ali, federaram-se no *Cartel des Quatre*, como um Estado de espírito dentro do Estado, opondo uma solidariedade exemplar às insolências do sindicato dos críticos, ou das burocracias encarregadas da Exposição Universal de 1937. Sua força vinha de serem teatros privados, da fidelidade de seu público espontâneo, do prestígio internacional de seu talento. Isso não deixava de ter riscos. Mas, diziam eles, a arte é uma aventura do espírito, e o artista que «busca perpetuamente» está, por vocação, «em uma situação instável». Essa instabilidade exterior é, no entanto, compensada, neles, pelo fundo de humanidade geral e estável do qual eles querem-se os intérpretes. Contrariando a inclinação moderna pela novidade a qualquer preço, pela originalidade ainda que artificial, os discípulos de Copeau apegavam-se, segundo a fórmula de Jouvet em suas *Réflexions* [Reflexões], aos «únicos temas válidos no teatro [...], que são comuns a todas as gerações desde que o teatro existe». Assim, estavam à vontade tanto com os clássicos, Molière e Shakespeare, como com os dramaturgos contemporâneos que sabiam dirigir-se à natureza humana e revelá-la sob suas roupagens efêmeras. Impacientes com clichês, esses poetas estavam em casa entre os lugares-comuns da tradição. Dullin, em *Souvenirs* [Recordações], não hesita em escrever:

> O passado nos forneceu exemplos. Ele não nos diz: «Imite, para fazer bem aquilo que fiz». Mas diz: «Faça como eu, procure como eu procurei. Trabalhe». Eu também tinha grandes modelos. Copiei-os servilmente? Não, pois, se fizesse isso, teria me colocado fora da vida. Tomei aquilo que há de eterno nos temas antigos e nos personagens. Adaptei-os, e o homem da minha época reconheceu-se neles. Como era representado tal papel quando foi criado? Se você tenta encontrar essa coisa morta, vai apenas vestir um cadáver. As expressões mudaram de valor. Vivifique todas as formas dramáticas segundo as formas do seu tempo.

Essa aliança da invenção com a memória ignora esse triste substituto que os modernistas inventaram para cobrir sua esterilidade: a *teoria*. «Ter uma concepção do teatro», escreve Jouvet em *Témoignages*,

> é limitá-lo, empobrecê-lo, é falsificar a experiência, é recusar toda descoberta e negar a própria vida do teatro. É sempre por intuição, e nunca por sistema, que um homem de teatro escolhe a peça a ser montada, escolhe a maneira de decorá-la, de vesti-la, de representá-la e de apresentá-la ao público.

O alegre sentimento de evidência que nos toma, hoje, ao ler Jouvet é acompanhado de alívio, depois de tantos «anos subterrâneos», em que a teoria reinou no teatro estatal francês. É grande nossa surpresa ao descobrir como era grande a compreensão que encontravam na França de antes de 1940 artistas tão inteligentes e que contavam tão pouco com a intimidação, com a publicidade e com as aparências. Já naquele mesmo momento, vários intelectuais franceses e europeus, a começar por Malraux, imaginavam, em seu desprezo pelas Repúblicas «burguesas» e por seus povos tolos, que eles próprios tinham a fórmula vencedora da História. A contracorrente na França era, aliás, forte o bastante para que Louis Jouvet pudesse escrever tranquilamente:

> Se o teatro de hoje vai na direção de alguma coisa, é na direção de uma vida em que o espiritual parece ter reconquistado seus direitos sobre o material, o verbo sobre o jogo, o texto sobre o espetáculo. Ele vai na direção de uma convenção dramática feita de poesia, de graça e de nobreza.

Não é surpreendente que os escritores, por sua vez, tenham descoberto, para si, uma vocação dramática entre as pessoas de teatro, diretores e atores, que tinham um sentimento tão delicado de sua arte. Os discípulos de Copeau consideravam o texto o rei do palco e estavam dispostos a colocar, a serviço dele, tudo aquilo que os balés russos lhes tinham ensinado sobre as harmonias da palavra: o gesto, a cor, o silêncio, o espaço. Da colaboração entre Giraudoux e Jouvet, nasceram, no *Athénée*: *La Guerre de Troie* [A Guerra de Troia], *Electre* [Electra] e *Ondine* [Ondina]. Da sintonia entre os Pitoëff e Jean Anouilh, brotou, em 1937, *O viajante sem bagagem*. E Sartre nunca teria se tornado Sartre se não tivesse encontrado, nos teatros privados, fiéis ao espírito do Cartel, o gosto de tornar-se, na Paris ocupada, o aclamado autor de *As moscas*. Uma das últimas encenações triunfais de Louis Jouvet, em 1951, na sala de Simone Berriau, o *Théâtre Antoine*, foi a de *O diabo e o bom Deus*.

Nesse teatro de poetas, o ator também era enobrecido e exaltado. Isso à custa de uma disciplina e de uma precisão rigorosas. Após Copeau, Dullin foi um formador temível e admirável de grandes atores: foi com ele que se revelou, em 1931-1932, Jean-Louis Barrault, e Jean Vilar nunca se recuperou por completo de ter sido considerado medíocre pelo mestre. O ensino de Louis Jouvet no Conservatório, entre 1934 e 1939, era de uma qualidade humana e literária tamanha que Brigitte Jaques, recentemente, pôde extrair do texto registrado e impressos de seus cursos um drama impressionante, e esse foi um dos mais belos espetáculos desses últimos anos, apresentado no *Athénée-Louis Jouvet*, com o título de *Elvire-Jouvet 40*. O tema desse drama é a ascensão de uma jovem atriz ao fogo interior e à nuance necessários para habitar o monólogo de Elvira no *Dom Juan* de Molière; porém, antes de dar-lhe vida como se surgisse dela própria pela primeira vez, a jovem artista precisou de ensaios longos e tateantes, em que Jouvet revela um verdadeiro gênio de parteiro de almas. A ilusão teatral, para Jouvet, supunha a sinceridade levada até o dom total de si.

Primazia do texto, nobreza e magia do comediante e de seu verbo: a poética do Cartel enfatiza todos os traços por meio dos quais o teatro, encontro entre vivos, tempo de revelação arrancado do tempo, dissocia-se da modernidade técnica e historicista, de sua impaciência e de seus fins. Para aumentar ainda mais essa distância (a mesma que a escola, tradicionalmente, mantém entre a cultura da alma e a vida ocupada dos adultos), Jouvet e seus amigos deixam o iluminador em sua posição modesta; ao cenógrafo, eles pedem que tenha inteligência e bom gosto em vez de esperar que isso venha do arsenal de máquinas e de luxos acessórios. Para quem teve a felicidade de ver a reprise de *A Escola de Mulheres* com o cenário de Christian Bérard e com direção e atuação do próprio Jouvet, no mesmo ano em que ele morreu, esse «charme», no sentido de Valéry e da arte mais espontaneamente francesa, tornou-se, desde então, um fio de Ariadne para compreender Watteau e Lully, Couperin e Rameau, Diderot e Joubert. Naquele instante encantado e aparentemente efêmero, que substância de tempo o artista soube concentrar para transfigurar em brandura e luz!

Em uma página inspirada de seu *Bulletin de la Chimère* [Notícias da Quimera], Gaston Baty fez, ele próprio, a mais justa evocação dessa música de cena, aliada à pintura, e que encarna o verbo na carne:

> De um estado de espírito, a cor oferece primeiro a transcrição mais chamativa e menos profunda; a linha imóvel ou móvel precisa algo a mais. No ponto em que, da sensação, brota a ideia, começa o reino da palavra, que é o reino da análise. O verso leva além, até a música, quando a ideia se evapora em um sentimento inefável. Pintura, escultura, dança, prosa, verso, canto e sinfonia, eis sete cordas retesadas lado a lado na lira do drama.

Era preciso um público que ecoasse esses acordes de Ariel, e o Cartel o inventou, educou-o, sustentado, é verdade, pelas vibrações espalhadas por Paris pela palavra de Paul Valéry e de André Gide, pela música de Maurice Ravel e de François Poulenc, e pela qualidade de revistas como *Commerce*, impávidas libélulas literárias no vento ideológico que os intelectuais dos anos 1930 já respiravam com sombrio deleite.

Em 1936, o governo do Front Populaire precisa de títulos de nobreza. Ele não os podia obter mais nobres do que consagrando oficialmente a glória do Cartel e de Copeau. Jean Zay propõe a Jouvet o cargo de administrador-geral da Comédie--Française, que ele recusa. Porém, por sugestão sua, Edouard Bourdet é nomeado em seu lugar, ao passo que Copeau, Dullin, Baty e Jouvet são encarregados de encenar peças, de sua escolha, no palco nacional. Essa iniciativa foi feliz e elegante. Foi elegante porque se limitava a reconhecer os desejos de toda a categoria, respeitando sua autonomia artística. Foi feliz porque enxertava, na tradição das vedetes do *Français*, tão vigorosa desde Talma e da *mademoiselle* Mars, essa outra tradição mais jovem, mas que remontava a um tempo ainda mais distante, ao próprio Molière, que Copeau tinha reinventado.

Desde 1924, data em que Copeau transportou a escola do *Vieux-Colombier* para o castelo de Morteuil, na Borgonha, a palavra «descentralização» começava a circular no mundo do teatro, mas também no mundo da política. Era uma palavra infeliz, e as palavras infelizes não trazem sorte. Porém ela então significava, para todos aqueles que dela se serviram, a influência da nova Companhia dos «Copiaus» por toda a França. Sem esperar que o Estado tomasse a iniciativa, Michel Saint-Denis, sobrinho de Copeau, criou *La Compagnie des Quinze* [A Companhia dos Quinze], e Léon Chancerel, o discípulo mais próximo de Copeau, *La Compagnie des Comédiens routiers* [A Companhia dos Atores de Estrada], que conta, entre seus atores, Jean Dasté, genro de Copeau, ex-«copiau» cujo talento continua vivo em seu trabalho de protagonista do admirável filme *O Atalante*, de Jean Vigo. Entre 1929 e 1939, eles percorrem a França, assim como a trupe do *Capitaine Fracasse* [Capitão Fracasso], de Gautier. Em Marselha, Louis Ducreux e André Roussin criam *Le Rideau gris* [A cortina cinzenta], enquanto André Barsacq, Jean Dasté e Maurice Jacquemont, «*routiers*» veteranos, criam o *Théâtre des Quatre Saisons* [Teatro das Quatro Estações], que reata os laços de Copeau com Nova York. O melhor é não dar atenção ao episódio «Jeune France», em que Copeau e seus «*copiaus*» desempenham um papel um pouco secundário.

Depois da guerra, é or iniciativa da profissão, e com o apoio dos sobreviventes do Cartel, que neles enxergam seus sucessores e continuadores, que são criados *Le Grenier de Toulouse* [O sótão de Toulouse], de Maurice Sarrazin; *La Comédie de Saint-Etienne* [A comédia de Saint-Etienne], de Jean Dasté;

La Comédie de l'Est [A comédia do Oriente], de Hubert Gignoux (antigo «*routier*»); e *La Comédie de Provence* [A comédia de Provença], dirigida em pessoa por Gaston Baty, com o auxílio do excelente decorador Georges Douking. A transformação desses lugares brilhantes da vida teatral em Centros Dramáticos Nacionais, a nomeação de Jean Vilar, aluno infeliz de Dullin, mas fiel ao Cartel, para o TNP e, depois, para a chefia do Festival de Avignon, poderiam passar por uma reprise da política de Jean Zay e de Léo Lagrange. Era essa, ao menos, a opinião de Jacques Jaujard, diretor das Artes e Letras, que, no instante em que exonerava Jeanne Laurent, nomeava, em 14 de agosto de 1951, Louis Jouvet «conselheiro junto à Direção de Artes e Letras para todas as questões relativas à descentralização dramática». Ele desejava, com isso, pôr nas mãos da categoria, e poupar do ativismo burocrático, uma obra cujas raízes eram todas íntimas e privadas. Era a direção correta. Infelizmente para o teatro francês, Jouvet morreu um dia depois de ser nomeado.

* * *

A partir de 1959, por um duplo movimento, os teatros provincianos derivados do Cartel, aliás afogados entre as várias novas trupes, agora subvencionadas por uma «Direção de Teatro e da Ação Cultural», são cercados pela política das Casas da Cultura. Para Copeau e seus discípulos, o teatro era o coro das Musas, a correspondência das artes em torno da poesia. As Casas da Cultura, concebidas com a melhor vontade do mundo por eficientes tecnocratas, dedicam-se à «pluridisciplinaridade» e à «polivalência». Copeau, amigo de Péguy, admirador de Diaghilev, desejara, chegando mesmo à secessão rousseauista, manter o teatro a salvo de toda concessão, mortal para sua própria essência, às lanternas mágicas da tecnologia e do comércio modernos: o cinema, as baterias dos projetores, os alto-falantes, os maquinários-próteses do corpo vivo e falante. Nas Casas da Cultura, erguidas muitas vezes nos locais em que o grão de Copeau fora semeado com fervor, a proposta é, «aplicando-se a diretivas do ministro de Estado e os objetivos do Quarto Plano, [...] oferecer a imagem de nosso tempo em todos os domínios da inteligência e apresentar os elementos constitutivos de seu devir cultural...».

O texto da circular oficial (1962) continua assim:

> A Casa da Cultura deve oferecer os meios para uma expressão perfeita no domínio do teatro, da música, do cinema, das artes plásticas, do conhecimento literário, científico ou humano, possuir os instrumentos de uma remanência permanente das ações empreendidas nas diversas ordens, excitar a promoção cultural local, suscitar a vida de clube e as trocas.

Difícil imaginar melhor ilustração da fábula do bom La Fontaine: *O paralelepípedo do urso*.[4] Não é essa a mesma aventura pela qual, hoje, passa, em uma escala bem maior, a Biblioteca Nacional, ameaçada de ser enterrada por uma Virgin Megastore da Leitura Pública? A sequência do texto não perdeu nada de sua atualidade:

> O programa estabelecido na escala de cada coletividade abrangida visa, assim, recriar cada um desses elementos constitutivos, seguindo as melhores características técnicas, e adaptá-los ao contexto social no qual a Casa da Cultura deve inserir-se com harmonia até tornar-se o principal elemento da nova paisagem, cuja intensa irrigação cultural é garantida por ela. Ao mesmo tempo pirâmide e viveiro, ela dará testemunho para o futuro daquilo que nosso país terá sido o primeiro a tentar, uma

---

[4] Na fábula, o urso quer matar a mosca na testa de um amigo adormecido. Porém, por desconhecer a própria força, usa um paralelepípedo para matar a mosca e, sem querer, mata o amigo.

promoção cultural coletiva fundada no respeito pelos indivíduos, e uma imensa ressonância que acolheu esse ato de fé na mensagem cultural.

E como um mal nunca vem sozinho, enquanto o cimento e as torrentes culturais abatiam-se sobre a ilusão teatral, a poética do Cartel era devastada pela ideologia dos neófitos do teatro subvencionado. Ela insinuou-se, primeiro, na e por meio da revista do TNP de Jean Vilar, órgão oficial da descentralização: *Théâtre Populaire*; Vilar, contestado desde dentro, foi sua primeira vítima; ela ganhou rapidamente, com o apoio ativo da imprensa comunista, os meios intelectuais e os militantes culturais.

Paradoxalmente, o teatro do Estado gaullista torna-se, sob André Malraux, marxista, brechtiano. É verdade que, entre a gnose de Malraux e o marxismo, havia este ponto comum, enunciado pelo próprio Marx, e que os tecnocratas modernistas podiam retomar por conta própria palavra por palavra: «A humanidade separar-se-á rindo de seu passado». Com a ressalva de que Malraux não ria, nem obrigava ninguém a rir. Brecht, tão alegre quanto Marx, obrigava a isso. Seu grande adversário era o prazer do público. Esse prazer que, justamente, o Cartel fazia nascer com todo tipo de harmonia era, para ele, e tornou-se para seus zelotes franceses, o sinal odioso de uma adesão insuficiente às ordens da História, o equivalente da *vodka* para o mujique — em suma, uma traição da Causa do Povo, assim como Marx a revelara. Por uma perversão radical das ordens, o lazer da inteligência tornava-se, para Brecht, o momento do despertar da consciência «política» e o ponto de partida de uma ação completamente imaginária. Esse «efeito v», que interrompe o prazer teatral e, com seu ruído, desperta a «consciência de classe», era admiravelmente adaptado aos regimes totalitários, cujos súditos, escravos no trabalho, ficavam, assim, condenados a ser um pouco mais escravos em seu lazer, no teatro. Em uma democracia liberal, por outro lado, ele podia favorecer a excitação cerebral de ideólogos tristes. Assim, sob Malraux, a moda foram as encenações «brechtianas», a crítica «brechtiana», e surgiu o hábito de torturar os textos clássicos a fim de fazê-los confessar que, enfim, tinham entendido o sentido canônico da História.

***

Jean Dasté conta, em suas memórias, intituladas *Voyage d'un Comédien* [Jornada de um ator] (1977), como a geração do Cartel, a qual acreditava, com Jouvet e Vilar, que «a dignidade do ator consiste em atuar o melhor que pode quando a cortina se abre» e que tinha, de boa-fé, corrido os riscos da «descentralização» do tempo da Jeune France, depois disso, na época de Jeanne Laurent, viu-se subitamente diante dos comissários políticos da Cultura, que, sob Malraux, tornavam-se *mentores* dos encenadores e dos atores subvencionados pelo Estado. Em maio de 1959, ele prepara a apresentação, no Théâtre des Champs-Elysées, do *Círculo de giz caucasiano*, de Brecht. «Quatro dias antes do ensaio geral, chega um telegrama de Robert Voisin: a encenação da peça está proibida.» Robert Voisin tinha recebido, da fanática Hélène Weigel, viúva de Bertolt Brecht e diretora do teatro oficial de Berlim Oriental, a exclusividade dos direitos da obra de Brecht na França. Era uma fonte de renda para a editora L'Arche e de poder para os intelectuais oficialmente autorizados, por Berlim Oriental, a traduzir e a comentar o cânon brechtiano. Jean Dasté exige explicações de Robert Voisin. Este o convoca.

«Em volta de uma grande mesa, em uma sala do teatro, estavam reunidos os colaboradores de Robert Voisin: Roland Barthes, André Gisselbrecht, Guy Dumur e Bernard Dort.» As perguntas são disparadas:

Por que montamos essa peça? Como a preparamos? Onde buscamos referências? Que razões nos guiaram na escolha dos intérpretes? Eu tinha de responder um interrogatório sorridente, mas severo. Como aquilo ocorrera sem eles, eles escutavam minhas respostas, surpresos de ficar sabendo que tínhamos dado mais peso ao conteúdo poético e humano da peça do que ao conteúdo político: para nós, este deveria destacar-se naturalmente, sem que houvesse necessidade de ressaltá-lo.

Se non è vero, è ben trovato [Se não é verdade, é bem contado]. Fato ou fantasia, o relato faz-nos entender quais poderiam ser os sentimentos dos herdeiros do Cartel, que tinham acreditado que a Descentralização de Jeanne Laurent os protegia das necessidades: transformados em engrenagens de uma burocracia cultural, eram tratados de cima pelos discípulos de Brecht, que velavam por sua ortodoxia, inclusive no exterior da «instituição». Bernard Dort e Roland Barthes, na revista do TNP *Théâtre Populaire* ou em *Les Lettres nouvelles*, de Nadeau; André Gisselbrecht, em *La Nouvelle Critique*, do Partido Comunista; Robert Voisin, com a editora L'Arche, que publicou, entre outros, *Teatro político*, de Erwin Piscator, traduzido por Arthur Adamov, em 1962; Emile Copferman, com seu *Théâtre populaire, pourquoi?* [Teatro popular: por quê?], na editora Maspéro, em 1965; Françoise Kourilsky, na revista *Esprit*; e, sobretudo, Louis Althusser, em um capítulo de seu tratado *Por Marx*, que se impôs em 1965: «O 'Piccolo', Bertolazzi e Brecht: notas sobre um teatro materialista»; ou, ainda, Jean-Paul Sartre, clamando por um teatro proletário na revista de Vilar (esquecendo que devia ao Boulevard o sucesso de suas peças e sua glória); todos esses patrulheiros ditaram sua doutrina aos novos teatros multiplicados pelo Estado, substituídos pela ditadura que os diretores ideologizados exerceram sobre os atores e sobre sua formação. Nessa paisagem oprimida e opressora, que fez os atores fugirem e levou ao desaparecimento do que era o teatro natural francês, Jack

Lang e seu Festival de Nancy (ao menos para a *nomenklatura* do teatro subvencionado) apareceram como um alívio e como uma *perestroika*.[5]

* * *

Esse «Festival Internacional do Teatro Universitário» de fato começou bem devagar, em 1962. Apoiado pelo reitor da Academia de Nancy, Paul Imbs (erudito iniciador do *Trésor de la langue française*)[6,] e pela notável gaullista Jacqueline Nebout, apresentou-se como uma competição entre trupes de estudantes de vários países. Os prêmios eram concedidos por um júri do qual faziam parte Jules Romains, da Academia Francesa, Béatrix Dussane, membro da Comédie-Française e professora do Conservatório (famosa, na época, por seus cursos de declamação transmitidos pelo rádio), Armand Salacrou, da Academia Goncourt e Jean Vilar. Muito rapidamente, graças às habilidades sociais dos organizadores, a «vanguarda» da crítica dramática parisiense encontrou o caminho do Festival, que a poupava do didatismo brechtiano reinante nos palcos subvencionados e até da já costumeira peregrinação a Avignon.

Esse sucesso mundano teve o apoio de um sucesso de público. Como a renascente prosperidade francesa suscitava um apetite generalizado por lazeres e consumo, a experiência rejuvenescedora anual de Nancy tornou-se também uma festa coletiva e convivial para uma «cultura jovem» ainda balbuciante.

---

5 Literalmente, «reconstrução». Trata-se de uma das políticas introduzidas por Mikhail Gorbachev, em 1986, na União Soviética. A *perestroika*, em específico, dizia respeito à reestruturação econômica do país, orientando-se para a abertura de sua economia. [N. E.]

6 «Tesouro da língua francesa». Trata-se de um dicionário monolíngue de francês, em dezesseis volumes, publicado entre os anos de 1971 e 1994. Foi escrito tendo por base a língua dos séculos XIX e XX. [N. E.]

Jack Lang não previra isso, mas ele era levado por um hedonismo de massa que, aliás muito naturalmente, capturava a juventude antes de tudo. O Festival, sem ter buscado isso, tornou-se um dos sintomas franceses do fenômeno cujo mecanismo Daniel Bell estudou nos Estados Unidos e que, segundo ele, ali remonta a antes da guerra de 1914. As diversões de massa, também submetidas às modas coletivas, antes de serem comercializadas em grande escala, são primeiro experimentadas, geração após geração, por uma «vanguarda» elitista e politicamente contestatória. Esse mecanismo, enfim, chegava à França, e o Festival de Nancy pouco a pouco se adaptou a ele. Na década de 1960, as lutas políticas contra a guerra do Vietnã e contra o alistamento obrigatório dos estudantes eram eletrizadas, nos *campi* mais esnobes dos Estados Unidos, pela «liberação sexual» e pelo consumo de altas doses de haxixe. Esse grande combate encontrava sua principal expressão nos grupos de *rock*, como *The Doors*, hoje clássicos culturais copiados servilmente na França. Porém, acessoriamente, expressava-se nos «grupos» ditos de teatro, cujo público era mais limitado. Nenhum desses sintomas sociológicos, avidamente comentados pelos teatrólogos, beneficiava-se de subvenções federais, nem mesmo, exceto em Nova York, onde a Prefeitura é tradicionalmente «liberal», no sentido do *New Deal*, de apoios oficiais municipais. O ápice da «cultura *rock*» e anti-Vietnã foi atingido no famoso festival de Woodstock, viagem coletiva para a beatitude. Porém os grupos de teatro, que buscavam a mesma beatitude por métodos mais europeus, tomados emprestados do teatro expressionista da década de 1930, acabaram encontrando, em Nancy, um ponto de concentração e de consagração francês. Perto do fim da década gaullista, uma ponte aérea levava, ali, os grupúsculos do Novo Mundo, para o maior deleite do jovem público francês, que o general de Gaulle tinha liberado do alistamento obrigatório na Argélia.

Batizado de «Festival Mundial», aberto às trupes profissionais, em 1968 o encontro de Nancy finalmente integrou-se ao mecanismo ideológico e mercadológico descrito por Daniel Bell. O Festival, que Jack Lang, no começo do ano, diz querer que seja «representativo das correntes mais revolucionárias e mais vivas que atravessam o teatro mundial», torna-se a vitrine francesa dos novos modelos (*patterns*) de diversões lançadas no mercado, com álibis políticos, pela contracultura americana. A grande revelação do ano é uma procissão fúnebre intitulada *Fire* [«Fogo»], conduzida por um «grupo» do *off-off-Broadway* nova-iorquino, de nome *Bread and Puppet* [Pão e Fantoche]. Seu sucesso de rua em Nancy é pouco anterior à ocupação «revolucionária» do Odéon-Théâtre de France, em Paris, onde se distinguem os pitorescos histriões do *Living Theatre* [Teatro Vivo], que já tinham migrado para a França havia vários anos, e cujos espetáculos, cada vez mais desnudos e cheirando à beata fumaça, edificavam a juventude das províncias nas Casas da Cultura.

* * *

A partir de 1969, o Festival de Nancy torna-se uma espécie de comemoração anual e de conservatório da «revolução de 1968».[7] Ela tinha, enfim, transportado para o Quartier Latin a «libertação dos tabus» (era esse o *slogan*), cuja revelação as multidões de Nancy, depois dos tropéis de Berkeley e de Woodstock, tinham sido as primeiras a receber. A entrada francesa na sociedade de

---

7 É frutífera a leitura de *Nancy-sur-scènes, au carrefour des théâtres du monde*, de Roland Grünberg e Monique Demerson (Nancy, 1984), e de *Les Jours les plus Lang*, de Mark Hunter (Paris: Odile Jacob, 1990). Jornalista americano, Mark Hunter detesta Ronald Reagan, e sua excelente investigação tende a estabelecer um paralelo entre Ronald Reagan, seu personagem, seus métodos e o fenômeno Lang. Nos dois casos, Nancy desempenha seu papel.

consumo à moda americana assume grandes ares de vanguarda artística e de insurreição política. O jornal do Festival reproduz piedosamente os cartazes de 1968. Vitrine da convivialidade consumidora e cabeluda, o Festival é também o pódio em que desfilam as últimas modas do teatro subvencionado francês. Em 1969, Patrice Chéreau encontra, ali, a consagração de seu talento de encenador: ele apresenta os *Soldados*, de Jakob Lenz, em uma «leitura» influenciada, ao mesmo tempo, pela tradição brechtiana e pela variante italiana proposta em Milão, no *Piccolo Teatro*, por Giorgio Strehler. Ao ressentimento social que caracteriza o brechtismo tradicional, o estetismo gélido de Patrice Chéreau acrescenta a crueldade de uma «guerra dos sexos», o que o associa, de longe, ao clima geral de Nancy. Porém o Festival concede um lugar mais importante ao pós-colonialismo, então denominado «terceiro-mundismo»: coloridos grupos vindos da América do Sul e da África equatorial podem fazer ali sua junção com *Les Anges de la Nuit* [Os anjos da noite], trupe americana endiabrada que anima, com sua fantasia, *La Dragée*, uma boate instalada simbolicamente em uma usina desativada. O Conselho Geral e a Prefeitura de Nancy hesitam. Para acalmar a indignação dos «burgueses», o príncipe de Beauvau-Craon cita o exemplo de *O amante de Lady Chatterley*: o escândalo moral é o motor das artes modernas.

Em 1971, o «carro-chefe» do Festival é um espetáculo do americano Bob Wilson, o *Olhar do surdo*. Esse mimodrama mudo dura sete horas. É tão brilhantemente iluminado e surrealista quanto uma vitrine de Natal das grandes lojas de luxo da 5ª Avenida. Apresentado em Paris, suscita o entusiasmo de Aragon, que publica em *Les Lettres françaises* uma imensa mensagem a André Breton: «Estou louco pelo espetáculo», escreve. «Escute o que digo àqueles que têm ouvidos para não ouvir, nunca vi nada mais belo neste mundo desde que nasci, nunca, nunca um espetáculo chegou aos calcanhares deste...». Na verdade, o círculo estava fechado: Jack Lang tinha levado, do Greenwich Village à 5ª Avenida, a *intelligentsia* parisiense e o público de Nancy. Ele tinha apresentado os Estados Unidos dos *sixties* [«dos anos 1960»] a toda uma elite de esquerda que, havia muito tempo, só conhecia o Novo Mundo pelo *Mahagony*, de Bertolt Brecht, e *A puta respeitosa*, de Sartre.

Em 1972, Jacques Duhamel, ministro dos Assuntos Culturais, e Jacques Rigaud, seu chefe de gabinete, nomeiam Jack Lang sucessor de Jean Vilar e de Georges Wilson no Théâtre de Chaillot. O palco que tinha visto o triunfo de Gérard Philippe, a sala decorada com afrescos *art déco* que Jean Zay inaugurara em 1937, foram destruídos: foram substituídos por um «espaço» polivalente e modulável, segundo o modelo das Casas da Cultura. Porém, em 1974, Michel Guy afasta Jack Lang de Chaillot. A resposta não demora. Em um artigo vingador, que retoma a fórmula ameaçadora de Jeanne Laurent de 1955, Jack Lang escreve: «A França ainda é um vasto deserto cultural». Em 1975, o Festival de Nancy é inaugurado por François Mitterrand, que ali toma seu primeiro banho de multidão desde 1968. François Nourissier também descreve o Festival como «flor que desabrocha no deserto cultural». Um colóquio sobre o tema «Teatro e lutas culturais» reúne Jacques Rigaud e Jeanne Laurent, Jean Duvignaud e Bernard Stasi, Jean-Jacques Servan-Schreiber e Jack Ralite, o especialista «cultural» do Partido Comunista. Nancy, segundo seu inventor, tornou-se a «capital da contracultura». Em uma impressionante autobiografia em duas vozes, publicada em 1978 com o título de *Éclats*[8] [Fragmentos], o futuro ministro acrescenta:

> A guerra declarada à centralização e à miséria cultural tem de continuar. Ela já conta com algumas vitórias. O novo fenômeno que, desde março de 1977, modifica a paisagem: a nova geração de jovens prefeitos na liderança das cidades conquistadas pelos socialistas ou pela União da Esquerda. Estabelece-se, entre as

---

8   Escrita por Jack Lang e Jean-Denis Bredin. [N. E.]

prefeituras, uma competição que obriga até mesmo as prefeituras conservadoras a agir. Concorrendo entre si, os prefeitos franceses talvez acabem se parecendo com aqueles príncipes alemães que tiravam uns dos outros os melhores artistas de sua época; ninguém vai reclamar, muito menos os criadores.

O agente da vanguarda «liberal» de Nova York, animador das «noites americanas» de Nancy, reivindica a herança da «descentralização» e da «democratização» culturais. Ele torna-se, ao mesmo tempo, a Jeanne Laurent e o André Malraux de uma França rejuvenescida e mais bem nutrida. E transporta esses troféus para o campo político adversário, que tem a astúcia de recebê-lo de braços abertos. Para tornar mais atraente a antiga herança, não tem dificuldade nenhuma para revesti-la de novo, com as cores vivas e sedutoras do grande consumo que, agora, ocupa toda a classe média francesa. No lugar da angústia de Malraux, da competência um tanto engomada de seus sucessores, traz o sorriso eterno e tão moderno cujo segredo conhece.

Lang coloca-o, com uma cortesia incansável, a serviço de um futuro Poder Cultural. Em 1º de março de 1978, declara ao *Le Monde*:

> Transformemos a vida, mas transformemo-la imediatamente. Que os responsáveis transformem suas vidas: Ben Gurion não sonhava com um *kibutz* mítico, ele moldava-o com suas próprias mãos. Mao Tsé-tung atravessou o Yang-Tsé a nado com 75 anos. Nyerere percorreu a pé dezenas de quilômetros através da Tanzânia. O «aqui e agora» não se dirige apenas aos cidadãos, mas a todos os responsáveis.

* * *

Enfim, chegou a hora, em 1981, de libertar, na França, «as forças da alegria», segundo uma fórmula que, aparentemente, não recordou a ninguém o *Kraft durch Freude* de Goebbels em 1933. No triunfante relatório oficial do ano 1 do ministério Lang, lia-se, no capítulo «Novos públicos, novas práticas»:

> Reconhecimento das práticas culturais dos jovens, *rock*, quadrinhos, fotografia, cultura científica e técnica, rádio local [...]. Introdução da dimensão cultural da política de inserção social e profissional dos jovens. Foram apoiados projetos. Exemplo: projeto «*Faut voir*» [É preciso ver], em dez cidades francesas, com um coletivo de dez fotógrafos [...]. Participação ministerial em operações interministeriais conduzidas especialmente pelo Ministério do Tempo Livre, da Juventude, dos Esportes, programa «Jovens Voluntários», programa «Férias-Diversões para Todos», programa «Diversões Cotidianas dos Jovens», grupo «Infância e Cultura», com o Secretariado de Estado para a Família [...].

O capítulo «Patrimônio» termina com um parágrafo intitulado «Restituição ao público», em que o «Desenvolvimento do turismo» ocupa o lugar de honra: «Extensão de circuitos turísticos pela ampliação dos temas (exemplo: arquitetura industrial da água em Franche-Comté), ou por associação com o turismo esportivo (exemplo: passeio com o clube de ciclismo da Île-de-France)».

Trata-se de uma das raras notas giralducianas[9] dessa literatura. No capítulo «Cultura e economia», a ênfase está na «reconquista do mercado nacional». É criado um instrumento: o IFCIC (as siglas pululam na Cultura). É preciso também trabalhar na «reconciliação entre cultura, ciência e técnica»: seis grupos de reflexão são criados... Enfim, grandes pensamentos do reino: «reconhecimento mútuo entre cultura e economia», com, entre outros, a «valorização cultural das iniciativas de desenvolvimento local». «As implicações das novas tecnologias»

---

9 Relativas ao escritor Jean Giraudoux. [N. T.]

não são esquecidas, com a criação de uma Agência para a Cultura por meio das Novas Tecnologias de Comunicação, e um plano de apoio para as «novas imagens».

* * *

Temos de voltar à recorrência obsessiva, nesse documento, da palavra «criação», que aparece em cada página e com ênfase, para assinalar, ao mesmo tempo, o começo das operações de um novo órgão e o surgimento de «criadores», sob o efeito da ação desses órgãos. O avesso da máscara de Carnaval é a Quaresma, e uma Quaresma maquiavélica. Os colarinhos estilo «Mao» do ministro, e a Festa da Música, o favor unânime da imprensa e as imagens da TV bem poderiam fazer crer na «vida mudada» ou no «domingo da vida» para todos. A religião cultural de Estado, ao mesmo tempo em que levava em conta a sociedade de diversões e de consumo, pretendia atá-la a seu aparato e fazer, dela, um instrumento de dominação política nada liberal. Ao ler esse relatório e muitos outros do mesmo estilo, impossível não recordar a famosa página de Tocqueville:

> Acima [dessa multidão inumerável] se ergue um poder imenso e tutelar, que se encarrega sozinho de garantir seu divertimento e de velar por sua sorte. Ele é absoluto, detalhado, regular, previdente e brando. Ele se assemelharia ao poder paterno se, como ele, tivesse por objeto preparar os homens para a idade viril; porém ele busca, pelo contrário, apenas os fixar irrevogavelmente na infância; ele gosta que os cidadãos se divirtam, desde que só pensem em divertir-se. Ele trabalha de bom grado por sua felicidade, mas quer ser seu único agente e único árbitro...

Sem perceber, o ministro da Cultura traduziu Tocqueville, em seu linguajar, quando bradou, diante da Assembleia Nacional, em 17 de novembro de 1981:

Cultural, a abolição da pena de morte que os senhores decidiram! Cultural, a redução do tempo de trabalho! Cultural, o respeito pelos países do Terceiro Mundo!... Sobre cada membro do governo, repousa uma evidente responsabilidade artística [...]. Não existe, de um lado, a grande cultura, a cultura nobre, a do setor público, e, de outro, a cultura de mãos sujas, a dos empreendedores, das indústrias culturais...

O que significavam essas palavras entusiasmadas e estranhas, que hoje não podem mais ser lidas sem certo mal-estar? A paixão irrefreável das artes, das letras, o desejo generoso de partilhá-las entre todos? Talvez. Uma das leis da retórica, mesmo da pior, é estar convencido daquilo que se quer fazer crer. Porém, sob esse sentimentalismo sincero, transparece a embriaguez de identificar-se com o poder ilimitado do Estado e de saber adorná-lo com a máscara do Carnaval. Nancy doava sua pessoa ao Estado cultural.

* * *

Do teatro francês, vivificado pelo Cartel, passamos, então, na capital lorena, a «espetáculos» pós-coloniais, pós-brechtianos, pós-artaudianos, e à comédia americana: essa transferência não aconteceu sem prejuízos para o bom uso da língua francesa, nem para aquilo que Montesquieu denominava «o espírito geral» da nação. Esse carnaval de vanguarda, também, apesar de seu sucesso na imprensa, foi episódico e localizado. A partir de 1981, segundo o mecanismo descrito por Daniel Bell, mas dessa vez amplificado por sua adoção estatal, os *patterns* experimentados em Nancy tornam-se os modelos do grande consumo nacional, do qual um ministério em plena expansão faz-se promotor. Os novos «estilos de vida» inventados por uma nova boemia, tendo, como duplo álibi, a arte do teatro e a contestação política, tornam-se estereótipos nacionais que o serviço público propõe-se a expandir a grande custa e estardalhaço. Para que ninguém ignore, essa transfusão do Festival de Nancy no Estado cultural renascente encontra sua sanção jurídica. Ao decreto fundador redigido por André Malraux, o novo ministro faz suceder outro decreto, redigido por Jacques Sallois, seu chefe de gabinete. A «democratização das obras-primas da humanidade», juridicamente nula porque politicamente vencida, é substituída por uma prescrição, em opaco burocratês, da criatividade «em todos os sentidos», ensaiada no Festival Mundial:

> O ministério encarregado da cultura tem por missão: permitir que todos os franceses cultivem sua capacidade de inventar e de criar, de exprimir livremente seus talentos e receber a formação artística de sua escolha; preservar o patrimônio cultural nacional, regional, ou de diversos grupos sociais, para o proveito comum da coletividade inteira; favorecer a criação das obras de arte e do espírito e dar-lhes o mais vasto público; contribuir para a difusão da cultura e da arte francesas no diálogo livre das culturas do mundo (Decreto n. 82-394, de 10 de maio de 1982, assinado por Pierre Mauroy e Jack Lang).

Esse estado de ligeira embriaguez «cultural» em que os nancienses tinham sido os primeiros iniciados adquire, agora, força de lei, para todo o território francês. Ele fará com que se esqueça que a França, antes de adotar estereótipos sociais e morais inventados no Greenwich Village, antes de vestir *jeans* e de ficar surda e muda por dançar na torrente sonora *rock*, tinha sido capaz de vestir-se segundo seu gosto próprio e de cantar entendendo e sentindo as letras de suas próprias músicas. Ele fará com que também se esqueça que a França das artes era rica em tradições de ofício e que, além disso, tinha de ver-se com tarefas infinitamente mais urgentes do que uma Seguridade Social das diversões importadas. Enumeremos algumas dessas tarefas: a boa saúde de sua língua e de sua educação; sua capacidade de integrar, na nação, seus cidadãos imigrantes; a salubridade moral e a aprovação social de suas cidades; e a preservação de seu ambiente natural e de suas paisagens. A única desculpa para essa extraordinária «viagem» organizada pelo Estado em detrimento da substância nacional era, suprema ironia, a admiração estupefata que ele suscitava na maioria dos adversários políticos de Jack Lang, bem como a emulação respeitosa que os faz, desajeitadamente, tentar ir além do modelo desse inimitável pilar do patrimônio francês.

Sem dúvida, era essa conversa fiada que ouviam os curiosos de Veneza, em 1791, no afresco do *Mondo Nuovo*, de Giandomenico Tiepolo.

A cultura, palavra-valise, palavra-tela

Na acepção atual, inchada, que lhe dá o decreto de 10 de maio de 1982, a palavra «cultura» faz parte desse vocabulário estranho, inquietante, invasivo, que introduziu uma espécie de função devoradora em nossa língua, e cuja bulimia semântica é inesgotável. Em um grau de voracidade um pouco menor, a palavra «intelectual» pertence a essa mesma família de mutantes da linguagem. A partir do momento em que adotamos esse vocábulo, ficamos indefesos contra os equívocos e os amálgamas mais confusos para o pensamento. Uma deriva vertiginosa começa, e o fascínio pelo mal infinito faz-se sentir sem contenção. Palavra científica, que o uso jornalístico fez entrar na língua corrente, «intelectual» pode designar, no mesmo ato, Platão e Coluche, são Tomás de Aquino e Yves Montand, Einstein e Françoise Giroud, Michelangelo e Eve Ruggieri. Sua geometria variável permite-lhe englobar, em cinco sílabas, filósofos e poetas, clérigos medievais e humanistas do Renascimento, escritores e artistas, professores e *marchands* de quadros, editores e publicitários, cantores e atores, editorialistas e estilistas. Essa variada multidão é tão numerosa que Régis Debray, mais exigente quanto à atualidade do que muitos eruditos quanto ao passado (são qualificados como intelectuais, nas obras mais valorizadas, os escribas do Egito Antigo e os teólogos da Sorbonne medieval), distinguiu entre Alta e Baixa *Intelligentsia*: a inflação dos abaixo-assinados, que, à moda comunista, distinguiu os «intelectuais» desde os anos 1930, atingiu montantes tamanhos de assinaturas que, de fato, foi necessária, para conter esse progresso democrático, uma barreira de casta deveras arbitrária. Régis Debray, assim como Malraux quarenta anos antes, beneficiou-se, em sua época, dos abaixo-assinados da AI (ou, como se diz, da ASP). Mas essa mesma elite, que ele, em seguida, tentou circunscrever, conheceu sua Noite de 4 de Agosto no dia em que vários de seus membros fizeram um abaixo-assinado a favor da candidatura de Coluche à Presidência (19 de novembro de 1980).

Como se vê, o parentesco entre «intelectual» e «cultura» é muito próximo. A «Cultura», também, assim como o marxismo de Roger Garaudy, é «sem margens». Trata-se do tonel das danaides da inteligência. Assim como «intelectual», «cultura» só se valeu de toda a extensão de sua elasticidade, em francês, com uma ampliação crescente desde 1945. Agora, com Jack Lang, ela atingiu uma espécie de plenitude consumidora: desde 1981, fala-se de «todo cultural», que engloba tanto a indústria de calçados (objeto de um ecomuseu em Roma) como os negócio da Bolsa e os mercados de ferro-velho. Nessa acepção enciclopédica, «cultura», no entanto, não é uma palavra francesa. É um germanismo atravessado por um anglicismo. Em alemão, termo nobre, termo de peso, *Kultur* designou, desde o século XVIII, as manifestações de todas as origens da língua nacional e do gênio germânico. É provável que Renan, com muita imprudência, e em sua fase de admiração pela ciência alemã, tenha autorizado seu uso em francês. Porém ele nunca o emprega sozinho. Escreve, por exemplo: «O liberalismo nobre não propõe a igualdade das classes, mas a cultura e a elevação da natureza humana em geral». Sabemos com que profundidade, sentindo o perigo, ele contrapôs, ao conceito do Estado mecenas de uma *Kultur* autóctone, uma ideia da nação francesa, caucionada na «natureza humana em geral» e na jurisprudência histórica apropriada.[1] As precauções de Renan tornaram-se inúteis. Hoje, «cultura», em francês, encontrou o sentido ciosamente nacional e identitário da *Kultur* prussiana, sem preservar a exigência de profundidade romântica e científica que a tornara objeto da admiração de um Renan.

Ao mesmo tempo, «cultura» adotou, em francês, o sentido plural que a etnologia e a antropologia anglo-saxãs emprestaram a essa palavra, e que a sociologia estendeu ao estudo das sociedades europeias e contemporâneas. Trata-se do conjunto dos «artifícios» (eles vão da linguagem aos instrumentos, dos usos aos gestos, dos costumes aos ritos) pelos quais uma sociedade humana se constrói e se mantém contra a «natureza» hostil. Esses conjuntos podem ser radicalmente diferentes de uma sociedade para outra e, hoje, de um subgrupo social para todos os outros. A objetividade científica e a recusa de referir-se a uma «natureza humana» na qual Renan acreditava (o que lhe fazia colocar Atenas, intérprete perfeita dessa «natureza», na posição de modelo universal) levaram, portanto, mesmo na linguagem científica, a palavra «cultura» a tornar-se um enorme conglomerado composto de «culturas», em que todas estão em pé de igualdade umas com as outras.

---

[1] É o caso de citar Renan (Qu'est-ce qu'une nation?, 1882): «Uma nação é uma alma, um princípio espiritual». Essa é a resposta (à qual Herder teria podido aderir) francesa, mas também profundamente romântica, à perversão nacionalista e já racista que, sob a influência de Bismarck, identificava, desde então, a nação germânica aos interesses e ao maquiavelismo do II Reich. Para Renan, esse «princípio espiritual» é, com toda a evidência, a fonte de sua cultura, isto é, da «elevação» nela da «natureza humana»; e esse «princípio espiritual» é superior a seus braços seculares sucessivos, o Estado. Ela é livre: «Uma nação», escreve ele, «é, portanto, uma grande solidariedade, constituída pelo sentimento dos sacrifícios que foram feitos e daqueles que ainda se tem a disposição de fazer. Ela supõe um passado; ela resume-se, no entanto, no presente, por um fato intangível: o consentimento, o desejo claramente exprimido de continuar a vida comum.»

A democracia das «culturas» na história e na geografia humana precedeu, em seu igualitarismo, aquela que hoje prevalece na designação dos fenômenos sociais contemporâneos: é igualmente adequado falar de «cultura *rock*» e de «cultura jovem», de «cultura partidária» e «cultura empresarial», de «cultura artística» e «cultura científica e técnica», sem que o denominador comum de todas essas fórmulas seja apreensível. Não apenas o aparentamento renaniano entre «cultura» e «natureza humana» foi esquecido, como até a antítese etnológica entre «natureza» hostil e «cultura» de invenção humana foi inteiramente perdida de vista. E, no entanto, essas expressões vagas (particularmente estranhas quando se começa a falar de «cultura científica», mistura de Jules Verne com Einstein, que deveria deixar inquieto todo verdadeiro cientista) têm pressupostos comuns, e um imaginário ainda semelhante.

A *Kultur* alemã, que o romantismo tinha associado ao gênio da língua e do povo germânicos, era científica e poética. Era algo totalmente distinto da *Kultur* do *Kulturkampf*, de Bismarck, espectro convocado e manipulado pelo Estado prussiano, antes de sê-lo pelo Estado nazista. Porém a *Kultur* contrapunha-se à «Civilização», como um movimento interiorizado e centrípeto a um movimento extrovertido e centrífugo. A civilização era a França das Luzes. Contagiosa e cosmopolita, aristocrática e liberal, sociável e jovial, hospitaleira a todos, porque desprovida de raízes misteriosas e de deuses autóctones, ela tecia com boas maneiras, com bom humor, com a conversa enciclopédica ou picante, uma arte de estar bem juntos. Porém cultura ciosa e civilização generosa tinham em comum, ao menos, serem «unificantes», uma pelo apelo a um inconsciente genial, mas comum a toda uma raça, a outra pela referência a uma natureza humana dotada de razão, da qual decorriam as regras comuns da sociabilidade em todos os climas e entre os temperamentos mais diversos. Cultura, no sentido reconhecido oficialmente hoje na França, é uma ideia sociológica e etnológica que conserva algo da *Kultur* à alemã e nada da civilização à francesa. Da *Kultur*, assim como da «cultura» anglo-saxã, resta a capacidade de não conseguir nada por querer ficar com tudo.

Ela esforça-se em apreender uma ordem de coisas vaga, geral, coletiva, uma bruma impessoal de «mentalidades» ou de «prática» que esconde os contornos, apaga os rostos e reduz tudo ao mesmo nível. As ciências sociais dotaram essa noção de uma legitimidade intelectual e de instrumentos de análise cifrados. Cientificamente, quanto à cultura, debateram-se a tese funcionalista e a tese estruturalista, o método behaviorista e o método fenomenológico. A linguagem político-administrativa não é tão meticulosa. Ela contenta-se em assumir, sem escrúpulos, a geometria variável e cômoda do termo. O Ministério da Cultura pode, assim, ser, ao mesmo tempo, um instrumento de defesa da cultura francesa e uma estrutura de apoio à multiplicidade das culturas de clã ou de camarilha. No começo, tratava-se de «democratizar as obras-primas», e o Ministério dos Assuntos Culturais de Malraux, apesar do plural, guardava a ideia de um patrimônio comum, francês e universal, a ser compartilhado. Agora, a palavra está no singular, o ministério dirige-se a cada faixa etária, a cada profissão, grupo social, «comunidade» ou meio que têm, todos, sua cultura. O Estado cultural, ao mesmo tempo que se quer nacional, quer-se também tudo a todos, plural, cegonha e até camaleão, segundo o fluxo e o refluxo das modas e das gerações.

Palavra-tela, palavra opaca, a palavra «cultura» convém admiravelmente a uma arte de governar que amalgama dirigismo e clientelismo, transcendência nacional e imanência sociológica. Ela é feita justamente para designar grandes conjuntos fluidos, fenômenos coletivos que uma burocracia, ela própria tentacular, esforça-se para «definir», para «cobrir» e diferenciar por meio de estatísticas e de recensões. Assim, ela mantém-se em uma relação oculta, mas de intensa emulação, com as técnicas de análise de mercado praticadas pelo grande comércio e pela publicidade: é a mesma preocupação em formular «demandas» ainda obscuras, desejos incipientes, a mesma busca por «perfis» e «comportamentos», a mesma divisão do público em «setores», segundo diversos parâmetros. Os técnicos da análise de mercado, cínicos e irônicos, tentam satisfazer a demanda, qualquer que seja, e, com frequência, a demanda dos que encomendam essa análise (que são «seus» clientes), e não a dos consumidores, que a «mão invisível» revelada por Adam Smith acabará satisfazendo de qualquer jeito. A «sociologia cultural» faz isso também, mas para os clientes políticos, mais sequiosos de manipular a opinião do que de obedecê-la, para servi-la ainda mais.

A singularidade francesa faz com que essa palavra-proteu, saída do laboratório de etnologia ou de sociologia, seja também um programa de governo, um programa de ordem nacional. Ela é carregada de vontade. De substantivo, passa a ser adjetivo na expressão «ação cultural». A política consiste em escolher. Escolher a Cultura significa administrá-la como um sociólogo, regular um mercado de «mentalidades», pautando-se por ele. Porém isso também equivale a afastar as disciplinas de que a liberdade de espírito dispõe, a começar por aquela que consiste em tomar distância da atualidade, do ambiente, da opinião, do peso do número, dos hábitos e das modas, para determinar onde está o bem comum a longo prazo. A escolha da Cultura, que compensa no curto prazo e nos períodos relativamente pacíficos, é cegante para aqueles mesmos que a fizeram. Era assim que Platão julgava a escolha dos tiranos.

Já notamos a importância e a frequência, no vocabulário da nova língua cultural de Estado, da palavra «criação». Parece que a palavra «organização» entrou em nossa língua com a administração napoleônica. «Criação» e «criador» começaram, muito mais cedo, a passar do linguajar teológico ao linguajar da crítica de arte. Traduções cristãs imperfeitas da palavra grega *poiésis* designam, por metáfora, a atividade do poeta e do artista que, à imagem de Deus, são capazes de «criar» formas e de rematar as sugestões visíveis da Natureza. Falamos, nesse sentido, em imaginação «criadora». Mas é claro que somente a «morte de Deus» pôde dar a esse vocabulário de origem teológica o sentido de uma criação *ex nihilo* [«a partir do nada»], que faz, do artista, não a imagem de Deus, nem um colaborador da Natureza, mas um Deus integral, e, de suas obras, «mundos» oraculares surgidos apenas de sua faculdade criadora, sem ter relação nenhuma, muito menos de imitação, com o mundo natural, o cadáver de um Deus morto. A religião moderna da Arte tende a sacralizar o artista e a obra de arte como um operador e uma operação gnósticos, que desafiam a ordem absurda do universo, dejeto ou erro de seu Criador. Há muito dessa gnose na ideia que Malraux tem das obras-primas da arte. E é bastante evidente que, para projetar essa ideia no passado, e nas obras de artistas crentes, é preciso adaptá-las às obras «modernas», que podem fazer as vezes de autênticos desafios gnósticos. Digo «fazer as vezes», pois, olhando um pouco mais de perto, muito poucos artistas modernos «e franceses» — nem Braque, nem Picasso, nem Matisse — respondem, absolutamente, a essa exigência de sombria revolta metafísica que, para Malraux, era a condição para ser «moderno», e que ele, em seguida, projetava nas obras-primas da arte religiosa do passado.

Porém «criação» e «criar» pertencem, também, como não notamos suficientemente, à língua administrativa francesa. Uma direção ministerial é «criada», um ministério é «criado», cargos são «criados». Por extensão, um monumento, uma nova cidade são «criados» por decisão administrativa. Esse linguajar permanece inocente na medida em que a administração, em seu jargão, utiliza-o por comodismo. Ele é menos inocente quando os políticos e os altos funcionários, em princípio submetidos ao controle do Parlamento e do sufrágio universal, ficam recorrendo a ele. Somente o príncipe maquiavélico «cria», porque ele é o único deus na terra, sob um céu baixo e pesado. A palavra deveria ser banida do linguajar oficial em uma democracia liberal. Porém vemos a que amálgama ela leva, quando os príncipes começam a querer dirigir as artes e as letras, sob o pretexto de democratizá-las e de dinamizar a «criação». Essa palavra permite a lisonjeira ilusão de que a atividade administrativa e política aplicada às artes é, em si mesma, uma genialidade artística. «Criar» uma «Direção das Artes Plásticas», um «Fundo de Apoio», um «Centro», um «Espaço», um «Festival», um «evento», todos manifestações de um poder e de uma imaginação criadora que fazem empalidecer os dos artistas e que, no limite, podem perfeitamente ocupar seu lugar. Da «criação» gnóstica à vontade de poder maquiavélica, é só um passo, que os príncipes modernos dão alegremente.

Claro que, para esses políticos e tecnocratas que se julgam artistas, criadores, a renúncia do verdadeiro artista é tão alheia como a bonomia da natureza humana em geral, a que a democracia liberal tem o desígnio de servir. A renúncia do poeta, a índole e a bonomia da média humana, em relação, uma e outra, com bem e mal, com justiça e injustiça, com infelicidade e felicidade, com verdadeiro e falso, com belo e feio, com alto e baixo, são, para o Príncipe cultural, massa de modelar. Abstrata e estéril, a Cultura da política cultural é a máscara insinuante do poder, e o espelho no qual ele quer tirar prazer de si. É impossível ser, ao mesmo tempo, Narciso, Nero e o Jesus da multiplicação dos pães.

A cultura na França tornou-se, portanto, o nome da religião de Estado, a mais estrangeira aos anseios de Rousseau: ardilosa, hedonista, convidando a uma frivolidade fingida. A palavra ficou carregada de um sentido voluntarista e missionário que a transforma em projeto, em *slogan* e, até mesmo, em catecismo. Esse catecismo não é desprovido de antecedentes. Gambetta e Juliette Adam tinham forjado a expressão «República ateniense» para definir aquilo que devia ser o espírito geral da III República, democracia elitista, alimentada pelos clássicos e pronta para a revanche contra a Esparta alemã.

O catecismo da nova Atenas francesa era a *Prière sur l'Acropole*, de Renan. Ela tinha um teor diferente das «Cifras para a Cultura». A Universidade de Jules Ferry daria, às melhores inteligências, os meios morais e intelectuais de guiar a França para a vitória, na nova guerra do Peloponeso que se anunciava. Hoje, a «Ação Cultural», o «Desenvolvimento Cultural» ocupam o lugar da *Prière sur l'Acropole*. Eles não passam mais pela educação, mas pela «animação» dos lazeres.

A metáfora original, ainda viva outrora no uso do termo, foi vigorosamente censurada: *cultura animi*, dizia Cícero, «cultura e elevação da natureza humana», dizia Renan; essa geórgica do espírito o faz crescer para o alto, aumenta sua capacidade de visão e de escolha, liberta-o de tudo aquilo que pesa e abaixa. Ao excluir da cultura a elevação do espírito, ao adotar como bandeira uma manipulação puramente sociológica, o Estado tornou-se o ventríloquo de movimentos intestinos. A literatura tinha suas obras-primas, seus grandes escritores; a filosofia, seus pensadores; a religião, seus doutores e seus santos; a ciência, seus descobridores: o Estado cultural não seria capaz de ter mais do que seus ministros, seus eventos, uma contabilidade de criadores e consumidores, uma soma de práticas e de seus «animadores».

Do Partido Cultural ao Ministério da Cultura

Em última análise, as origens do Estado cultural são bismarckianas. Porém o exemplo do maquiavelismo de Bismarck na política europeia só desdobrou todas as suas funestas consequências depois de 1914. Em 1917, o golpe de Estado de Lênin deu à Rússia um Bismarck marxista, e o Estado leninista também teve seu *Kulturkampf*, diante do qual o de Bismarck, retrospectivamente, parece um incidente modesto e efêmero. Mesmo assim, esquecidos das lições da história, inclusive recente, insensíveis às advertências de Nietzsche, que afirmavam ter lido, Malraux e a geração dos intelectuais da década de 1930 foram seduzidos pela função aparentemente eminente que a ditadura leninista atribuía à sua propriedade, a «cultura». O governo de Lênin incluía um Comissariado da Cultura, comandado por Lunatchárski, e suas numerosas Direções empregavam as esposas e as irmãs dos líderes bolcheviques: Krupskaya (Sra. Lênin), Buch-Bruevich (irmã de Lênin), Trotskaya (Sra. Trótski), Kameneva, Djezinskaya etc. No mesmo órgão, havia Lito (a Direção do Livro, encarregada, entre outros, da depuração das bibliotecas), Muzo (Direção da Música), Iso (Direção das Artes Plásticas), Teo (Direção do Teatro), Foto-Kino (Direção do Cinema e da Fotografia) e Chelikbez (Comissão Especial para a Erradicação do Analfabetismo). A propensão para substantivar as siglas permaneceu, de Moscou a Paris, um hábito das burocracias «culturais». Em 1982, Catherine Clément, saudando a nova era, escrevia: «Apresenta-se a questão da felicidade». Meio século antes, o comissário Lunatchárski declarava: «A conquista do poder seria um *nonsense* se não tornássemos os homens felizes».

Como torná-los felizes — isto é, dóceis? «O Comissariado», escrevia Lunatchárski, «não tem razão de ser se não serve à Cultura. A instrução, a ciência, a arte aparecem, então, não apenas como meios dentro do nosso movimento, mas também como seus fins.»

As excelentes qualidades de Lunatchárski (escritor, dramaturgo) valeram-lhe o favor dos meios elegantes no exterior. A academia de artistas de vanguarda e de escritores que ele reuniu primeiro no *Narkompros*[1] criou uma ilusão, e essa ilusão sobreviveu à dispersão desses escritores e artistas e à desgraça do comissário, em 1929. Para Malraux e para a esquerda ocidental, permaneceu a lenda de um Parnaso ultramoderno, trabalhando em concerto com um Estado ultramoderno, para ultramodernizar um povo inocente, mas aturdido pela religião e pelo Antigo Regime. A vanguarda estética dos poetas e artistas dos primeiros anos do *Narkompros* serviu de álibi para o terror de vanguarda de que foi, desde a origem, o instrumento: a depuração das bibliotecas antecedeu, de pouco, à dos poetas e artistas. Malevich e Maiakóvski serviram de precursores a Jdanov.

Não faltaram imitadores, e eles conheceram um grande favor no Ocidente, muitas vezes nos mesmos ambientes nos quais a III República, ou a República de Weimar, eram repugnantes: primeiro, a organização das diversões populares pelo fascismo, o *Dopolavori*; em seguida, com um método e festividades com outro grau de eficácia, a *Força pela alegria* nazista.

* * *

É nítido o contraste entre essas diversões dirigidas nos regimes totalitários europeus e o grande mercado de diversões

[1] Abreviadamente, Comissariado de Estado para a Cultura.

que fez dos Estados Unidos, depois da Grande Depressão e do *New Deal*, a metrópole mundial do *entertainment* democrático. A luta entre os dois tipos de regime, a democracia à moda americana e o Estado todo-poderoso à moda europeia, também colocava em jogo duas concepções de diversões de massa. A todos os sentidos da palavra «cultura» que enumeramos, é preciso agora acrescentar este, o menos visível e mais determinante: a economia política das diversões coletivas. Esta, depois que o nazismo foi exterminado, em 1945, tornou-se um dos componentes essenciais (junto com a política de defesa contra a UNIÃO SOVIÉTICA) da contenciosa aliança entre a França e os Estados Unidos. A indústria americana de diversões, admiravelmente equipada para responder aos sonhos e ao senso comum do imenso público federativo, amortizada financeiramente por seu mercado interno, encontra-se em uma posição muito competitiva no mercado mundial. Ela é o argumento mais irresistível de que dispõem os Estados Unidos, em seu projeto messiânico de conversão do mundo à democracia comercial, «o fim da História» pela eliminação das cicatrizes dos «Antigos Regimes».

A beleza, para Stendhal, era uma promessa de felicidade. Para os americanos, as diversões democráticas, sua variedade, sua renovação incessante, sua adaptabilidade a novos desejos e a novas modas são a felicidade na terra, ou aquilo que mais se aproxima dela. A partir de 1946, uma primeira discussão revela aos franceses, ao mesmo tempo, a força de sedução e o perigo dessa «força de ataque» do *entertainment*. São assinados acordos entre Léon Blum, presidente do governo francês, e James F. Byrnes, secretário de Estado americano, em 28 de maio de 1946. Em troca de um empréstimo importante, os Estados Unidos obtinham a ab-rogação de todas as restrições aduaneiras. Entre outros, o governo francês comprometia-se a não limitar, de maneira nenhuma, a importação de filmes americanos. Uma cota de tela reservava, ao filme francês, quatro semanas, em dezesseis, nas salas nacionais. Dois mil títulos de filmes, produzidos em Hollywood durante a guerra, esperavam ser exibidos, amortizados desde muito tempo. A esses, somava-se uma produção anual corrente de quatrocentos filmes. O *dumping* americano, sustentado pelo favor e pela curiosidade de um público francês «privado» havia seis anos, teve um efeito de um *Blitzkrieg*: em 1947, a partir do primeiro semestre, 388 filmes americanos eram projetados nas telas francesas. O público adorava, e os donos das salas esfregavam as mãos. A produção francesa acusou o golpe: 119 filmes em 1946, 78 em 1947. Um Comitê de Defesa do Cinema Francês apelou à opinião pública com manifestações, com petições, com a mobilização de espectadores nas salas. Léon Blum levou a fúria dos profissionais ao cúmulo, ao declarar a seus representantes: «Admito que, se tivesse sido necessário, no interesse maior da França, sacrificar a corporação cinematográfica francesa, eu teria feito isso...». A revisão dos acordos Blum-Byrnes, em 1948, reparou os primeiros danos. Porém, sobretudo nos anos seguintes, um Fundo de Desenvolvimento da Indústria Cinematográfica, alimentado por uma engenhosa fórmula de tributos sobre as entradas, organizou o apoio financeiro do Estado a uma arte que, apenas por suas forças, já não se sentia capaz de resistir à formidável concorrência americana.

Esse caso, de final feliz, teve consequências imensas. A primeira foi concentrar a atenção dos poderes públicos, escaldados, naquilo que ainda não era chamado de mídia e, menos ainda, de cultura, como o terreno por excelência da rivalidade comercial e do «conflito de civilização» entre França e os Estados Unidos. A defesa do cinema e, mais geralmente, a defesa das indústrias francesas de diversões, da maneira como fora iniciada, à quente, ao longo dessa crise, dispensaram uma reflexão de fundo sobre as artes populares em uma democracia comercial. Foi fácil convencer-se de que o protecionismo do Estado e engenhosas montagens financeiras bastariam para «sustentar» o cinema francês contra seu rival americano. Esqueceu-se de que esse cinema americano, que agradava a todos os públicos e que, então, gozava da justificada preferência mundial, devia muito, para não dizer demais, aos produtores, aos encenadores, aos ofícios teatrais vindos da Europa. Seu segredo estava menos na pujança econômica dos Estados Unidos do que na inteligência propriamente poética da força permanente do drama que ele foi capaz de encontrar, e em seu sentimento já avisado a respeito dos lugares--comuns clássicos da sensibilidade humana. Hollywood soube, por muito tempo, conjugar a eficiência moderna com o ofício tradicional do romance e do teatro europeus. O cinema francês, que desde Feuillade ia tão bem, tinha contribuído indiretamente, assim como o cinema alemão e o italiano, para essa síntese, cujo segredo só foi perdido há pouco tempo pelos americanos. O efeito perverso do protecionismo de Estado sobre o cinema francês fez com que ele o perdesse muito antes. Um sistema de comissões submeteu efetivamente roteiros e projetos ao gosto das camarilhas, convencidas de que o cinema, assim como a literatura de «vanguarda», tem de guerrear contra as «ideias prontas», ou, em outros termos, contra a dramaturgia clássica, contra os mitos que comovem todos os públicos; isso era guerrear contra nós mesmos, contra aquilo que constitui o sabor e o vigor universalmente reconhecidos em nossa literatura, de Molière a Balzac, de Voltaire a Hugo, de Dumas pai a Gaston Léroux. François Truffaut, artista que meditava sobre seu ofício, chegou a descobrir o segredo muito simples e muito seguro do bom cinema e da boa literatura. Podemos resumi-lo com o verso de Chénier: «Sobre pensamentos novos, façamos versos antigos».[2]

2   Remeto ao belo diálogo *Hitchcock-Truffaut* (Paris: Ramsay, 1983) [ed. bras.: Hitchcock-Truffaut: entrevistas. Trad. Rosa Freire D'Aguiar. São Paulo: companhia das Letras, 2004], verdadeira Arte Poética, no sentido mais clássico, de um cinema ao mesmo tempo apreciável pelos «entendidos» e delicioso para o «povo».

Congratulemo-nos porque o vinho francês, um dos raros «valores» intactos deste país, e cujo sucesso universal nunca deixou de existir, não foi subvencionado pelo Estado, nem constrangido pelo gênio das camarilhas culturais a produzir, enfim, vinhos de vanguarda. A cozinha, infelizmente, não se defendeu tão bem.

***

As vaias suscitadas pelos acordos Blum-Byrnes, hoje perfeitamente esquecidas, criaram o clima favorável, a longo prazo, para um quartel-general do protecionismo das artes francesas em perigo: o Ministério dos Assuntos Culturais. Não é certo que essa sensibilidade protetiva tenha estimulado a invenção, nem nutrido a vitalidade e a inteligência dessas artes. É, aliás, provável que ela tenha incentivado uma mentalidade de dependentes e de crianças mimadas e organizado a celebração efêmera de experiências irresponsáveis, protegidas, afinal, da sanção do mercado: nessa ordem de ideias, está também a da emoção e a do prazer. Porém o gênio burocrático, uma vez lançado nas artes, refere-se fatalmente às preferências das camarilhas; nada o assusta mais do que o grande talento que é unânime entre os «entendidos» e o «povo», para o rancor dos «semientendidos».

Quando o Ministério da Cultura nascer, ele será movido cada vez mais por uma guerrilha de fachada contra os Estados Unidos, no «campo de batalha» das artes e, principalmente, do cinema. Os resultados desse estado-maior, por trás de sua impressionante Linha Maginot «cultural», são, no mínimo, decepcionantes. Enfraquecendo-se o princípio de vitalidade e invenção — a liberdade —, prevaleceu a imitação dos Estados Unidos de «vanguarda», de suas modas, de seus clichês considerados «modernos», sobretudo entre os mais ruidosos detratores do capitalismo e do imperialismo, em detrimento da desejável emulação daquilo que as artes populares americanas podem ter de parentesco com as mais tradicionais dentre as nossas. Por trás da exibição do álibi de uma «resistência cultural aos Estados Unidos», combateram-se os Estados Unidos democráticos, ao mesmo tempo que se ficava sem fôlego diante dos Estados Unidos «modernos», que, na verdade, escondiam ou estragavam a naturalidade democrática e a tradição que lhes são próprias. O «incentivo à cultura» não se contentou em patrocinar os Estados Unidos de último tipo ao mesmo tempo que se proclamava contra os Estados Unidos «conquistadores»: esse sistema dispensou-nos de encontrar, para nossos métodos educacionais, para o diálogo que se impõe com nosso passado, os recursos da felicidade: o recurso de sermos, simplesmente, nós mesmos.

***

A partir de 1946, acostumamo-nos, na França, a enxergar o «americanismo» como um todo cujo perigo o discurso oficial, repetido pelo aparelho comunista com maior ou menor virulência, empenhava-se em denunciar. Ora, o Partido Comunista Francês, partido de governo até o ministério Ramadier, em 1947, conquistou, no país inteiro, um crescimento enorme, que sua política cultural tornava ainda mais contagiosa. Ele pretendia valer-se da força ascendente da UNIÃO SOVIÉTICA, cujos sucessos na «democratização das obras de arte» não eram, então, objeto da menor dúvida na França; ele invocava uma fé generosa na libertação dos homens de toda alienação, e essa fé apresentava-se como herdeira natural do Iluminismo, do Renascimento e até de Lucrécio e da ciência antiga, fontes do jovem Marx. Maurice Thorez e Aragon associavam, a essa tradição de humanismo, Descartes e Chrétien de Troyes. A revolução tinha como estandarte uma espécie de catolicismo francês da cultura. Assim, ela ficava mais apetecível e familiar aos professores de escolas e de faculdades, aos funcionários públicos, aliás, gratos a Maurice Thorez pelo *Estatuto do cargo público*, que lhe deviam. A estratégia de *Defesa da cultura*, que tinha sido tão bem-sucedida no Komintern nos anos 1930, por reunir os «grandes intelectuais», entre os quais André Malraux, foi então retomada em escala nacional para alinhar, com o Partido, militantes e simpatizantes na Educação Nacional e nas profissões liberais. O Partido Comunista apresentou-se, não sem sucesso, até 1968, como o Partido da Cultura, capaz de organizar a proteção da França contra a burguesia, o capitalismo, o imperialismo e os Estados Unidos. Em seu Comitê Central, ou em torno dele, Aragon e Éluard, Picasso e Léger, Pignon e Lurçat, Paul Langevin e Frédéric Joliot-Curie compunham uma espécie de Parnaso francês do comunismo. Antes da guerra, Mauriac podia dizer aos jovens ambiciosos: vejam Nizan, vejam Brasillach; para ter sucesso, vocês podem escolher entre o Partido Comunista e a Action Française. Depois da guerra, o Partido Comunista era o único caminho seguro. O alinhamento dos jovens das Écoles acrescentava às glórias consagradas a aura do futuro, e os talentos afluíram para esse partido político que também se queria uma Igreja da Cultura. As associações satélites, o *Movimento da Paz*, *Trabalho e Cultura*, *Povo e Cultura*, ampliavam ainda mais os alicerces sociais e a clientela do ativismo cultural do Partido. Revistas, como *Europe*, de Pierre Abraham, e semanários como *Les Lettres françaises*, de Aragon, eram lidos por um público que não comprava *L'Humanité*. Cineclubes projetavam fervorosamente filmes de Dovjenko e de Eisenstein e as produções mais recentes da propaganda stalinista. As Maisons de la Pensée Française [Casas do Pensamento Francês] organizavam colóquios e conferências, recitais e concertos, reuniões e apresentações teatrais. Foi esquecida a amplitude dessa organização, verdadeiro Ministério da Cultura de oposição ao Estado burguês, que, até agora, não tem nem historiador, nem estatístico. O que aconteceu com os «animadores culturais» *avant la lettre* e com o público formados entre 1945 e 1960 nessa rede nacional? Será exagerado sugerir que, segundo o modelo dos vasos comunicantes, essa militância cultural do Partido Comunista Francês foi, pouco a pouco, transmitida para as «estruturas» e para a clientela da Descentralização Teatral dos anos 1950 e, sobretudo, depois de 1959, dos Assuntos Culturais?

    A sede de «cultura» entre os militantes comunistas e progressistas era ainda mais viva na medida em que festas, espetáculos, exposições, concertos e até os grandes eventos anuais no Vél d'Hiv, organizados pelo Partido em suas dependências, eram o repouso do guerreiro para o estudante colador de cartazes, para o professor mobilizado para vender *L'Humanité* e para o médico secretário de uma seção de bairro de uma dessas organizações. A imprensa cultural, a literatura e as artes progressistas eram um verdadeiro relaxamento para quem estava cotidianamente embebido na *langue de bois* propriamente política do Partido e de seus afiliados. Por mais controlada desde cima e censurada que fosse, a «cultura» comunista e comunistizante era, apesar de tudo, como que o patrocínio, na vida rotineira, das paróquias católicas, um raio de sol nas vidas ansiosas, devotas, fatigadas de tarefas e enfiadas na meia-luz carcerária da ideologia e dos *slogans*. Os mais dotados, os mais animados entre os jovens militantes buscavam, muito naturalmente, uma escapatória do cinza da ortodoxia na Ação Cultural do progressismo. De bom grado, eles passaram da esfera controlada pelo Partido àquela que o Estado «burguês» desenvolvia por conta própria, primeiro na Descentralização Teatral, depois nas Casas da Cultura; ali, em terreno inimigo e conquistado, eles sentiram-se mais progressistas do que nunca, mas menos controlados pela disciplina do Partido. De geração em geração, aliás, o Partido era obrigado a separar-se de seus jovens mais capazes, derrubados pelas ondas de repressão soviética sobre a Europa Oriental: Berlim, Budapeste, Varsóvia e Praga fizeram vocações para o aparato cultural do Estado. Os excluídos do Partido, ou decepcionados com ele, ficaram felizes por continuar a combater o bom combate em uma burocracia decerto «capitalista», mas menos incômoda do que a outra. Apesar dos problemas de consciência provocados pelo serviço público em um Estado burguês, o conforto relativo que ele lhes proporcionava ao tornar-se cultural era um auxílio inesperado contra a pura e dura disciplina militante. Uma das apologias que até agora não foram tentadas quanto ao Ministério dos Assuntos Culturais «criado» para Malraux poderia ser de ordem puramente política: ao acolher em sua clientela, em nome da Cultura, inimigos manifestos e, às vezes, tonitruantes do gaullismo, jovens militantes comunistas ou comunistizantes, o novo ministério favoreceu sua deriva secreta para longe do Partido e na direção do esquerdismo.

Se algum dia foi feito, esse cálculo voltou-se contra Malraux em 1968. Aliás, nada garante, como atesta o exemplo das universidades americanas, que o marxismo dissolva-se assim que os marxistas gozem de segurança e até mesmo de luxo. Pelo contrário. Ele nunca é tão útil, pois, na panóplia de álibis que uma existência aburguesada procura para si, ele é, sem dúvida, o mais intimidador para os outros e o mais confortável para si mesmo. O brechtismo, aliás, foi essa versão elegante do marxismo, que permitiu aos talentos vindos do Partido transportar seus hábitos mentais da célula operativa para aquilo que Raymonde Temkine, em 1967, oportunamente denominou «Operação Teatral», atada ao Estado e a suas subvenções. Inversamente, sendo toda burocracia estatal de natureza tirânica, fenômenos como Kremlin-Beaubourg, entre 1982 e 1989, ou hoje Kremlin-Bastille, mostram que o «Terror», no sentido adotado, ao mesmo tempo, por Jean Paulhan e François Furet, reconstitui-se no próprio seio de uma democracia liberal, na qual uma Cultura de Estado concentra-se e incrusta-se.

* * *

Em outubro de 1981, após uma calorosa temporada em Cuba, Jack Lang fez um discurso combativo, diante da Conferência

Mundial da Unesco sobre políticas culturais, ocorrida no México. «Cuba», brada ele, «é um país corajoso que constrói uma nova sociedade [...]. A cultura é, antes de tudo, isto: o reconhecimento de que cada povo pode escolher livremente seu regime político.» O corolário era evidente: para que os minúsculos Bismarcks leninistas do Terceiro Mundo tenham as mãos livres, é preciso denunciar a «ameaça» que faz pesar «um sistema de dominação financeira multinacional» sobre «a criação cultural e artística». Os Estados Unidos eram objeto de escárnio. O Partido Cultural francês manifestou sua satisfação. Na época, ele estava no governo.

Um pouco antes, naquele ano, o ministro, em pleno ardor militante, tinha lançado um anátema contra o Festival de Cinema Americano de Deauville. Esse Festival expõe aquilo que os Estados Unidos das diversões produzem de mais democrático, entra ano, sai ano: seus filmes. Jack Lang tinha sido — e talvez nunca tenha deixado de ser — organizador do Festival de Nancy, que tinha exposto aquilo que o *radical chic* nova-iorquino produzia de mais deletério para a democracia americana, sobre o fundo de *drag culture* e de «liberação sexual». O *Kulturkampf* — aliás efêmero — contra Hollywood era feito, na verdade, em nome do Greenwich Village e de Los Angeles. O ministério Lang, fiel às origens, subvenciona grupos de «*rock*» francês que macaqueiam grupos de «*rock*» americanos defuntos há muito tempo. Ele eleva muito a cultura do *rap* e a cultura *tag*, e uma de suas grandes ideias é organizar o «confronto» entre essas «culturas» e a dos Museus Nacionais. «Justaposição inesperada», diz-nos o *Bilan 1991* [Balanço de 1991] do ministério, «passarelas novas na história da arte e uma sensibilização original quanto ao universo dos museus para jovens desfavorecidos, que se traduzirão em várias exposições na primavera de 1991.»

O inimigo feroz do «imperialismo cultural» também sabe ser seu mais zeloso cortesão. Por ele, a França é convocada a tornar-se o espelho obsequioso e entusiasmado não dos

Estados Unidos democráticos, mas dos Estados Unidos à deriva e de seus sintomas mais desarticulados.

* * *

O marxismo e seus vários substitutos ou derivados têm o passado como principal adversário. O passado (aquilo que resiste ao passar do Tempo) é libertador e educador. Ele é o amigo que liberta da prisão da atualidade, em que as ideologias têm a «liberdade» de trancar à chave suas vítimas. Em um país como a França, é o diálogo com o passado que nos torna franceses e livres. Existem muitas maneiras de esvaziar o passado. Uma consiste em congelá-lo: foi disso que se ocupou o Partido Comunista, quando se pretendia herdeiro da França. Outra consiste em reduzi-lo à condição de apêndice da atualidade, uma espécie de zoológico ou de cantinho das crianças, um suplemento cultural no qual ele é tratado sem cerimônias. Os *taggers* nos Museus Nacionais são o típico exemplo disso. Para esses infelizes, é um insulto que eles sejam incentivados a uma «criatividade» que os estraga; é um insulto para o patrimônio artístico francês, tratado como contraponto frívolo de uma «experiência» imprudente. Os Estados Unidos têm o direito de reclamar que se dê uma importância exagerada a uma de suas verrugas. Marianne[3] tem, ainda, outra vez, ocasião para dar de ombros.

Ao conseguir dobrar, em 1981, a dotação de seu ministério, lançando o *slogan* «Economia e Cultura, mesmo combate», ao lançar o Estado no mercado das indústrias culturais (onde ele já se encontrava com o Centre du Cinéma), Jack Lang prosseguiu por outros meios, mais poderosos, a revolução começada

---

3   Marianne é uma figura simbólica da República francesa. Com a aparência de uma mulher com boné frígio vermelho, ela representa a República francesa e seus valores, contidos no lema: «Liberdade, Igualdade, Fraternidade». [N. E.]

em Nancy contra «a ordem e os valores estabelecidos». A americanização da França «burguesa» pela via dirigista e socialista passava por uma manipulação «cultural» em grande escala, que tratava dos costumes, dos métodos de gestão e de publicidade, de uma comercialização geral, com uma condição: que os princípios políticos da democracia liberal à moda americana, ou muito simplesmente os da III República, permanecessem estrangeiros e antinacionais. As aparências e os subprodutos dos Estados Unidos, não seu conteúdo filosófico e cívico. Ora, as aparências dos Estados Unidos (a liberação sexual, o ressentimento social e racial, os «estilos de vida» alternativos, o igualitarismo, o hedonismo das diversões) são também exaltadas pelos *liberals* americanos, que, aliás, combateram o «anticomunismo primário» e tiveram fracos por todos os totalitarismos de esquerda. Esses Estados Unidos entenderam-se desde o começo com Jack Lang. Como Lang, esses Estados Unidos eram apaixonados pelas novas tecnologias, pelo *marketing*, pelo *show business*; eles tinham uma forte disposição para apreciar a metamorfose socialista da França burguesa. Na medida em que a ideologia da Cultura favoreceu uma modernização do *look* dos usos e costumes franceses, o ministério Lang foi menos o quartel-general da resistência ao *american way of life* do que seu fornecedor. A única resistência inteligente, ou ao menos cívica, era contrapor, aos Estados Unidos, aquilo que eles não têm e de que têm intensa nostalgia: o amor e o conhecimento de nosso passado, uma sociabilidade contagiosa, um sentido de medida e de conveniência que, pela memória, compensa as paixões modernas. A escola é o caminho real desse aprendizado do francês e do estar juntos francês, mas todo o tecido social, por suas reações sociais, faz-se sentir por si mesmo.

Em lugar disso, uma «vontade de cultura» oficial sugere, por numerosos sinais, que é preciso transformar a França na Disneylândia ou no Greenwich Village, a pretexto de torná-la competitiva com os Estados Unidos «modernos», onde, no entanto, a Disneylândia e o Greenwich Village têm apenas um lugar modesto. Por uma singular mudança de rota, o Estado cultural, cujo aparato ainda sumário fora originalmente construído segundo o modelo do Leste, pesado, didático e intimidador, assume as risonhas cores de um paquete de cruzeiro ao Caribe, pondo, a serviço do freguês e de suas diversões, as técnicas avançadas da comunicação social e da publicidade. O nome do paquete poderia ser *O Ilustre Gaudissart*.[4] Na falta dos Estados Unidos políticos, são prometidos os Estados Unidos «culturais», que nem sempre são os melhores.

* * *

Que deriva, desde André Malraux! Para o primeiro ministro dos Assuntos Culturais, em busca de uma «terceira via» entre stalinismo e americanismo, a Cultura deveria ser a religião laica da França, Estado-Igreja missionário. Cabia a seu profeta organizar, na França, um culto popular e contagioso das obras de arte da humanidade, e, primeiro, do patrimônio das obras-primas universais de que a França era herdeira. As Casas da Cultura deveriam ser as «catedrais do século XX». Os espetáculos *Son et Lumière* [Som e Luz], as peregrinações de verão a Avignon deveriam ser as sacralidades desse culto novo destinado a estender-se ao mundo inteiro. Era a época em que a Igreja da França começava, ela própria, sua «renovação litúrgica», emprestando do repertório do Teatro Nacional Popular uma «nova linha» de ornamentos sacerdotais, uma encenação e uma iluminação inéditas, para suas solenidades litúrgicas. Malraux queria

---

4 «*L'Illustre Gaudissart*». Narrativa de autoria de Honoré de Balzac, lançada em 1833 — posteriormente incorporada em «Musa do departamento», de *A Comédia Humana* (1843). Trata-se da caricatura de um caixeiro-viajante, Félix Gaudissart, materialista e com um único talento: a compra e a venda. [N. E.]

sacralizar a arte, a Igreja queria revigorar a fé por meio da Arte Sacra. Duas políticas culturais.

Porém a religião laica da arte como Arte sagrada na religião revelaram-se impotentes para conter, por mais do que alguns anos, e para um público logo disperso, os progressos das diversões mais apetecíveis, os mais pitorescos, sujeitos a modas caprichosas, e o fascínio da televisão. Essas duas sacralizações dos ícones eram, aliás, insólitas, em um país que nunca se identificara com sua pintura, mas sim com sua literatura, e que nunca tinha apreciado a mistura da religião e do teatro. Tudo isso acabou na superstição do livro de arte. Suas reproduções eram uma barreira muito fraca contra os meios de comunicação de massa. E as própriascerimônias, *Son et Lumière* ou *Étendards du Palais des Papes*[5] [Estandartes do Palácio dos Papas], no teatro do Estado, estolas fluorescentes no lugar de estolas bordadas, na missa, não entravam, ainda que, de maneira pedantesca, petrificada e rapidamente ultrapassada, no jogo do espetáculo passivo e da estética audiovisual? Malraux travou a Batalha de Azincourt[6] das diversões, e, em troca dessa derrota, não foram poupados nem a educação, nem o estudo, nem o bom humor, nem a devoção, em que os franceses tinham-se destacado.

Mais ainda, em 1968 Malraux foi ultrapassado por apologistas mais brutais da imagem e do barulho; eles inauguraram com fanfarras a chegada, na França, de lazeres sensoriais mais fáceis e do reino indiviso da televisão. O atual ministro é seu herdeiro. Inimiga declarada do americanismo, a Cultura de Estado valeu-se cada vez mais da rivalidade com o adversário

---

5   O palácio dos papas, em Avignon. [N. E.]

6   Cidade do norte da França. Durante a Guerra dos Cem Anos, entre Inglaterra e França, Azincourt foi palco de uma batalha decisiva entre os dois exércitos, da qual Henrique v da Inglaterra saiu vencedor, ainda que com um exército numericamente menor. [N. E.]

e da imitação de seus métodos. A fim de promover, no «mercado interno» de diversões, as artes e as instituições ancestrais de que estava encarregada, ela as mergulhou na atmosfera do turismo internacional e das feiras comerciais. O maior orgulho do atual governo é a Festa da Música, que faz, ao mesmo tempo, o papel de um Maio de 1968[7] orquestrado desde cima e de Fête de *l'Humanité*.[8] A intenção nominal é «desenvolver as práticas musicais» dos franceses. É difícil imaginar uma pedagogia mais estranha da harmonia e da melodia do que essa balbúrdia simultânea despejada ao mesmo tempo em cidades inteiras. Trata-se, na verdade, da justaposição, em público, de caixas de som de alta fidelidade e de microfones de *walkman*. Esse «acontecimento cultural», objeto de pesquisas, de reportagens e de estatísticas, é uma tautologia oficial da dispersão que a cidade moderna, devido ao ruído e ao som, é, na verdade, mais do que obrigada a impor a seus habitantes. O testamento de Michel Foucault intitula-se *O cuidado de si*. Trata-se de uma bela tradução do *cultura animi* de Cícero. Todo músico que tem «cuidado de si» e de sua arte abriga-se durante essa algazarra noturna, assim como todo leitor digno desse nome foge do festival literário *Fureur de lire*[9] [Furor de ler], e todo amigo dos

---

[7] Movimento político francês, caracterizado por greves gerais e ocupações estudantis. O movimento é visto como um dos emblemas da renovação cultural francesa e do crescimento da força da cultura jovem no país. [N. E.]

[8] Literalmente, «Festa da Humanidade», ou «Festa do *l'Humanité*». Trata-se de um evento político e musical organizado desde 1930 pelo jornal, de orientação à esquerda, *l'Humanité*. [N. E.]

[9] Não creio que seja inútil reproduzir integralmente o texto de Tocqueville de que já citei um fragmento: «A multidão crescente de leitores e a necessidade contínua que eles têm de novidades garantem as grandes vendas de um livro que eles não estimam. Em temas democráticos, o público muitas vezes age com os autores como costumam agir os reis com seus cortesãos; ele os enriquece e os despreza. O que mais falta às almas

quadros, da *Ruée sur l'art* [Corrida rumo à arte]. Esse estilo de «comunicação social», que convém à luta contra o tabagismo e a favor do uso de cinto de segurança, compromete e esvazia de sentido aquilo mesmo que pretende «difundir». O público da televisão mal chega a ser atingido. A facilidade passiva e confusa é dada como exemplo. Os Comícios Agrícolas de Flaubert[10] teriam sido o primeiro «evento» cultural que a França pré-cultural conheceu.

No entanto, está claro que os Comícios Agrícolas eram uma bobagem inocente e deixavam todo o espaço para que a bela Emma e o belo Rodolphe pudessem flertar com a mesma comodidade com que poderiam ter feito, em Paris, nos entreatos do Ambigu-Comique,[11] ou de frisa em frisa na Opéra. Os Comícios Urbanos da Cultura são tão desajeitados como seus ancestrais agrícolas, mas são mais bem organizados e têm fins que não são todos ocos, nem vaidosos. Além de as Festas Culturais de Estado serem argumentos de venda para o partido cultural no poder, muitas vezes acontece de elas assumirem um sentido diretamente político e entrarem na estratégia de intoxicação da opinião, que é um dos principais objetos do Ministério da Cultura.

Nesse gênero, o ápice foi atingido quando o ministério lançou todas as suas forças e recursos na realização de uma

---

venais que nascem nas cortes e que são dignas de viver nelas?» (Alexis de Tocqueville, *A democracia na América*, II, 15).

10 Festival agrícola com vistas ao divertimento e à troca de experiências e conhecimentos, organizado desde antes da Revolução Francesa. A referência a Flaubert é feita com base em um dos capítulos de seu romance *Madame Bovary*, no qual a protagonista, Emma Bovary, é cortejada, durante um Comício Agrícola, por Rodolphe, personagem que se tornará um de seus amantes. [N. E.]

11 O Théâtre de l'Ambigu-Comique, fundado em 1769, no Boulevard du Temple, em Paris. [N. E.]

grande festa de massas, mais do que semioficial, na Place de la Concorde, na noite de sábado para domingo, 15-16 de junho de 1985. Foi a festa *Touche pas à mon pote* [Não mexa com meu amigo] e da S.O.S. Racisme, associação hoje desacreditada, mas, na época, no apogeu das preferências e das subvenções, pois era muito útil para aquilo que se pode perfeitamente chamar de propaganda e de álibis do partido no poder. Anunciada com trombetas com muita antecedência, animada por grupos de *rock*, de *pop* e de *reggae* subvencionados pelo ministério, como os grupos Téléphone e Carte de Séjour, apresentada pelos saltimbancos que, na época, eram os favoritos de Jack Lang e de Jacques Attali, Coluche, Bedos e Boujenah, essa «noite em claro» reuniu 300 mil curiosos e turistas, entre os quais tomaram um banho de multidão os mais altos personagens do Estado. Um grande luxo audiovisual, entre dois solos de guitarra elétrica, permite à multidão ver mais de perto, nas telas, o ministro da Cultura e seus colegas do governo ou da Assembleia Nacional brilhando entre os «amigos». Em um «ponto de vista» publicado durante o evento em *Le Monde*, Marek Halter escrevia:

> «*Touche pas à mon pote*» é como que a tradução moderna do mandamento bíblico: «Amai o próximo como a ti mesmo» [...] «O fim do século XX será marcado pelo retorno do espiritual, ou o século XXI não será», dizia Malraux. Então o século XXI será. As centenas de milhares de jovens e de menos jovens que carregam a faixa «*Touche pas à mon pote*» anunciam esse retorno ao espiritual, a uma moral mínima, sem a qual os homens devorar-se-ão vivos. Segundo as pesquisas, 82% dos franceses conhecem a S.O.S. Racisme. Assim, esse movimento, nosso movimento, conseguiu tocar 82 pessoas em cada 100. Pouco importa se todas aderem ou não aderem a ele. Alegra saber que cada pessoa se sente envolvida (*Le Monde*, 18 de novembro de 1985).

Por ligeireza e por maquiavelismo, a Cultura oficial fez com que, naquele mesmo dia, o preceito evangélico do amor caísse ao nível de embalo de sábado à noite. Em 14 de julho de 1989, o desfile de Jean-Paul Goude na Champs-Elysées, protegido por um prodigioso desdobramento de forças policiais, será a suprema «exposição» do Festival de Nancy, agora Festival de Estado permanente. Isso não impedirá o mesmo ministro, em abril de 1991, passando de um extremo ao outro, de oferecer, a convidados políticos escolhidos a dedo, no pequeno e sublime teatro Luís xv, no castelo de Versalhes, uma noite tão luxuosa, mas mais secreta, do que as estreias da *Opéra Garnier* na época de Jacques Rouché, com *Apolo e Dafne*, de Händel, no programa. O empresário da *Fête des Potes*, o estrategista da democratização para todos os lados, também sabe, quando é preciso, fazer o papel de Luís II da Baviera. Onde está Richard Wagner? Enquanto o espera, o ministro da Cultura pede ao «desregramento de todos os sentidos», de Rimbaud, o princípio unificador de sua própria atividade «pluridisciplinar». Ele declarou ao *Globe*, um de seus jornais oficiais: «O Estado só pode acompanhar, ajudar, suscitar [a poesia segundo Rimbaud], como eu quis fazer ao desenvolver a política de apoio à escrita, as bolsas, os apoios para a publicação de livros». E acrescentou: «Quem, neste governo, não quis um dia 'mudar a vida'? E se, por acaso, alguns não leem Rimbaud, então vão ler, estou me encarregando disso. Enviei, a cada um, um poema soberbo, 'A eternidade', para iniciar essa grande cadeia poética que vai reunir centenas de milhares de leitores, daqui até o fim do ano».[12]

Nem o presidente das Galeries Lafayette ousaria fazer esse uso de feira comercial do poeta de *Iluminuras*. A história, segundo Karl Marx, repete-se, mas parodiando-se, da segunda vez.

---

12 Entrevista em *Globe*, n. 56, abr. 1991, com o título: «Alain Borer: Rimbaud vous démange? Jack Lang: Oui, et c'est ce que j'attends de lui» [«Alain Borer: Rimbaud lhe faz cócegas? Jack Lang: Sim e é isso que espero dele»].

Uma costela mal cortada

Da maneira como foi apressadamente ajustado em 1959, o Ministério dos Assuntos Cultuais («da Cultura» desde 1976) é feito de justaposições oficiais e de privações paradoxais. Ele reúne, sob uma mesma autoridade, antigos órgãos, muito anteriores ao decreto fundador, e outros novos, que devem a ele sua existência e suas chances de expansão. Dois tipos de finalidade, duas filosofias, dificilmente compatíveis, coexistem, portanto, sob o mesmo teto e sob o mesmo chefe. Os mais antigos guardam, de suas origens, uma vocação essencialmente patrimonial: eles se enraízam no século XIX e na III República, trazem a marca de seriedade e de reserva do serviço público dentro da tradição francesa. As Direções de Museus da França, de Arquivos e de Arquitetura tinham sido poupadas pela polêmica de Jeanne Laurent em *La République et les Beaux-Arts*, em 1955. Conservadores de Museus Nacionais, inspetores de Monumentos Históricos, arquivistas e arqueólogos são, de fato, especialistas com boa formação, recrutados com cuidado, à moda antiga, gozando, muitas vezes, de uma autoridade e de uma notoriedade internacionais dentro de uma discrição de boa estirpe. São inatacáveis. Conservar e aumentar judiciosamente o patrimônio nacional, restaurá-lo, classificá-lo, inventariá-lo e estudá-lo em colaboração com especialistas estrangeiros, eis aí tarefas nobres que deveriam bastar para absorver o saber e o talento do pessoal científico dessas Direções. Além disso, desde a década de 1930, exposições frequentes deixam o público culto internacional a par do progresso dos conhecimentos nas diversas disciplinas científicas, das quais o patrimônio artístico, arquitetônico e arquivístico é ou o objeto ou a fonte.

A partir da IV República, com o impulso de Jeanne Laurent, a Direção do Teatro separou-se do pelotão da Administração das Belas-Artes. Ela tinha iniciado o «elã» cultural, tinha feito sua teoria. Com a criação do Ministério dos Assuntos Culturais, as antigas Direções foram englobadas por um conjunto novo, cuja orientação, conforme à de Jeanne Laurent, foi também precisada por André Malraux: a democratização cultural. Pressentindo o perigo, Julien Cain, então diretor-geral das Bibliotecas e gozando de grande autoridade pessoal, recusou-se a entrar no novo sistema, o que foi sensato na hora e perigoso a longo prazo.

Sensato, porque Julien Cain desejava tirar a Biblioteca Nacional, da qual era também administrador-geral, dos caprichos do célebre ministro que ele temia para a grande Casa. Perigoso a longo prazo, pois isso significou, após sua partida, entregar a Biblioteca Nacional à sorte das outras instituições sob a tutela da Educação Nacional: o Museu de História Natural, o Museu de Artes e Ofícios e o Palácio da Descoberta, sacrificados a urgências mais imediatas. Na Cidade Produtivista, segundo a expressão de Bertrand de Jouvenel, a fidelidade, o respeito e a lentidão não compensam: toda imobilidade, mesmo e sobretudo contemplativa, equivale a ser deixado de lado, isso quando não é punida com o ostracismo. Um dos mais fortes argumentos que o Ministério da Cultura pode apresentar, mas que seus sicofantas não invocam, pois querem resguardar, para o maior número de pessoas, a ficção de uma «cultura desinteressada» e até contemplativa, é justamente a eficácia técnica que ele introduziu, junto com a vontade de poder e de ostentação, em uma administração tão tradicional quanto patrimonial. Seus Museus tornaram-se máquinas que funcionam bem, suas Festas são bem organizadas e têm sucesso, um ar moderno e competente espalhou-se por toda parte, quando a poeira e a preguiça, com as melhores tradições, tendiam a vencer. Por essa via, a nova administração adaptava-se mais ou menos ao espírito do tempo, utilitário, funcional e eficaz. Na França, ela se quis o motor por excelência do progresso.

Porém, quando se trata de cultura, isto é, no pleno sentido da palavra, de uma obra de amor e de conhecimento que, justamente, deveria contrabalançar os efeitos perversos do progresso e da eficiência a qualquer preço, não haverá uma antinomia entre essa administração invasiva e ativista e o fim ideal, que, apesar de tudo, ela reclama para si? Os sorrisos de comando dos tecnocratas modernos e dinâmicos escondem um luto. Se os contramestres da cultura vão sempre e cada vez mais no «mesmo sentido» que os contramestres em geral, se a própria cultura torna-se uma das engrenagens da Cidade Produtivista, onde pode estar sua vitória, onde pode estar sua fertilidade e seu apelo? Como veremos, a Biblioteca Nacional, um dos santuários do ócio estudioso mais fértil da França e do mundo, tornou-se o ponto mais sensível desse debate, que a ideologia cultural quer ignorar.

No entanto, apesar de sua migração de um ministério para outro, da Educação Nacional aos jovens Assuntos Culturais, as Direções tradicionais não foram inicialmente abaladas. Os Museus da França souberam acompanhar André Malraux com uma série de exposições prestigiosas, entre as quais a mais inesquecível foi a que o Louvre dedicou a Nicolas Poussin em 1960: ocasião de um verdadeiro conclave mundial dos historiadores da arte.

Foi também sob o ministério Malraux que foi concebida e realizada, por André Chastel, a empreitada de *L'Inventaire géneral des monuments et richesses artistiques de la France* [O inventário geral dos monumentos e riquezas artísticas da França], que se tornou, depois, uma subdireção do Patrimônio, com filiais em todas as regiões de nosso país. Ela poderia, então, tornar-se o esboço de uma extensão da ideia tradicional de Patrimônio às cidadezinhas e às paisagens. André Malraux entregou-se com mais vontade a lances sensacionais, como o envio da *Mona Lisa* a Washington, da *Vênus de Milo* a Tóquio, que fizeram os conservadores do Louvre suar frio. Ele mandou embranquecer, em condições um pouco apressadas demais, os monumentos públicos de Paris, o que não encantou muito os especialistas de sua administração. Isso não foi mais longe. O grande pensamento do reino, as Casas da Cultura, foi realizado lateralmente, por uma Direção do Teatro e da Ação Cultural que enxertou suas Casas nos Centros Dramáticos criados dez anos antes por Jeanne Laurent, naquele espírito «pioneiro» que tinha encontrado resistências tão fortes no âmbito tradicional das Belas-Artes. A difícil coabitação entre, de um lado, conservadores, arquivistas e arqueólogos e, de outro, militantes da Cultura deu lugar apenas a enfrentamentos silenciosos, minúsculas revoluções palacianas (cuja história aguarda ser escrita), mas a nenhuma osmose. Pouco a pouco, as Casas da Cultura, com o desaparecimento de seu inspirador, entraram, de crise em crise, no declínio ou no descrédito. Porém os perigos dessa aliança só apareceram verdadeiramente depois de 1981, quando o socialismo no poder, na falta de uma ideologia, foi procurá-la na revitalização do programa cultural caro a Jeanne Laurent e popularizado por Malraux. As «catedrais do século XX», que o autor do *Museu imaginário* queria novas, modernas e simbolicamente justapostas a uma catedral medieval, como em Bourges e em Amiens, tinham, portanto, fracassado. Esse fracasso consistia, para muitas delas, em desempenhar, simplesmente, o papel tradicional de salão das Festas Municipais, traição de seu ideal original.

    Impôs-se a ideia, sobretudo depois de 1988, de aplicar seu programa acabado em lugares onde, até então, mal se cogitava: nos Museus, nos Monumentos Históricos, nos locais protegidos e nas Bibliotecas. À justaposição com que André Malraux contentara-se, agora deveria suceder a superposição.

O princípio dos vasos comunicantes, há muito impedido de operar entre Direções Patrimoniais e Direções «Culturais» do ministério, recuperou seus direitos. A partir de 1981, o projeto do Grand Louvre, que plantava uma Casa da Cultura, assinada por Pei, bem no meio do palácio dos reis da França e do museu mais famoso do mundo, fixava o modelo e esboçava a nova série dos Lugares Culturais. A partir de então, não há mais catedral, castelo famoso, instituição patrimonial que não se veja «repensada», inserida na grade «cultural» e convocada, além de tudo, como se não bastasse, a dar provas de sua rentabilidade comercial. Na década de 1960, a psicologia da Arte que prevalecia nas Casas da Cultura queria expor as sensibilidades virgens de um novo público ao choque das obras-primas: esperava-se, dessa comovente surpresa, o gatilho de uma conversão à Cultura. Agora, nos muros ancestrais, deparamo-nos com uma bulimia de pedagogia audiovisual, um grande luxo de *walkmans* e de filmes-vídeos recheados de informação, que se interpõem entre as obras e seus consumidores, com o modo de usar tomando o lugar da coisa em si. O apetite pela evocação histórica, no espírito do Museu Grévin[1] e de *Se Versalhes falasse...*,[2] tende a substituir o silêncio dos castelos e dos locais. Decididamente, entramos na época em que o *slide* comentado tomou o lugar da obra de arte e, no limite, tornou-se o objeto privilegiado do Museu, sua razão de ser, por ser mais colorido, mais legível, mais luminoso e mais propício à glosa do que o original misterioso e opaco. Conservadores, arquivistas e arqueólogos são, assim, convidados a reciclar-se, para ajustar sua ciência às técnicas

1   Museu de cera localizado em Paris, fundado em 1882. [N. E.]

2   Em francês, Si Versailles m'était conté... Filme francês, de 1954, dirigido por Sacha Guitry. Ao lado de *Napoleón* (1955) e de *Si Paris nous était conté* (1956), é visto como uma de suas maiores produções. Caracterizado como drama histórico, o filme detém-se em diferentes histórias relacionadas ao Palácio de Versalhes. [N. E.]

de comunicação e de mercado, à publicidade, à pedagogia de massa. O tempo da serenidade patrimonial acabou, tanto nos bastidores quanto no palco dos teatros da Cultura, agora multiplicados e padronizados. A serenidade científica passa por arcaísmo e passividade culpada; a do amador, por estraga-prazeres egoísta e elitista: tudo deve ser sacrificado às coortes de gente ocupada, surda e cega, escutando o catecismo nos fones e olhando, na tela-vídeo, o reflexo daquilo que eles não veem e não verão. Sob as cores da eficácia democrática na gestão do patrimônio, a balbúrdia das lojas de departamentos e das galerias de obras de arte tornou-se o ideal museológico. Uma das raras regiões de calma e de reflexão que o Estado tinha sido capaz de preservar, no próprio cerne da civilização da eficácia, foi coberta pela maré dos negócios. Esses negócios são menos mercantis do que eleitorais. Ao dar às multidões a ilusão de que visitar um museu, um monumento ou uma exposição é algo da mesma ordem que fazer compras no supermercado, e até mais relaxante, têm-se, aí, os eleitores e pagadores de impostos que se espera convencer da infinita cortesia do Estado-Providência socialista. O Patrimônio, enfim, caiu ao nível de argumento de propaganda. As obras-primas também são convocadas a tornar-se sedutoras.

* * *

Porém por que não as vemos na televisão, onde alcançariam um público ainda mais vasto, sem que haja necessidade de perturbar seu repouso em seus museus, em seus castelos, em seus sítios? Por um paradoxo singular, o ministro da Cultura é uma vedete midiática, mas seu ministério não tem autoridade sobre a televisão, não dispõe de um canal próprio. É muito estranho. Quando alguém se gaba de «colocar as grandes obras à disposição do maior número», é evidente que o veículo da televisão se impõe. No começo, as «estranhas lucernas»[3] tinham sido subtraídas a André Malraux, que, em 1958, tinha causado inquietações em seu papel de ministro da Informação. Jean-Philippe Lecat, de fato, obteve, em 1978, a junção da Cultura e da Comunicação. A tutela do ministro da Cultura sobre o audiovisual permaneceu nominal. Em 1981, era evidente, ou ao menos parecia, que o socialismo, inteiro na Cultura, não deixaria de televisá-la. Nada disso aconteceu, e ficamos até mesmo tentados a dizer: pelo contrário. Por que essa obstinada viuvez? Por que um ministro tão televisivo dedicou-se tão pouco a acabar com ela? Hoje a televisão está presente em 94% dos lares franceses. Ela detém a parte do leão naquilo que se convencionou chamar de «práticas culturais dos cidadãos». De duas, uma: ou o ideal da Cultura é sincero, ardente, mais ardente hoje do que foi no tempo direitista de Malraux, e então cada lar francês, graças aos deuses domésticos das redes hertzianas, torna-se ao mesmo tempo Museu, Ópera, Teatro, Sala de concertos e Biblioteca Ilustrada, em suma, uma Casa da Cultura multiplicada e conforme aos sonhos mais generosos da Jeune France; ou, então, essa lanterna mágica e fascinante limita-se a ser, para usar o termo de Saint-Exupéry, um «berrante», e, nesse caso, que se verifica todos os dias, não vemos como o Ministério da Cultura, um dia, poderá cumprir sua missão primordial: colocar as grandes obras à disposição do maior número de pessoas. É perfeitamente óbvio que quem se acostuma ao «berrante» (que «estraga o homem», dizia Saint-Exupéry) fica perfeitamente incapacitado de interessar-se por qualquer grande obra que seja. Ora, mesmo um canal cultural modesto, como o 7, do qual se esperava muito e que produziu muitos programas, com um orçamento substancial, é, na prática, censurado ou sequestrado. Uma ínfima antologia de suas produções é exibida na *FR3*, uma noite por semana, e o canal mesmo, com seus

[3] Um epíteto que os franceses davam à televisão. [N. T.]

programas de informação cotidiana e de atualidades, só pode ser captado a preços altíssimos, ou por um público que tem TV a cabo, comparável, em número, àquele dos primeiros programas da École Supérieure des Postes et Télécommunications,[4] retransmitidas pelo emissor da Torre Eiffel em 1935! Estamos longe daquela Casa da Cultura disseminada por todo lar que tínhamos o direito de esperar do socialismo real.

Esse socialismo real, ainda muito mais ferozmente do que seus antecessores gaullistas ou centristas, respeita um dos arcanos do poder moderno, e a abundância de coração cultural que ele exibe não passa de um álibi para desviar a atenção desse escrupuloso respeito. A Cultura é um trunfo político precioso, mas é um extra. A Televisão é um trunfo essencial e capital.

Assim, a questão não é, a fim de evitar a mais evidente contradição (embora, como no caso da carta de Poe, o que é mais evidente também pode ser o menos visível), sacrificar a estratégia em nome da tática, o essencial ao acessório. Nos imensos Estados Unidos, é possível dar-se ao luxo de distinguir entre *broadcasting* [«transmissão ampla»], para o uso de todos os públicos e, portanto, do sufrágio universal, e *narrowcasting* [«transmissão estrita»], para o uso de públicos «selecionados» ou localizados. A Televisão francesa, a fim de permanecer o veículo político e nacional que deve ser, tem de alinhar-se ao menor denominador comum do público, e não permanecer imóvel do lado daquilo que um ministro da Cultura temporário denominou «os bem-falantes culturais». Isso, de fato, tem a ver com o *narrowcasting* e, nesse sentido, é tão alheio aos interesses superiores do Estado como aos do Ministério da Cultura. Para o primeiro, a evidência é gritante, e basta pensar no que

---

4 Na verdade, École Nationale Supérieure des Postes et Télécommunications (Escola Nacional Superior de Correios e Telecomunicações). instituição de ensino superior criada em 1888, que permaneceu em funcionamento até 2001. [N. E.]

teria acontecido caso Malraux tivesse feito, do único canal de que a v República dispunha no começo, um Museu Imaginário ou um Teatro Nacional Popular. A experiência foi tentada em seu ministério. Albert Ollivier, antigo dirigente da Jeune France, era então diretor de programação do único canal francês. Sua divisa era «uma grande televisão para um grande público». Com o apoio de Malraux, grande admirador da tragédia, ele encomendou a Jean Prat a filmagem dos *Persas*, de Ésquilo, transmitidos em outubro de 1961 na televisão. Por uma noite, a França, em cima de coturnos,[5] tornou-se a Atenas dos Dionísios do século v a.C. Chega a surpreender que esse milagre não se tenha repetido? O Poder bem sabia que esse efêmero sucesso, caso se reproduzisse com grande frequência, afastaria da televisão a maioria dos espectadores, isto é, dos eleitores.

Por outro lado, é mais surpreendente que o ministério, na época e desde então, não tenha combatido essa atrofia da Cultura, ao passo que, como regra geral e já no tempo de Malraux, ele tenha ansiado tanto, e ainda anseie, por colocar «técnicas de ponta», principalmente audiovisuais, a serviço das empresas. Suponhamos, por um instante, que a rede cultural disponha de um canal próprio e acessível em todas as telas. Há bons motivos para apostar que sua audiência, impossível de esconder, não ultrapassaria o número limitado de franceses que assiduamente leem, ouvem boa música e têm curiosidade quanto ao teatro, à ópera, à dança. Isso seria um golpe fatal no dogma sobre o qual se funda o ministério e que supõe que as artes de que ele está encarregado podem ser democratizadas à vontade. Ver-se-á, então, de maneira incômoda, que essas artes têm, por público «natural», motivado a ponto de desdenhar a televisão «berrante», uma minoria de entusiastas, nitidamente distintos da massa dos telespectadores. Ver-se-á também que, após

---

5 Os coturnos eram, no teatro greco-romano clássico, os sapatos com os quais se calçavam os atores de tragédias para se caracterizarem. [N. E.]

trinta anos de ativismo em todas as direções, a democratização cultural não provocou nenhuma alteração profunda na situação anterior. É sempre, para cada uma das artes «dinamizadas» pelo ministério, a mesma minoria renovada de geração em geração, e relativamente estável, quem se beneficia de todos os seus esforços. Os públicos efêmeros que tal ou qual «evento» conseguiram reunir não aumentaram o núcleo duro dos entusiastas «habituais» das coisas do espírito.

Longe de ser uma Terra Prometida para o Ministério da Cultura, a Televisão «cultural» é, antes, seu Deserto dos Tártaros, que, felizmente para ele, até agora não deixou o inimigo aparecer. Enquanto essa provação da verdade não acontece, ele tem a liberdade de afirmar à Direção do Orçamento que suas demandas e seus serviços interessam potencialmente a todos os franceses e que essas demandas e serviços aproximam-se, sem cessar, desse objetivo. E, como é preciso citar números, todo tipo de artifício permite esconder o real contorno dos públicos verdadeiramente interessados pelas artes, afogando-os nos grandes números do grande público de ocasião arrebanhados pelos procedimentos publicitários e turísticos. O exemplo típico é-nos oferecido pelo Centro Beaubourg,[6] que nominalmente atrai vários milhões de visitantes por ano, o que justifica amplamente seu pesado orçamento de funcionamento e de manutenção. Essas cifras de frequentação «anual» são, portanto, comparáveis às da audiência de uma única noite de uma transmissão bem-sucedida de TV. Na verdade, o Museu de Arte Moderna, instalado no Centro, que é, a bem da verdade, sua razão de ser e seu tesouro, não atrai hoje mais gente do que na época em que ficava, dizia-se, apertado no Palais de Tokyo. A entrada no museu é paga. Isso basta para que os distraídos visitantes do Centro, após ter dado uma olhada em suas diversas atrações, desistam de entrar nos salões em que lhes espera

6 Hoje, o Centro Pompidou. [N. T.]

uma das coleções de quadros das mais suntuosas do mundo. Se, do ponto de vista do enriquecimento do tesouro, que é o dos conservadores e entusiastas, o Centro foi útil, e sem dúvida marca um progresso em relação ao antigo Museu de Arte Moderna, do ponto de vista da ideologia e da sociologia cultural, ele é um fracasso retumbante. Toda a máquina foi inicialmente concebida como uma armadilha sedutora que, enfim, faria pessoas rebeldes e ignorantes da Arte Moderna entrarem em seu santuário. As atrações estão ali, no vestíbulo, mas o ídolo do Templo, assim como antes, só é adorado por seus fiéis e por seus verdadeiros devotos.

A Festa da Música[7] é outro desses artifícios. É o baile popular em escala nacional. Quem faria cara feia para um baile popular, mesmo sobrecarregado de álibis culturais, em nossas cidades prósperas, mas nas quais a convivialidade de bairro tende a desaparecer? As multidões que essa noite de verão atrai com alegria nem por isso são versadas no objeto da Direção da Música, e isso para o crédito do ministério, ainda que o princípio da Festa seja antítese nefasta da paciente pedagogia das Jeunesses Musicale[8] e, especialmente, dos Conservatórios nacionais e municipais.

---

7   Em francês, *Fête de la Musique*. Trata-se de uma celebração anual da música, que ocorre todo dia 21 de junho. Foi implementada em 1981 por Maurice Fleuret, Diretor de Música e Dança durante o ministério de Jack Lang. Além dos concertos e demais atividades organizadas pelo Estado, os cidadãos são incitados a compartilhar sua música com os vizinhos em locais públicos. [N. E.]

8   As Jeunesses Musicales de France [Juventudes musicais da França], criadas por René Nicoly em 1944 com o objetivo de compartilhar a música com o maior número de pessoas possível, são uma associação reconhecida como de utilidade pública, que luta pelo acesso à música para crianças e jovens provenientes, principalmente, de áreas periféricas ou desfavorecidas. [N. T.]

E ainda, prodigiosamente custoso, mas de segura eficácia persuasiva, o «método Torre Eiffel» aumenta os números de frequentação ao nível desejado. A Torre Eiffel, desde 1889, foi e ainda é o monumento mais visitado de Paris (9 milhões de visitantes anuais). Ela é objeto de um plebiscito permanente. É a flecha gótica da religião do progresso, com a qual rivaliza, modestamente, a fachada quadriculada do Centro Beaubourg, com sua listra vermelha e ascendente. A Torre conforma-se admiravelmente, com seus elevadores, seus restaurantes, seu panorama, suas vistas para o fotógrafo e para o *cameraman*, à demanda do grande turismo internacional. Trata-se também de uma vedete da televisão mundial. Pastora de rebanhos tão numerosos, cantada por Guillaume Apollinaire, tornou-se o emblema de Paris, assim como a estátua de Bartholdi, a Liberdade brandindo sua tocha, tornou-se a de Nova York. Uma Pastora, tudo bem. Um rebanho de pastoras já é demais. Uma das figuras preferidas da poética modernista dos John Cage ou dos Andy Warhol é a repetição monótona, até o tédio, do mesmo achado pequenino, sintoma explícito de esterilidade e de desdém. A repetição, figura «moderna», tornou-se, por si própria, um estilo, e os Assuntos Culturais finalmente o adotaram para as criações administrativas. A relíquia da Exposição Universal de 1889 tornou-se, assim, o *leitmotiv* das Grandes Obras culturais do Hércules gaulês. No Beaubourg, primeiro, e, depois, após um longo silêncio, a um ritmo de gongo, na Pirâmide do Louvre, na Opéra-Bastille, na Géode de la Villette, no Arco de La Défense e, logo, nos Livros-Torres da Biblioteca Nacional, as multidões responderam ou responderão ao mesmo *stimulus*, quase tão numerosas quanto na Torre Eiffel. Seu número, há muito tempo, cala toda crítica e proíbe toda análise do fenômeno. Essa quantidade, que apenas espíritos malsãos acham desprezível, efetivamente passa por prova do sucesso supremo, quase metafísico, da política cultural executada há trinta anos, e especialmente daquela, em progressos incessantes, conduzida há quase dez.

    O grande segredo do Beaubourg não é sua coleção de Matisse, de Picasso, de Braque, de Bonnard, mas a escada rolante sublinhada por uma rampa vermelha luminosa. Por meio dela, o turista domina um maravilhoso panorama dos telhados da antiga Paris, e o fotógrafo tem mil oportunidades, assim como no alto da Torre Eiffel, de obter fotos-*souvenirs*. O turista do Louvre tem a mesma alegria: ele espera horas, debaixo das intempéries, na soleira da menor porta do maior museu do mundo. Ele dá voltas na soberba sala subterrânea, consome na cantina, compra cartões-postais e pôsteres na livraria e, em seguida, no mais das vezes, pois seu tempo está contado, volta à escada rolante e vai embora. A antiga vedete do Louvre, a *Mona Lisa*, encontrou, nessa pirâmide, uma rival vitoriosa: um espaço. Restam-lhe devotos suficientes. Por sua vez, a Opéra-Bastille, cujo desenho é popular, atrai para seus arredores mais fotógrafos amadores do que espectadores diante de seu palco. No fim, se separamos os verdadeiros entusiastas dos curiosos, a conta é, por toda parte, semelhante àquela que fazem mentalmente os conservadores do Museu de Arte Moderna: o verdadeiro público das coleções do Louvre, de suas exposições científicas, da Opéra, permaneceu também relativamente estável. E ainda estão contentes que ele não tenha sido desencorajado e afastado pela massa de curiosos que se conseguiu atrair para seus templos preferidos. As Grandes Obras, considerando tudo, são um triunfo para o Ministério do Turismo mais do que para o Ministério da Cultura.

    Este sofre de uma atrofia absolutamente singular: privado do instrumento moderno de comunicação por excelência, a televisão, também fica afastado, exceto para a formação de seu próprio pessoal, do método de educação tradicional, o ensino. Ele salpica informações, atrações e variedades culturais no público, mas não o educa, pois a animação que ele pratica, exatamente como os clubes de diversões, é efêmera e superficial demais para ocupar o lugar dessa obra de método e de amor, longa e paciente, que é a verdadeira educação. Esta não dispensa a autoeducação, que tem na leitura, evidentemente, o melhor meio. Ela não estava na ordem do dia de André Malraux. Fez sua entrada tardiamente na panóplia de seus herdeiros, em 1976, quando foi criada a Direção do Livro. Em 1981, a Biblioteca Nacional foi associada ao Ministério da Cultura, ao passo que seu pessoal permanecia sob a tutela da Educação Nacional. A Direção do Livro e da Leitura compartilhou, desde esse momento, com as universidades e municípios, a responsabilidade pela leitura científica e pela leitura pública na França, o que deu ao ministério uma vocação para a educação, no sentido mais nobre e severo.

Pode-se sonhar com o que teria sido a ação de Malraux caso tivesse sido orientada para as bibliotecas, em vez de contentar-se com imagens e espetáculos. Como quer que seja, a nova Direção tinha de recuperar aquilo que se chama de atraso e dedicou-se a isso, de maneira ao mesmo tempo combativa e eficaz. Mesmo assim, a ênfase no livro e na leitura entrava em conflito com a tendência contrária, havia muito cultivada no ministério: achava-se que o progresso ia no sentido das imagens, do cinema, da fotografia, do vídeo, dos espetáculos e das artes plásticas, de toda uma «midiologia geral», profetizada ao mesmo tempo pelo Museu Imaginário de Malraux e pela aldeia global de McLuhan, *slogans* que a nascente sociedade de comunicação e de consumo tinha tomado por oráculos que a consagravam «no sentido da história»! O interesse oficial pela leitura, em princípio atividade de lazer privado, meditativo, solitário, era uma espécie de revolução dentro da revolução cultural, sobretudo para os veteranos do Festival de Nancy. Para contornar essa dificuldade, era grande a tentação de sonhar com «outra» leitura, convivial, festiva, que reatava laços com a oralidade, libertada das ideias desagradáveis de concentração, de atenção, de recolhimento e de silêncio que são associadas à leitura estudiosa. Assim, trabalhou-se eficazmente pelo equipamento e pelo enriquecimento das bibliotecas públicas, mas essa ação foi ligada a toda uma panóplia de festividades midiáticas, como o Salon du Livre [Salão do Livro], a Fête et Foire de la Lecture [Festa e Feira da Leitura] e a Journée du Livre [Jornada do Livro]. A questão era convencer o público de que ler é um ato tão cômodo, cotidiano e fácil como ver um programa de TV e passear de carro no verão. Essa alimentação forçada publicitária, combinada com o ruído dos prêmios literários e com ruidosos balbucios televisados, até podia incitar à compra de livros, mas só pode dar, da leitura, uma ideia fútil e borboleteante. Pelo contrário, tudo é feito para dissimular aquilo que Eugène Delacroix, em uma entrada de seu *Journal* [Diário], em 7 de maio de 1850, descreve em termos de «trabalho»:

> Montaigne, aos trancos e barrancos. São essas as obras mais interessantes. Depois do trabalho de que o autor precisou para seguir o fio de sua ideia, matutá-la, desenvolvê-la em todas as suas partes, há também o trabalho do leitor que, tendo aberto o livro para relaxar, sem perceber empenha-se, quase como em uma questão de honra, a guardar aquilo que ele gostaria apenas de esquecer para que, ao fim de sua empreitada, ele tenha passado de maneira frutífera por todos os caminhos que o autor quis levá-lo a descobrir.

Como observou Bertrand de Jouvenel, em um ensaio que permanece muito vivaz (*Arcadie*, 1968): «Sentimos um mal-estar diante de uma biblioteca composta com base em prêmios literários concedidos». Incentivar essa falta de estilo, para o que concorre todo um sistema, equivale a fixá-lo, a legitimá-lo e, portanto, a travar os cidadãos honestos em uma profunda discordância entre aquilo que eles são e aquilo que eles pretendem ser e fazer, ao passo que a cultura é um caminho para o decoro e para a harmonia. Todo esse ruído tem a ver com publicidade mercantil e com propaganda política. A pretexto de melhor servir o próximo, ele esconde uma profunda insensibilidade quanto às verdadeiras aspirações dos outros, às quais o poeta e o artista efetivamente sabem como responder, mas não por encomenda.

Em suas despesas, em 1976, a nascente Direção do Livro tinha encontrado apenas uma biblioteca pública, aquela que tinha sido instalada em 1974 no Centro Pompidou, a BPI (Bibliothèque Publique d'Information). Ela tinha sido destinada originalmente a aliviar a Biblioteca Nacional. Rapidamente, tornou-se o suplemento das bibliotecas universitárias parisienses, insuficientes e exíguas. Seu sucesso é infinitamente superior ao do Museu de Arte Moderna, alojado nos andares superiores. Ele é proporcional ao mau estado de suas rivais. A BPI dispõe, aliás, de todo tipo de serviço (laboratórios de línguas) e de atrações (televisão, vídeo), que atraem para ela um público heterogêneo e movimentado. Como os lugares sentados são muito poucos para esse afluxo de visitantes indefinidos, senta-se e até se deita no chão. Essa atmosfera de estalagem é bastante bonachona, apesar dos avisos frequentes nos alto-falantes para que se tome cuidado com seus objetos pessoais: há batedores de carteiras nas paragens. Longe de ser um modelo, essa Biblioteca é uma bizarrice, modelada pela insuficiência geral das bibliotecas parisienses. Além de tudo, ela apresenta a particularidade de conter poucas obras impressas antes da década de 1960. Ela tem memória curta.

Porém foi essa experiência singular que, em um primeiro momento, buscou sua extensão monumental no projeto da Grandíssima Biblioteca[9]. Esta deveria ser, em primeiro lugar,

---

9   Em francês, *Très Grande Bibliothèque*. A referência é ao prédio novo da Biblioteca Nacional. Ela é chamada de TGB em referência ao trem-bala francês, chamado de TGV (*Train à Grande Vitesse*). [N. T.]

um grande empório parisiense do livro contemporâneo, mas também da informação, da atualidade, do audiovisual e das redes informáticas. Uma Torre Eiffel da comunicação. Dessa vez, a resistência ao novo projeto cultural, dispersa e logo superada no caso do Beaubourg, do Grand Louvre, e da Opéra-Bastille, ficou mais ousada e impôs-se: a ocasião foi oferecida pelo próprio ministro, quando ele anunciou que parte das coleções da Biblioteca Nacional, os impressos que passaram a fazer parte do acerto depois de 1950, ocupariam as prateleiras das quatro torres de vidro, em forma de livro aberto, que, de longe, assinalariam o local da *Très Grande Bibliothèque*. Foi necessário ceder aos protestos dos futuros usuários. Em recompensa, decidiu-se que todos os impressos da Biblioteca Nacional, incluindo o arquivo de livros antigos, seriam levados para o novo e imenso prédio, previsto para a margem esquerda do rio Sena, diante do Ministério das Finanças, em Bercy.

Desde então, a quadratura do círculo voltou a ser atual. Era o caso de supor — em um projeto arquitetônico que teve de se adaptar sem alterar seu perfil inicial —, ao mesmo tempo, uma Biblioteca Pública de Informação e uma Biblioteca Nacional. A costela mal cortada de que tinha sido tirada, desde o começo, a eva futura dos Assuntos Culturais, e cujos efeitos perversos tinham até então sido dissimulados com sucesso, começava a revelar-se à plena luz do dia. O apego da comunidade científica internacional, e do público francês em geral, ao tesouro espiritual representado por seis séculos de livros franceses evidenciou a estridente contradição entre a vocação desses livros, destinados aos cuidados mais delicados e a uma leitura especializada, e a ambição de entreter as galerias com uma grande feira de comunicação. Pela primeira vez, esse disparate chocou até mesmo os mais dóceis e os mais distraídos. Um raio de luz embaraçosa foi subitamente projetado em um dos mistérios do Estado cultural.

É verdade que a clareza da questão era complicada por todo tipo de imperativos técnicos, que pareciam legitimar em bloco todo o projeto da *Très Grande Bibliothèque*: a saturação dos locais de armazenamento da Biblioteca Nacional, a informatização completa de seu catálogo, o estabelecimento de um catálogo geral informatizado de todas as grandes bibliotecas francesas, em conexão com bibliotecas estrangeiras. Porém, essas questões técnicas não conseguiam esconder, por completo, a contradição essencial do projeto, a mesma que atormenta e aguilhoa o Ministério da Cultura desde suas origens. A Biblioteca Nacional, onde quer que fique, destina-se naturalmente a uma elite, ou, se preferirmos, a uma minoria de leitores; isso é mais evidente no caso dela, mas os museus, os sítios arqueológicos, os teatros, as óperas, as salas de concerto e especialmente os arquivos, também. Essas elites, ou, antes, essas minorias, já não são definidas como antigamente, pela posição social, pela fortuna ou pelo privilégio, mas, como é natural nas democracias liberais, pela vocação atestada de seus membros, por sua escolha livremente formulada e confirmada com perseverança. Assim, não há nenhuma razão propriamente democrática para constranger essas minorias a fundir-se na multidão indistinta de curiosos, o que a ideologia do Estado cultural, valendo-se de pretextos enganosos e interessados, julga ser legítimo fazer. A ninguém ocorre convocar quem não gosta de esportes a ir perturbar o prazer desejado e escolhido pelos espectadores dos estádios. Ninguém se esforça para chamar os que não gostam de dançar para lotar as pistas de dança na hora em que as boates estão cheias. Seria ainda mais absurdo atrair as massas para um laboratório do Instituto Pasteur, ou para uma fábrica de explosivos militares. Trata-se de uma questão elementar de utilidade pública, mas também de respeito da liberdade dos cidadãos modernos na escolha de seus lazeres, ou em sua vocação para um trabalho.

A superposição das duas Bibliotecas, incompatíveis por natureza, no mesmo sítio arquitetônico, ele próprio concebido, aliás, para atrair o turista-robô, era um ato de surda violência atentatória contra a liberdade dos reais leitores da Biblioteca Nacional. Essa violência ficou manifesta ao longo do debate público provocado pelo projeto. Na verdade, essa violência já estava ali, oculta, na maior parte das iniciativas da política cultural desde 1959. Ligada a objetos menos sagrados, ela não tinha aparecido claramente. Os públicos que iam «espontaneamente» à Comédie-Française, às óperas no interior e aos museus que ainda não tinham sido «aditivados» foram dispersados e dissuadidos, em todo caso constrangidos, pela democratização dita «cultural». Nada garante que isso seja compensado, no balanço das contas espirituais da Nação, pela afluência de um público indistinto, intercambiável, que engole tudo maquinalmente. No clarão de consciência gerado pela polêmica em torno da *Très Grande Bibliothèque*, o futuro do espírito viu-se intimamente solidário ao futuro da liberdade.

***

As dissonâncias da Cultura de Estado não param aí. Transformado em pedagogo, o Ministério da Cultura é atormentado por contradições doutrinais que, sem dúvida, refletem sua composição heterogênea, mas também uma oscilação frívola do desígnio geral. Por meio de suas Direções Patrimoniais, o ministério tem a ver, por assim dizer, com a história da arte, com a história e com a arqueologia. Essas disciplinas têm uma longa tradição na França, o que é um dos títulos do nosso país em sua «posição no mundo». Essas disciplinas ignoram as fronteiras políticas e, especialmente, administrativas, e têm representantes tanto nos Museus, no Patrimônio e nos Arquivos, como nas Universidades. Uns e outros colaboram em sua especialidade e nas exposições pelas quais apresentam, ao grande público, o estado das questões nas diversas disciplinas, ao mesmo tempo que apresentam a riqueza das coleções nacionais. É evidente que a democratização, tornada comercialização desde os anos 1980, dificilmente se adapta às exigências dos estudiosos e de seu público. A ciência histórica e arqueológica, presa ao carro de Carnaval, aparece como uma escrava convocada a executar tarefas altas e baixas: gestão, mas também animação, comercialização e comunicação. A criação recente de uma Escola do Patrimônio, recrutando, no mesmo concurso, todos os quadros especializados na administração cultural, representa uma merecida promoção («piramidagem», no jargão) para esses diversos funcionários, que agora terão carreiras, índices e salários comparáveis aos dos professores universitários e aos dos ex-alunos da École Nationale d'Administration [Escola Nacional de Administração]. O caráter heterogêneo dessa Administração, inicialmente composto de peças e bocados excelentes, chegará, portanto, a um fim. O Ministério da Cultura, assim como o Ministério da Infraestrutura e seu corpo de engenheiros civis (a arquitetura agora está associada a ele), terá, então, conquistado sua unidade. Porém, essa unidade, por meio do recrutamento e das carreiras, em nada remediará a confusão original, filosófica e política que presidiu seu nascimento e que tornou tão contestável seu desenvolvimento. Os especialistas, os eruditos, os intérpretes do passado terão de consagrar a maior parte de seu tempo e de sua energia às tarefas de «gerenciamento» da ação cultural, tornadas o verdadeiro denominador comum e uniforme de todos os organismos que dependem do ministério. Ao fim de trinta anos, esse ministério problemático, que nunca foi objeto de nenhuma reflexão séria, mas que o foi de incontáveis apologias, está no caminho certo da normalização. A «ação cultural» não consiste especificamente no diálogo com o passado, na libertação da atualidade, mas na transformação do passado em indústria de diversões, entre tantas outras que a atualidade oferece.

À essa tomada de posição que renega a função memorial e nacional de que, desde o século XIX, desde Alexandre Lenoir e Mérimée, está investida a Administração de Monumentos Históricos e de Museus, acrescenta-se a preferência, já mostrada por Georges Pompidou, mas acentuada entre 1981 e 1991, pela «criação contemporânea». A conversão recente da Cultura socialista ao Patrimônio foi progressiva e se deve às duas pesquisas que mostraram o apego dos franceses a suas raízes históricas e artísticas — e, portanto, aos serviços públicos responsabilizados científica e moralmente por elas. No começo, em 1981, a Delegação das Artes Plásticas, criada por Claude Mollard (que depois se tornou o Bernard Tapie[10] da «engenharia cultural»), estava de vento em popa e assim permaneceu por muito tempo. Ela era animada por uma ideologia ultramodernista, que considerava a «criação contemporânea» ou a «arte viva» novidades geniais, livres de toda dívida para com a tradição e, portanto, para com a história, a história da arte, ou a arqueologia. Hoje, resta algo disso na preferência pessoal demonstrada pelo ministro em relação à «cultura *rap*», filha da genialidade jovem e primitivista do Bronx. Como um ministério e um ministro eivados dessas perspectivas poderiam sustentar, sem um pé atrás, disciplinas pacientes e eruditas que prejudicam a «comercialização» cultural e que, silenciosamente, opõem a memória, cujos recursos e fertilidade elas demonstram, à ideia beócia de uma criação *ex nihilo*, sintoma sociológico, e não obra do espírito?

A cultura socialista pôde passar da prioridade dada à «arte viva» à prioridade dada ao Patrimônio, sem escolher nem um nem outro, porque sua obsessão, nas duas fases, é «colar na atualidade» e atrair, pelas armadilhas do dia, o máximo de pessoas para sua máquina cultural. O voluntarismo que a anima

---

10   Bernard Tapie é empresário, político e uma figura do *show business* francês. [N. T.]

é solapado por esse perpétuo jogo duplo: quer-se «dinamizar a arte viva», e ela é congelada, fazendo-se dela o pretexto para uma burocracia nova; quando ela está gelada, o objeto passa a ser os castelos e monumentos célebres, que eram desdenhados, mas, agora, quer-se incitá-los a transformar-se em clubes de diversões. Ou, então, a atenção é voltada para a leitura, mas isso para projetar, no livro aberto, os barulhos e as excitações que, ontem, eram esperados do espetáculo multimídia. «Incitação à criação» ou «democratização das grandes obras», na verdade nunca se sai de uma Cultura interessada, em primeiro lugar, em deslumbrar o curioso. É uma razão de ser. Não é uma razão de ser «democrática». A democracia, quando é liberal, não consiste em atormentar as minorias sob o peso de uma maioria, nem em sacrificar a uma abstração sociológica, como o «consumidor» ou o «turista», a realidade sensível das vocações privadas, das escolhas do talento, da ciência e do gosto. Essa cultura trabalha com um zelo e com uma eficiência formidáveis para, primeiro, esterilizar as sementes que pretende espalhar aos quatro ventos.

Diversões e ócio

> *O homem que tem um emprego, o homem que ganha sua vida e que pode dedicar uma hora por dia à leitura, quer faça isso em casa, no bonde, ou no metrô, essa hora é devorada por casos criminosos, por ninharias incoerentes, por mexericos e por fatos nada extraordinários, cuja maçaroca e abundância parecem feitas para aturdir e simplificar grosseiramente as inteligências. Nosso homem está perdido para o livro...*
> *Isso é fatal, e nada podemos fazer a respeito.*
> *Tudo isso tem por consequência uma diminuição real da cultura, e, em segundo lugar, uma diminuição real da verdadeira liberdade do espírito, pois essa liberdade exige, pelo contrário, um desapego, uma recusa de todas essas sensações violentas ou incoerentes que recebemos a cada instante da vida moderna.*
> Paul Valéry, *Regards sur le monde actuel*

O termo «cultura», em sua acepção administrativa e midiática, é propício a todos esses deslizamentos semânticos e os abrange. Da «democratização das grandes obras», pudemos passar à ideia, já abandonada, do «todo cultural», que mal deixa espaço entre o mercado das diversões e as «práticas culturais». As estatísticas do ministério registram meticulosamente as «saídas» dos franceses, assim como as horas passadas diante da televisão, ou lendo um livro. A expressão «práticas culturais» está, para as diversões, assim como «transferido para a distribuição dos correios» está para o carteiro, e «centro de detenção», para a prisão. A preocupação de não recorrer a uma palavra corrente é o último vestígio da ambição inicial: compartilhar humanitariamente a «alta cultura». Outro traço fugidio é a ausência, nas estatísticas emanadas do ministério, das viagens, das temporadas de férias, dos relaxamentos sem pretensões que não se entende por que estariam excluídos do número das «saídas» e de outras «práticas culturais» devidamente contabilizadas. No entanto, o ministro da Cultura assina, com o ministro do Turismo, acordos que preveem «ações concertadas»: as pessoas em férias serão perseguidas nas praias, em suas peregrinações de verão, por ônibus de museus. Os monumentos históricos, com o nome de «centros culturais», tornar-se-ão parques de diversões temáticos, apanhando o turista, o viajante desocupado que passa por eles.

Esses projetos dão a entender até que ponto o Estado cultural, agora, está no fio da navalha. Entre os anos 1930, que viram nascer na França a ideia de um comunismo popular das grandes obras, e os anos 1980, em que o «todo cultural» impôs-se, a sociedade de consumo e de diversões instalou-se confortavelmente. Ambas as ideias puderam fundir-se sem dificuldade: elas eram menos análises do que *slogans* políticos.

Hoje, os ideólogos da Cultura sabem, melhor do que ninguém, que os «serviços» venceram as «fábricas» e os trabalhos no campo, e que o povo desapareceu. Não se fala mais nem mesmo de teatro «popular», de tanto que a palavra parece eivada de arcaísmo. O antigo ritmo trabalho/lazer, em que o povo vivia ainda no tempo dos sociólogos da «cultura popular», não passa de uma distante lembrança. A partir de agora, para uma imensa classe média, o trabalho, que já não é manual, ocupa menos tempo do que o lazer. Na França, assim como nos Estados Unidos, e muito mais do que nos Estados Unidos, toda agência bancária tornou-se uma galeria em que «obras de arte» são expostas e onde é transmitida música gravada; o metrô oferece aos passageiros concertos e teatro, «selvagens» ou premeditados pela administração; uma melodia ininterrupta, em que Mozart muitas vezes tem seu lugar, banha as oficinas e os escritórios, corre pela rede telefônica. Os «seminários corporativos» acontecem em Marrakesh ou em Djerba, os «colóquios» em Mallorca ou nas ilhas Canárias, brandas transições imperceptíveis anulam a antiga separação entre trabalho e desocupação. A vida de artista, a vida de boêmio tornou-se amplamente majoritária. Ela é protegida pelo seguro social, pelo seguro-desemprego e o RMI contra os infortúnios de Mimi Pinson.[1]

A televisão e o grande turismo são as duas tetas dessa existência neoburguesa. A televisão é o grande turismo sem sair do lugar, o turismo é uma televisão em movimento. O *zapping* do telespectador, o *shopping* do citadino, seu *weekend* passeando de carro obedecem ao mesmo princípio de distração que ele gosta de encontrar, no plano de fundo, em seus locais de trabalho e que encontra sua completude nas viagens organizadas: o avião ao alcance do maior número, o *sightseeing* (como traduzir o termo senão por «consumo ocular»?). Essa bulimia do ver (e de ver sobretudo aquilo que já é conhecido pela visão, por fotos, filmes, transmissões televisivas) é efetivamente acompanhada pelos movimentos de *zoom* da câmera, do *shopping* exótico e do ziguezague de festas em restaurantes, de espetáculos folclóricos em visitas a museus e em ateliês artesanais. Tudo aquilo que fica disperso no perto, durante o ano, é emaranhado nas semanas de «temporada turística», no longe. A tira de imagens multicoloridas desenrola-se sem interrupção e entrecruza-se com uma trilha sonora não menos variada e ininterrupta. *Homo otiosus* [homem ocioso] e *homo peregrinator* [homem viajante], o neoburguês, ao contrário de seu antepassado, o

---

[1] RMI era o *Revenu Minimum d'Insertion*, ou «Renda Mínima de Inserção», que rima com «Mimi Pinson», personagem muito pobre de um poema de Alfred de Musset. O poema começa dizendo, por exemplo, que Mimi Pinson só tem um vestido e um chapéu. [N. T.]

Sr. Jourdain,[2] não recorre a professores de música, de filosofia, de dança, de esgrima: ele não precisa aprender. Suas «práticas culturais» tomam-no exatamente como ele é e transportam-no para uma montanha-russa sempre em movimento. Elas o massageiam com espetáculos e com sonoridades já preparadas. O tipo consumado do *otiosus peregrinator* [ocioso viajante] é o viajante munido de uma Kodak e de um *walkman*: ele entra docilmente nos itinerários marcados com setas das Arcádias do Lazer habilmente preparadas para depená-lo. No entanto, é sobre esse zumbi, que já não tem nada de cidadão, e para ele, que foram edificadas as máquinas ditas culturais que giram com máxima produtividade. É ele, porque vota e porque paga, que é o objeto de engenhosas estratégias de sedução, e é a ele que, de bom grado, são sacrificados o encanto dos lugares e a poesia das coisas. Gostaríamos de poder dizer que ele é o colonizador gentil do mundo moderno, se ele não fosse tão passivo e dócil: os verdadeiros colonizadores, após a passagem dos quais a grama não cresce mais, são os *Tour-Operators* [Operadores Turísticos], os Gentis Organizadores, as autoridades dinâmicas que abrem passagem e remodelam os locais para melhor capturar essas presas em procissão. Porém, na França, por passos imperceptíveis ou por acessos, o Estado tornou-se o principal promotor de uma Arcádia de diversões falsificadas, a qual tende a confundir-se com o país. Comparei a França com a Veneza do fim século XVIII. Isso, com o detalhe de que essa Veneza, reformada a toda velocidade pelo governo mais industrioso do mundo, está se transformando em Las Vegas.

    Se existe um lugar em que o Ímpeto Cultural francês pode encontrar realizados seus ideais contraditórios, esse lugar é,

---

2 O «burguês fidalgo» que dá título à peça de Molière, *Le Bourgeois gentilhomme*.

efetivamente, Las Vegas.[3] E, ao contrário daquilo em que acreditamos, em nossa cegueira complacente, Las Vegas não é uma «chaga» da América distante. Essa metrópole das diversões da democracia comercial, isolada e especializada, desenvolveu-se, desde o *New Deal*, no deserto de Nevada, ao sul de Utah e de Salt Lake City, a capital do puritanismo americano. Ela é, também para nós, a Roma do turista moderno, para a qual convergem todos os caminhos, inclusive os nossos. Vista de avião, trata-se de uma longa avenida retilínea, o String, que começa e perde-se nas areias e que, como o ímã e a limalha de ferro, aglutina em torno de seu segmento central prédios, monumentos e ruas. Esse oásis de cimento avassalado de calor e de sono durante o dia, ribombante de circulação e exuberante de luzes durante a noite, é desprovido de toda vegetação. É com dificuldade que, nas mansões com piscina, que formam uma esparsa constelação em torno da aglomeração oblonga, reconhece-se, durante o dia, algum verde ornamental, talvez artificial. O aeroporto é digno de uma metrópole: o fluxo de turistas que desembarcam todos os dias, ou que vão embora, em geral após uma estadia breve, equivale ao da população de Lyon. É incessante o vaivém dos aviões. Ele conecta Las Vegas com os cinquenta estados da União. A população sedentária, comparativamente pouco numerosa, é inteiramente dedicada ao serviço das diversões, do carregador do hotel ao garçom do restaurante, da prostituta à dançarina do *show*, do guia turístico ao crupiê da mesa de jogo.

3 Las Vegas, seu urbanismo, sua arquitetura, substituíram Roma no quesito recolta de modelos clássicos para os «pós-modernistas». Ver a nova versão de *Da arquitetura*, de Vitrúvio, em *L'Enseignement de Las Vegas: ou Le symbolisme oublié de la forme architecturale*, de Robert Venturi, Denise Scott-Brown e Steven Izenour — 1ª ed. americana, 1977; trad. francesa: Bruxelas: Mardaga, 1987. [Na verdade, a primeira edição estadunidense é de 1972, publicada pela MIT Press; ed. bras.: Aprendendo com Las Vegas: o simbolismo (esquecido) da forma arquitetônica. Trad. Pedro Maia Soares. São Paulo: Cosac Naify, 2003].

E a população efêmera, que em fluxos sucessivos corre todos os dias na artéria vital da cidade, está de férias, resolutamente decidida e dedicada a fazer girar a toda velocidade a máquina de diversões construída para satisfazê-la e que funciona sete dias por semana. O domingo e os feriados são desconhecidos em Las Vegas. Os turistas da Disneylândia vão em família, com os filhos. Os turistas de Las Vegas chegam em casais, mas sem filhos: se noivos, vão se casar lá, nos vários cartórios e capelas de todas as confissões, previstas para eles; recém-casados, vão passar a lua de mel; casais de mais idade, vão celebrar as bodas de prata; casais efêmeros, fogem para um fim de semana de diversão. A inversão entre trabalho e lazer, característica das democracias comerciais de fim de século, atinge, em Las Vegas, seu último excesso. Essa cidade não é um parque, mas uma cidade de verdade. Porém, nessa cidade, uma pequena minoria trabalha para uma imensa maioria de ociosos, e de ociosos tão obstinados em seu ócio que desdenham de ocupar-se dele: Las Vegas encarrega-se disso para eles. Ela cria, prevê, canaliza e programa a diversidade dos prazeres. E esses ociosos são adultos. Em Las Vegas, não há mais crianças do que verde. Esses adultos ociosos estão em um estado de férias quimicamente puro. Com a imaginação flutuando, a memória vazia e vaga, a vontade relaxada, eles estão inteiramente entregues à oferta imediata de animá-los maquinalmente que lhes é feita.

De tudo que a humanidade inventou, de tudo que ela sonhou, de tudo que ela descobriu, religião e poesia, arte e música, aqui só resta uma coleção de clichês acionados por uma máquina de entreter. Tudo aquilo que a ciência e a técnica descobriram para aliviar a dor dos homens e satisfazer sua necessidade de conhecer, resume-se e esforça-se, aqui, para acelerar, multiplicar e variar os prazeres. Da história da humanidade, subsiste apenas uma cidade de ilusões e de lembranças padronizadas e exploradas para a máxima rentabilidade. Esse lugar, dito «pós-moderno» por excelência, é também o momento imóvel em que tudo já aconteceu, onde nada mais nunca acontecerá, exceto o ir e vir dos turistas que chegam para constatar essa vertiginosa ausência e transformá-la, com sua presença errante, em pasto de viajantes. Ao longo do String, pastiches da Villa Hadriana, do Taj Mahal, de Borobudur, de Versalhes, da catedral de Reims, do Palácio de Verão de Pequim, da Alhambra de Granada, de São Pedro em Roma, do Canal Grande e da Torre Eiffel reúnem a história universal da arte em uma exposição enciclopédica. Esse museu nada tem de imaginário: um filósofo poderia percorrê-lo relendo a *Estética* de Hegel. Cada um desses monumentos, lugar de memória, acomoda-se, sem lamentar o «fim do período artístico». Todos são, ao mesmo tempo, cartões-postais de uma aventura humana concluída e casas de jogos, espaços de *shows*, unidos a imensos hotéis arranha-céus. Casas da Cultura polivalentes, reúnem enormes salas de espetáculos, equipadas com grande luxo técnico, salões repletos de máquinas de jogo, alguns, e outros reservados às mesas de jogo. Do quarto do hotel, é possível descer diretamente para uma pseudo-Antiguidade romana, ou para um pseudo-Extremo Oriente, em meio a falsos escravos, de clâmide, ou falsos eunucos, de turbante. Distribuídos pelos vários andares de cada hotel, restaurantes variados oferecem a ambientação e os cardápios de todas as latitudes: cozinha mexicana, pequinesa, cantonesa, italiana, lionesa, indonésia, alemã; tomam-se cerveja e saquê, chá e vinho, sidra e, sempre, Coca-Cola. Assim como Des Esseintes,[4] o turista de Las Vegas está dispensado de viajar: um ciclorama em grande escala põe tanto geografia como história à disposição, no mesmo local. Em Las Vegas, a Natureza termina como a História: o último

---

4   Jean des Esseintes, personagem de Às avessas (1884), novela do escritor francês Joris-Karl Huysmans. Des Esseintes é o último descendente de uma família de aristocratas, e sua personalidade é marcada pelo ódio à burguesia e por um gosto estético excêntrico. [N. E.]

dos hotéis-cassinos construídos ao longo do String, o Excalibur, imensa fortaleza medieval de fantasia, abriga um vulcão em atividade e uma miniatura das cataratas do Niágara. É provável que, da próxima vez, o próprio mar seja enfim capturado no mais gigantesco dos palácios de ilusões, tornando inúteis os oceanos poluídos.

Os cinemas, as butiques de luxo e de mentira oferecem, a quem ainda não está farto, outras pequenas evasões no local. Filmes e vídeos são devorados, pacotes, joias e estatuetas, quadros de mau gosto ou pôsteres são carregados. Relaxa-se e, sobretudo, joga-se. E, às vezes, ganha-se! Os jovens casais que tiverem sorte não precisam esperar para gastar o que ganharam: um imenso supermercado de móveis os espera, para ali comprarem o futuro quarto de dormir. Essa Cidade-Museu da arquitetura, da pintura e da escultura mundiais desempenha o mesmo papel para as artes decorativas: o Supermercado dos Móveis expõe, em quilômetros quadrados, quartos de dormir de todos os estilos conhecidos, do antigo Egito a 1990, camas com colunas e camas-barco, camas Luís XV e camas Queen Anne, camas de castelãs e camas de sultanas, todas as alcovas que 3 mil anos de marcenaria e tapeçaria imaginaram para o mesmo tema do retângulo.

Censurar Las Vegas é um erro. Esse moinho de clichês e de fantasias repetitivas, em sua variedade resoluta e monótona, acredita em sua verdade. Porém, sua verdade amedronta-nos. Trata-se da verdade dos lazeres americanos e modernos. É preciso ver Las Vegas para reconhecer seu princípio operando sob os álibis que o dissimulam em outros lugares e, sobretudo, em nossos climas. Esse princípio ganha nossas cidades, e sobretudo nossas capitais, tornadas parques mundiais de diversões. Restaurados, nossos monumentos parecem pastiches. Hotéis e casas de jogos, restaurantes e lojas multiplicam-se em seu entorno. Nossas artérias mais célebres e elegantes metamorfoseiam-se em *shopping and fun streets* [ruas de compra e diversão]. A mesma multidão desocupada, dócil aos itinerários indicados por setas, corre pelas portas de nossos palácios-museus e monumentos. A história retira-se e deixa suas conchas vazias rolando na espuma do divertimento de massas. Las Vegas, impávida, desdenha de disfarçar sua mixórdia artística e histórica. Ela chama as coisas pelo nome. *Entertainment is entertainment.* Ela não é nem lugar, nem centro, nem casa, nem espaço «culturais».

Seria injusto e hipócrita caricaturar o turista moderno. Seu retrato é, para nós, aquilo que era o do Amor-Próprio, feito por La Rochefoucauld, ou do Tédio mundano, por Pascal. O Antigo Regime já tinha seus turistas. E hoje, todos os cidadãos das democracias, na França e em outros países, participam em graus diversos desse tipo que nada tem de ideal. Todos o trazemos em nós, ao menos em estado de viva tentação. O turista não é o Outro: sou eu; é você. É inútil procurar álibis. O chiclete audiovisual moderno (e suas variantes pretensiosamente culturais) corresponde exatamente ao divertimento pascaliano, e seu consumo tenta, em vão, preencher o mesmo vazio que corrói o coração do homem. Samuel Beckett é nosso Pascal. Se formos platônicos, será o caso de ver no *homo otiosus et peregrinator* moderno o espectador da caverna, vitimado pela coreia de Sydenham,[5] prisioneiro das ilusões do mundo sensível, esquecido da realidade harmônica e divina, pátria de sua alma. Seria, além de tudo, injusto caluniar a democracia, sobretudo em sua forma final de sociedade de consumo. Ela desnuda em grande escala o fundo do saco humano. Mas faz isso com uma branda ironia, de um jeito cômico que a torna amável, sobretudo em comparação com os regimes de terror em que o século XX é tão fecundo. A singular mistura de Pascal e Molière que seria necessária para conhecê-la por seu preço exato, os franceses, que têm um e outro, deveriam reclamá-la: argúcia e ironia fazem parte de seu patrimônio.

---

5 Doença que leva à descoordenação motora. [N. T.]

Na medida em que o turista moderno, lagarta processionária, e não mais viajante nem *flâneur*,[6] é qualquer pessoa, ele também não é ninguém. Esse retrato-robô, como todos os fenômenos de massa assinaláveis por estatísticas e por investigações quantitativas, é uma soma de sombras. Ele não é nem sequer um «tipo ideal», no sentido de Max Weber. Cada um de nós projeta-se nele e nele aniquila-se, a partir do momento em que nos deixamos levar pelos circuitos das multidões. Porém esse desfile de silhuetas sem rosto só é visível para os outros, os quais ele ofende, roça e humilha em sua passagem. E, mesmo nesse caso, trata-se apenas de um possível de nós mesmos. Ninguém nunca se resumiu, exceto passageiramente e nesses momentos de ausência, a essa procissão de fantasmas vulgares e obstinados. Assim que nos libertamos desses determinismos de massa, despertamo-nos em nós, entre os nossos (pequena minoria de amigos, de familiares, pequena sociedade iluminada por um ofício, por gostos, por hábitos comuns). Porém basta que nos deixemos tragar por um «lugar» ou por um «espaço» calcado para o aglutinamento das sombras, para que, imediatamente, a lei dos grandes números alinhe-nos com seus gestos mecânicos e com sua vacuidade. O turista aparece em bando onde é esperado, onde tudo foi feito para ele, e apenas para ele, metamorfose zoológica dos homens, das mulheres e das crianças que tiveram a imprudência de esquecer de si ao entrar na fila. A partir do momento em que nos afastamos desses lugares reformados para se tornarem armadilhas para turistas, desses itinerários desenhados para eles, as paisagens, o céu, os rostos e a luz da realidade, enfim, recuperam todas as suas chances de serem descobertas e de dar-se. O Estado cultural tornou-se o campeão da criação de bombas de aspiração

---

6 Figura típica do séc. XIX francês. O *flâneur* («caminhante», «passeador», «errante», «desocupado») é aquele que conhece a rua, que sabe explorá-la, de forma que essa atividade é seu lazer e sua principal ocupação. [N. E.]

e compressão de sombras incontáveis e dóceis. Porém ele quer dar-nos a ilusão lisonjeira de que essas bombas, porque são francesas, têm o privilégio de não funcionar tão obscuramente quanto as dos outros. A mistura das sombras gostaria de ser vista como a grande viagem na luz das Ideias. «Cultura livre», escreveu sem pestanejar um dos nossos grandes misturadores culturais, que, de bom grado, toma a si mesmo pelo Sócrates e pelo Isócrates do serviço público.

A ilusão consiste, efetivamente, em fazer crer que, pela virtude do Estado cultural ou de seus imitadores municipais e departamentais, um supermercado «padrão francês», destinado a todos os franceses e ao mundo inteiro, mantém-nos muito acima da sociedade de consumo comum. Na verdade, esse supermercado não tem todo mundo como cliente, mas a pequena multidão «minoritária» rica e nômade de cidadãos de países ricos, pouco econômica quanto a seus prazeres e pouco incomodada pelo exorbitante privilégio de que goza em relação às massas sedentárias e pobres de que é formada a imensa maioria da humanidade atual. Seus senhores reduzem-se, apesar de seu número, a uma minoria ainda mais restrita, que, por sua vez, evita, ao máximo, misturar-se à multidão de seus próprios clientes. Essa é a primeira fraude. A outra consiste em apresentar esse sistema escalonado e as «diversões culturais» dispensadas por ele às massas indistintas, que acorrem apenas dos países ricos, como se, por terem na França seu teatro, tivessem uma essência diferente da que têm as diversões de massa de outros lugares, dos Estados Unidos por exemplo. Na verdade, essas diversões culturais, mais habilmente massificadas na França do que em outros lugares, estão na França associadas à mesma dispersão, extroversão e superficialidade impaciente e distraída que nos outros, com o detalhe de que o selo oficial que elas recebem corre o risco de torná-las pedantes e tediosas, o que é lamentável para as diversões.

Na língua vernacular francesa, «cultural» tornou-se sinônimo de «chato». Esse fato linguístico é uma pesquisa que basta para desmentir todas as «Cifras da Cultura» reunidas há trinta anos. Felizmente, ele não se estende a línguas diferentes do francês. O Estado cultural, que acabou se incomodando com isso, aproveita todos os pretextos para esconder a marca de origem de seus serviços e a troca por uma publicidade e uma encenação de estilo comercial. Afinal, esse mimetismo os identifica, no limite, a esse mesmo mercado cosmopolita e capitalista das diversões do qual ele, por outro lado, gaba-se de proteger os franceses. Esse «grau zero» do serviço público das diversões distingue-se, no entanto, de seu modelo comercial por sua pretensão, por seu sentimento de superioridade. O que reintroduz o tédio. E estamos, de novo, no impasse. A variante «Estado cultural» das sociedades de consumo é mais afetada e pedante, mesmo com suas lantejoulas de Ilustre Gaudissart, do que as outras. Ela transpira amor-próprio, ingrediente mortal para a alegria de viver, para o prazer, para o simples bom humor. No estágio superior, no qual suas hierarquias praticam seu ofício, nas *vernissages,* coquetéis, estreias, inaugurações, discursos e sucessivas coletivas de imprensa, seu vazio moral e sua esterilidade são ainda mais evidentes do que no estágio inferior, no qual se apertam as maiorias silenciosas, turistas e curiosos, talvez, mas, pelo menos, em tempo parcial.

Esqueceu-se que os inventores das diversões modernas, de Des Esseintes a *L'Homme à Hispano*[7] [O homem do Hispano], de *O Grande Gatsby*[8] a *L'Homme pressé*[9] [O homem ocupado], foram aristocratas dos anos 1890-1930. Eles entusiasmaram-se com o automóvel, mais empolgante do que um vulgar cavalo, e com o avião, mais inebriante do que uma banal carruagem. Encantados

---

7 Novela de Pierre Frondaire, publicada em 1925. Em 1926, tornou-se um filme mudo, dirigido por Julien Duvivier. [N. E.]

8 Livro de F. Scott Fitzgerald, lançado em 1925. [N. E.]

9 Novela de Paul Morand, publicada em 1941. [N. E.]

por esses novos privilégios, que deviam à tecnologia, eles foram adeptos de vanguarda da Obra de Arte Total; mecenas de Reinhardt, de Breton e de Al Brown; amantes de esqui e de praia; grandes viajantes e grandes leitores de Freud e de D.H. Lawrence; muito impressionados pela modernidade de Lênin e de Mussolini; e consternados, enfim, na velhice, ao ver a Aldeia Global estender às multidões seus atributos de dândis. Porém, para acelerar essa metamorfose do epicurismo elegante em consumo de massas, foi — e é — necessário que tecnocratas supereletrizados se matassem de trabalhar para fazer funcionar enormes máquinas de travestir os cidadãos de bem em turistas embasbacados e insaciáveis, eles próprios cobertos de máquinas. Será que o fim do fim do socialismo cultural é transformar todo mundo em fantasma de Robert de Montesquiou? Pode-se conceber que as máquinas desse estranho espetáculo, sua obra, acusem os espectadores que desviam o olhar delas, distanciados ou indiferentes, de «elitismo», de «passadismo» e até de «reação».

Seu infortúnio quer que seja conhecida, para a caverna platônica, para o tédio pascalino, apenas uma escapatória verdadeira, fora da fé religiosa e filosófica. Essa escapatória é, e sempre foi, minoritária e, até mesmo, singular. São as disciplinas do espírito. O imenso mérito da democracia liberal é não proibi-las, e é desejável para ela, principalmente na França, que não as intimide, que chegue até mesmo a favorecê-las publicamente. Para o turismo de massas, para o grosso caldo turístico que a Cultura se tornou, não existe alternativa nobre além do ócio estudioso. Isso que chamo, com Erasmo, com os antigos, de «ócio estudioso» não é nem um privilégio, nem uma exceção. Hoje, assim como ontem, e como sempre, a vocação das pessoas de bem sob todos os céus as leva a isso, mesmo que apenas alguns a sigam até o fim. Ela consiste em saber bem aquilo que se sabe, em fazer bem aquilo que se faz, a gostar bem daquilo de que se gosta. Pouco importa se o que se sabe é pouco, se aquilo que se faz é modesto, se aquilo de que se gosta só é atraente para si mesmo. Isso vale para o trabalho, vale para as diversões. É preciso perseverança, concentração, um longo aprendizado e, também, quando o momento é propício, um verdadeiro abandono, a graça.

O Antigo Regime tinha seus heróis e seus santos. As Repúblicas modernas têm seus cientistas, seus artistas, seus letrados. Sua visibilidade conforta, em sua verdade, os ofícios mais modestos e mais diversos. Todas essas «pessoas de qualidade» da democracia liberal são, em primeiro lugar, cada uma em sua ordem, indivíduos. Se eles se aliam, fazem-no por afinidades e formam sociedades minoritárias. Quanto mais elas são diferentes e vivas, mais se contrapõem e impõem respeito ao peso, à opacidade e à quantidade da multidão aturdida e vagabunda. Tudo o que aumenta e coagula essa massa sem o espírito precipita a democracia liberal para seu contrário, ao sufocar os indivíduos dignos desse nome e as pequenas sociedades cooptadas que formam seu microclima. Quando os indivíduos livres e as minorias que os reúnem são vigorosos, respeitados, o resto vem por acréscimo, a começar pelas diversões, às quais é indecente conceder a importância que hoje recebem, por motivos pouco confessáveis. Quanto ao gênio, que fingimos atingir ao final dessa engorda em massa, ele vem e vai, e vem com tão mais facilidade quanto o ócio estudioso, que é alegria e amor, guarda suas chances contra a maquiavélica eficácia aplicada às diversões.

As sombras passam e dissipam-se. A luz não muda. O sentido mais profundo da palavra cultura, tanto para os homens como para as plantas, consiste em voltar-se para a luz, em crescer nela. Se amamos a liberdade, é porque ela permite-nos encontrar a luz por nós mesmos e crescer nela. Cabe ao Estado não opor um muro ao chamado da luz. Não mais pedimos, como no tempo do Rei Sol, que ele a dispense. Já vimos demais que ele não tem a oferecer nada além de *sunlights*.[10]

---

10 Em francês, o anglicismo *sunlight* indica o projetor de cinema; mas, com a tradução, perder-se-ia o trocadilho. [N. T.]

A Modernidade de Estado

A França, há algumas décadas, gaba-se de ser a terra santa da Modernidade. «Nossa modernidade», gostava de escrever Roland Barthes, com uma mistura de orgulho irritadiço e de tristeza decente. Na França, basta ouvir a palavra «moderno», e já entramos em posição de sentido: basta avisar que a ideia, mesmo absurda, de que um costume, mesmo odioso, de que um homem, mesmo vil, de que um móvel, mesmo horrendo, é moderno, e imediatamente ninguém mais ousa soltar o menor murmúrio, e imediatamente todos aplaudem, confiantes. Ainda que uma nuance de dúvida e de prudência tenha-se introduzido há algum tempo nos círculos mais avisados, a Administração insiste nesse critério de julgamento, e as províncias, que demoram mais a ser convertidas, alinharam-se a esse critério com atraso, mas também com um arrebatamento de recém-convertidos. Hoje, já não existe projeto que choque o bom senso, que não suscite, nos municípios e nos conselhos gerais ou regionais, um alinhamento apaixonado, caso o argumento «moderno» seja devidamente invocado. Apesar das reservas que surgem nas conversas privadas, ainda vivemos na França o reinado de uma Modernidade de Estado. Trata-se de uma Modernidade tardia, como hoje se fala de Antiguidade tardia, e não mais de Alta Idade Média. Ela não o é apenas pela cronologia, pois, em sua forma atual, data apenas dos anos 1960. É também por sua psicologia, que é impaciente e nervosa, integralmente recuperação, reciclagem e afetação forçada, e que também força as etapas para esconder um atraso imaginário ou real. Nada é mais imperioso e intolerante do que a vontade de superagitação que faz as vezes de discernimento e de tato, na decisão e na ação.

Nem o adjetivo «moderno», nem o substantivo «modernidade» são novos na França. E, assim como o Estado cultural sonha, para si, ancestrais no século de Luís, o Grande, e de Colbert, a Modernidade de Estado, que é seu estilo, busca, para si, de bom grado, uma genealogia entre os Modernos da época do Grande Rei, que desdenhavam de Homero e de Virgílio e admiravam Descartes e Malebranche, que gostavam de óperas e de contos de fadas. A filiação é inegável, mas é mais perigosa do que favorável para os Modernos de hoje em dia. De início, ela prova que os Modernos não são tão modernos quanto dizem que são, se têm ancestrais do tempo de Luís XIV. O verdadeiro Moderno é aquele que não tem ancestral, nem antecessor nenhum. Na verdade, ele é o Único.

Se nos reportamos à Querela dos Antigos e Modernos, os Modernos atuais julgando-se os herdeiros do lado dos vencedores, percebemos que esses vencedores, de outrora e de hoje, não têm do que se pavonear. Para começar, ao contrário de uma lenda em que se acredita desde Voltaire e seu *Le Siècle de Louis XIV* [O século de Luís XIV], o Grande Rei, que gostava de Boileau e de Racine, não deu nenhum sinal de favor a Charles Perrault, cujas bajulações queriam fazer dele o rei dos Modernos, único em seu gênero entre todos os grandes príncipes da história humana. O rei sentia-se muito mais lisonjeado pelos Antigos, que assentavam sua glória no concerto dos heróis de sempre, Alexandre e Augusto, Aquiles e Eneias. Ele encontrava pregadores o suficiente para reter que o adjetivo «moderno», com o qual Perrault queria adornar-se, tinha um sentido etimológico extremamente pejorativo e que significava, simplesmente, «em conformidade com a moda», o que, no século XVII, não tinha nada de lisonjeiro para uma consciência cristã. A «moda» era, efetivamente, uma transposição para o francês, e em feminino, tanto do termo escolástico latino *modus* («maneira passageira e acidental de ser», em contraposição à substância durável e subsistente) como do advérbio latino *modo*, que significa «daqui a pouco», «logo», e que também remete a inteligência à instantaneidade, ao fugidio do instante que passa. É perfeitamente natural que os mundanos tenham sido seduzidos pela inversão de perspectivas que fazia, de suas modas e de tudo aquilo que era moderno, um objeto de entusiasmo supremo. O rei, porém, que também queria ser o rei do Tempo, e não apenas de seu próprio tempo, não o ouvia com esses ouvidos. Se ele não desincentivou nem Perrault, nem Fontenelle, ele sentia que sua glória estava mais segura nos elogios clássicos dos Antigos. Essa Querela dos Antigos e Modernos foi, portanto, uma Querela em pé de igualdade, em que Luís XIV, mais avisado do que Colbert, não quis decidir em favor dos Modernos, e cujo tema permanece, até hoje, em aberto.

Um dos mais profundos participantes da Querela foi certamente o irlandês Jonathan Swift. Para resumir, ele inventou uma fábula que guarda, neste fim de século XX, apesar de vir do partido dos Antigos, um valor que não escapará a ninguém. Swift imagina o diálogo entre uma aranha e uma abelha.[1] Na biblioteca Saint-James, em Londres, uma aranha, cuja teia a abelha rasgou ao passar por ela, insulta a intrusa: «Eu tiro tudo de dentro de mim mesma e construí minha morada graças a meus cálculos científicos, com materiais que tirei inteiramente de mim mesma. Já você, vagabunda sem morada nem recursos próprios, você só tem suas asas e sua música». A abelha então responde:

[1] Para compreender esse apólogo, não é inútil lembrar-se de que a aranha é o resultado de uma metamorfose de Aracne, que, em sua vaidade, afirmava ser superior a Palas, deusa da Sabedoria, na arte de tecer (Ovídio, *Metamorfoses*, VI.1-167), ao passo que a abelha é, na Antiguidade, um emblema das Musas (Platão, *Íon*, 534 a-b).

Fico contente porque você ao menos me concede os honestos recursos de minhas asas e da minha voz; devo ao Céu gratidão por ter-me concedido a liberdade de voar e a felicidade de cantar, o que ele não teria feito se não fosse para os fins mais nobres. É verdade, visito as flores que se desabrocham nos campos e nos jardins, e tudo aquilo que delas tomo e coleto enriquece-me, sem tirar rigorosamente nada de sua beleza, de seu perfume, de seu sabor. Quanto à sua competência em arquitetura e em matemática, digo apenas isto: no seu edifício, pode até ser que haja trabalho e método, mas, pela experiência que acabo de ter, os materiais não valem nada, e espero que, no futuro, você dê à durabilidade e à substância a mesma consideração que dá ao método e à técnica. Você se gaba de tirar tudo de si mesma, mas, a julgar pelo líquido que sai de você, você tem dentro de si uma grande reserva de lixo e de veneno, e imagino que não precise da ajuda de ninguém para aumentá-la. Em suma, a questão resume-se a isto: qual dentre nós duas é a mais nobre? Aquela que, absorta em seu estreito quadrilátero, inteiramente ocupada de si mesma, alimentando-se e engendrando-se ela mesma, transforma tudo em excremento e em veneno, ou aquela que, em uma busca universal, ao custo de uma longa pesquisa, de muito estudo, de um juízo verdadeiro e de discernimento das coisas, leva para casa mel e cera?

Esopo, então, aparece nas prateleiras da biblioteca e dá a moral dessa fábula:

> A disputa fez com que aparecesse, em toda a sua força, aquilo que pôde ser dito dos dois lados e esgotou a substância dos argumentos *pro et contra*. De fato, o que há de mais moderno do que a aranha, que afirma tirar e fiar tudo dela própria, que desdenha de toda obrigação e assistência do exterior? Ela gaba-se de sua técnica superior em arquitetura e em matemática. A abelha, por sua vez, é uma advogada para nós, os Antigos: por

mais que vocês façam seus planos com todo o método e toda a competência, se os materiais são apenas dejetos tirados de suas próprias entranhas, o edifício, no fim das contas, não será nada além de uma teia de aranha, cuja durabilidade depende de ficar abandonada em um canto abandonado ou esquecido. Para nós, Antigos, contentamo-nos com a abelha por não termos nada que nos seja próprio, exceto nossas asas e nossa voz, ou, em outras palavras, nossa capacidade de voar livremente e de falar. Tudo aquilo que obtemos é por meio de erudição e de pesquisa, percorrendo todas as regiões da natureza. Em vez de excremento e de veneno, escolhemos encher nossos armários de mel e de cera, fornecendo assim, à humanidade, as coisas mais nobres que existem, a doçura e a luz.

A fábula de Swift presta-se a muitas outras exegeses, além da de Esopo. Ela coloca-nos na direção daquilo que separa as humanidades das ciências da matéria, a poesia e a arte do expressionismo subjetivo, a literatura da sociologia, a política liberal da tecnocracia, a generosidade do espírito do utilitarismo. Essa clivagem não é, talvez, moderna, é extremamente atual, mais atual ainda do que na época de Swift, em que Antiguidade e Natureza mal tinham sido arranhadas pela pretensão do Ego moderno de fazer o papel de aranha da História e do Universo. O substantivo «modernidade» ainda estava longe de ter sido inventado.

**

Foi inventado por Baudelaire. Na obra desse poeta, contemporâneo da «decolagem» da França industrial no Segundo Império, ele assume os tons de uma trágica ironia. Trata-se de uma palavra de adesão, mas carregada de provocação, a um mundo moderno já largamente tecido pelo saint-simonismo e pelo utilitarismo democrático, desencantado. Cabe agora às abelhas, mais raras entre as aranhas, se entregarem a uma impiedosa tortura de si para aprender a extrair um pouco de mel e de cera nessa paisagem carregada, suja, esvaziada, em que as flores são raras e doentias, e purificá-las do veneno e dos excrementos que se acumulam em suas próprias entranhas. A modernidade de Baudelaire (que ainda se identifica com a moda) é um pouco o Gólgota do artista, mas é, ao mesmo tempo, um programa poético e artístico de doçura e de luz redentoras, «apesar de tudo». A fidelidade das letras e da arte francesa, na III República, à tradição e à beleza antiga decorre dessa poética heroica da modernidade baudelairiana. Gide e Valéry, Cézanne e Degas, Picasso e Apollinaire, Braque e, até mesmo e sobretudo, Rimbaud são as abelhas estoicas que continuam a compor mel e cera aromáticos e nutritivos acima das extensões de petróleo que ganham os mares, as mentes e os corações.

Mas e hoje? Hoje, a Modernidade é a versão requentada e fanática da religião saint-simoniana do progresso. Pelo menos, é assim que ela se apresenta na França, onde se tornou o motor de uma verdadeira guerra fria, cuja liderança foi assumida pelo Estado. Em um país como a Itália, a modernização pode assumir a aparência de uma catástrofe ecológica, ou constituir o objeto, na pessoa de seus grandes barões, de um orgulho ingênuo: trata-se de uma fatalidade, não de um ideal, e muito menos de uma ideologia. Nos países escandinavos, na Suíça, a modernização acontece com flexibilidade, em uma espécie de acomodação instintiva aos equilíbrios ditados pela natureza e pela forma ancestral dos *habitats*. Trata-se de um progresso de comodidade e de conforto, não de um esforço violento que pede vitórias, bandeirolas, monumentos simbólicos e desfiles triunfantes acompanhados por escravos acorrentados. Na França, a Modernidade, questão de Estado, tem o dever de maltratar, de impor, ou de enganar: ela diz ter de bater-se com um inimigo fortíssimo, um prodigioso imobilismo secular, um princípio contemplativo, quase oriental, que paralisa seus camponeses, seus burgueses, seus senhores e suas classes médias, e que a obriga a estar em guerra permanente para vencer essa perversa força de atraso; no entanto, é esse o espírito do lugar. Esses velhos hábitos entranhados e tenazes serão desmoralizados e escorraçados, nem que seja preciso aliar-se com o Diabo. Assim, a Modernidade de Estado não se contenta em mostrar-se arrogante, imperiosa, impaciente, intolerante: como tudo aquilo que força a natureza, ela precisa acrescentar, nesse esforço, a ostentação grandiosa, o nervosismo ocupado. A modernização da França do pós-guerra tinha sido amplamente começada pela IV República. Ela assumiu um tom épico graças ao poder que receberam, na V República, os tecnocratas modernizadores, que, sem consultar nem o Parlamento, nem o sufrágio universal, em poucos anos fizeram de uma França ainda rural uma França apressada e massivamente urbanizada, e que introduziram milhões de trabalhadores imigrantes sem que ninguém realmente se desse conta, exceto quando o racismo começou a dar as caras. Tudo isso era, talvez, necessário e inevitável. A existência material, o conforto e a saúde de muitos franceses foram melhorados. Porém, imposto desde cima, por decisões, no mais das vezes, secretas, em um espírito de conquista e de alegria maus, a uma França «de boina e pantufas», que, com ódio, era imaginada tacanha e tímida, todo esse progresso material foi sofrido e não aprovado, como uma violência acompanhada de ardis que deixa, atrás de si, profundas amarguras e ressentimentos. Foi assim que aconteceu por toda parte: os prefeitos «dinâmicos» imitaram os mais altos funcionários eletrizados pela «mística» do Plano. Dotados de novos poderes pela lei Defferre de descentralização, eles não hesitam mais em estragar suas cidades e seus vilarejos para modernizá-los. Os padres simoníacos não os esperaram para vender as madeiras e as estátuas de suas igrejas, que não lhes pertenciam mais, para instalar altares de «fórmica», estalando de novos, e caixas de som tonitruantes. Essa é a nova guerra dos Modernos contra os Antigos, o Estado modernizador dando o exemplo não apenas das mudanças necessárias e razoáveis, mas do fanatismo agressivo e cheio de desprezo que torna essas mudanças odiosas e irreparáveis.

Essa ideologização do «moderno» encontrou, na mundanidade parisiense, se não aliados políticos, ao menos cúmplices de fato. Paris é a capital da moda, e a moda, por definição, está do lado do moderno, qualquer que seja, por menos moderno que pareça. A moda, até 1968, voltava-se, antes, para as ideologias marxistas e marxizantes — e, portanto, para o antigaullismo. Porém o marxismo dá a quem o adota a extrema satisfação de saber aonde leva o enredo da História: ela divide seus personagens em «forças dramáticas» que têm o futuro para si, por trabalhá-lo, e em «forças de resistência», que estão vencidas de antemão por estarem voltadas para o passado. A «Modernidade», todas as modernidades — inclusive, sem que o diga, a modernização de Estado conduzida a toque de caixa pela tecnocracia no poder — viram-se, portanto, valorizadas por esse sentimento épico, geralmente compartilhado pelos parisienses antenados, pelos intelectuais e pelos artistas — no entanto, de oposição —, bem como pelos altos funcionários dos Ministérios das Finanças e da Indústria, animados por ideais uriagianos[2] e progressistas.

O combate da tecnocracia contra a «velha França» não podia ser travado à luz do dia. Eram necessários biombos e álibis. A «democratização», termo estranho, como se democracia e violência maquiavélica pudessem e devessem andar juntas, foi o mais cômodo. Ele servia de ponte entre a direita e a esquerda tecnocráticas. Toda uma oligarquia político-administrativa, aliás dividida em inúmeros pontos, estava unida em torno desta certeza fanática: é preciso acelerar a

---

2   Referência à Escola de Quadros de Uriage. Ver capítulo «Dois ensaios comparados de Estado cultural» deste livro. [N. T.]

velocidade da máquina França, para que ela entre definitivamente na «modernidade». Marc Bloch, naquela Estranha derrota à qual é preciso voltar sempre, tinha pressentido o perigo desde julho de 1940. No livro, ele descrevia o «ritmo infernal que uma Alemanha de colmeias agitadas dirigia contra nós», mas nem por isso convidava as gerações que reergueriam a França a sacrificar a «liberdade de espírito» e a conversa democrática a uma tecnocracia e à sua vontade de potência: «Apenas suplicamos», escrevia,

> que evitem a secura dos regimes que, por rancor ou por orgulho, pretendem dominar as multidões, sem instruí-las nem comungar com elas. Nosso povo merece que nos confiemos a ele e que tenhamos confiança nele. Esperamos também que, ao fazer coisas novas, muitas coisas novas, não rompam de maneira nenhuma os laços de nosso patrimônio autêntico, que de maneira nenhuma está, ou que ao menos não está inteiro, onde os autoproclamados apóstolos da tradição querem pô-lo.

A modernidade a passos forçados era uma ideologia mínima para um Estado-Providência, era sua moral dos fortes e também sua estética. Sua junção deveria ser feita com a modernidade baudelairiana, atrofiada do princípio de resistência e de recusa que, no entanto, tornara-a fértil e livre. A Arte moderna tardiamente se torna um dos emblemas da Modernidade de Estado e sua legitimidade poética. Trata-se de uma extraordinária confusão das ordens e de uma impostura para o espírito: a herança de Baudelaire e de Manet a serviço dos herdeiros de Saint-Simon e de Marx. Isso não aconteceu sem rangidos e sem aumento da violência. Nada disso era razoável ou natural. Um dia será preciso, assim como se fez o balanço do vandalismo revolucionário, fazer o balanço de uma modernização brutal, ainda mais arrogante por dar-se álibis estéticos. O grandioso intimidador — e escolhido justamente para intimidar — foi sistematicamente preferido às fórmulas mais modestas, menos caras, mais aceitáveis. Georges Pompidou decidiu, contra a opinião pública, que os Halles de Baltard seriam derrubados, encheu Paris, cidade horizontal, de torres carneiras, que fizeram vergonha à Torre Eiffel pastora, apoiou a fábrica multicolorida de gás do Beaubourg,[3] teve o projeto de dar a Paris uma avenida do contorno análoga à que rasgou Bruxelas e considerou transformar o Sena em autoestrada, dando ímpeto e exemplo a todos os «tomadores de decisão» da França inteira. Dizem-nos, repetem-nos, que nós, franceses, temos a sorte de ter presidentes da República letrados. Temos orgulho disso, ainda que, às vezes, perguntemo-nos se algum dia ainda restará, na França, um presidente que possa — e ouse — dizer-se homem de letras. É lamentável que a vantagem da literatura para um homem de Estado e para seus governados não tenha sido mais visível na ação «cultural» do presidente Pompidou, que, no entanto, outrora, comentara para seus alunos o *Cisne* de Baudelaire:

> Andrômaca, é em ti que eu penso! Aquele rio,
> [...]
> Súbito fecundou minha fértil saudade,
> Quando ia cruzar o Carrossel atual.
> A velha Paris não é mais! (uma cidade
> Muda mais rápido, ai, que um coração mortal)... [4]
> (*Quadros parisienses*, LXXXIX)

---

3   O atual Centro Pompidou, também conhecido como Beaubourg, e que os parisienses também chamam jocosamente de «Igreja de Nossa Senhora dos Canos». [N. T.]

4   Tradução (excelente) de Duda Machado, publicada na revista digital *Zunái*. Disponível em <http://www.revistazunai.com/traducoes/charles_baudelaire.htm>. Acesso em 29 mar. 2020. [N. T.]

Suas decisões e seus projetos, indiferentes ao espírito do local, podiam justificar-se pelo desejo de não deixar Paris tornar-se uma cidade-museu. Mas há uma distância enorme entre fazer enxertos nas árvores e abatê-las, entre a pedagogia das evoluções necessárias e a pressa imperiosa ou ofensiva. A criação pelo Estado de um monstruoso cinturão de «cidades-satélites» em torno de Paris, a construção, por Malraux, de Casas da Cultura na frente de catedrais góticas, praticaram a mesma e monótona «pedagogia» do soco. De traumatismo em traumatismo, a opinião intimidada pouco a pouco aprendeu a baixar a cabeça e a confessar sua culpa. E se, por acaso, tudo isso fosse «moderno», como a *Olympia* de Manet? E se, porventura, fosse o Grande Irmão que, lá em cima, soubesse qual era o gosto de amanhã, o gosto verdadeiramente moderno? O reflexo condicionado que Malraux tinha posto em funcionamento, Georges Pompidou, professor de francês e autor de uma memorável *Antologia da poesia francesa*, terminou de pavlovizar. Hoje é um traço adquirido.

Assim foi a Paris desse *Rapto de Helena* da história contemporânea: a «Beleza moderna», segundo Baudelaire, capturada, tornou-se refém da Modernidade tecnocrática. Ela é obrigada a subir aos baluartes para oprimir os camponeses reacionários e passadistas, que ainda vivem em um país eternamente atrasado.

1956: Jean Cassou organiza, no Museu de Arte Moderna, então no Palais de Tokyo, uma exposição de pintores americanos, que incluía várias grandes telas de Jackson Pollock. É enorme a comoção na panelinha. A v República florescerá com a convicção de que a IV, nesse ponto, como aliás em muitos outros, negligenciou a modernização da França. Os círculos oficiais descobrem, ao mesmo tempo, que a França esteve na vanguarda do movimento artístico moderno (até então, o gosto oficial voltava-se mais para Dunoyer de Segonzac), e que hoje Nova York afirma, com razões muito fortes, ter suplantado

Paris. A antiga «transferência de tecnologia» do Oriente para o Ocidente, cuja marcha a França tinha detido desde Luís XIV na ponta extrema da Europa, teria então recomeçado na direção ocidental e atravessado o Atlântico? No *front* da Modernidade, uma nova brecha revelava-se imediatamente, uma nova batalha apresentava-se: novas vítimas, culpadas de imobilidade, deveriam ser sacrificadas.

No momento em que a oligarquia descobre a existência de Pollock e da «Escola de Nova York», Pollock tinha acabado de morrer, e o «expressionismo abstrato» do qual ele era o maior representante já era, nos Estados Unidos, um fenômeno histórico e classificado. A moda nova-iorquina, já cansada desse grande estilo, estava festejando a *pop art*. O reino de Andy Warhol e de suas serigrafias em série estava começando.

1959: André Malraux, agora ministro dos Assuntos Culturais, tenta cuidar dessa ferida do amor-próprio nacional. Em 1948, em um *Discours aux intellectuels* [Discurso aos intelectuais], ele declarou: «Só pode existir a hipótese de uma cultura especificamente americana, oposta à nossa, na medida em que haja uma desistência da Europa». A hipótese, nesse ínterim, parecia ter ganhado corpo e podia afirmar não ser «especificamente americana». A Escola dita de Nova York devia muito aos artistas franceses exilados nos Estados Unidos durante a guerra, mas mais ainda ao expressionismo alemão e austríaco. A *pop art* era ainda mais perigosa: deduzida das piadas de Marcel Duchamp, podia aspirar a conquistar o mundo, deixando-se levar pela maré de consumo que recobria, então, a Europa e o universo não comunista. A garrafa de Coca-Cola transformada em obra de arte, a foto de Marilyn Monroe multiplicada em rosa e verde, acompanharam por toda parte o «estilo de vida americano» e o cinema de Hollywood.

A esse dinamismo do *show business* nova-iorquino, André Malraux respondeu com a eloquência do verbo e com atos simbólicos. Mandou Chagall pintar o teto da Opéra, e Masson, o do Odéon. Isso era afirmar, ao mesmo tempo, a vitalidade presente e os títulos de anterioridade de Paris sobre a Arte Moderna. Em 1963, ele apresentou em pessoa a *Mona Lisa* ao presidente Kennedy, na *National Gallery* de Washington. Assim, ele recordava que, de Francisco I a Charle de Gaulle, Paris era e permanecia a capital da pintura.

No ano seguinte, ele decidiu mandar a *Vênus de Milo* a Tóquio, a fim de impedir, por meio desse posto avançado da arte francesa, o desembarque da Escola de Nova York no mercado japonês. Os conservadores do Louvre resistem aos riscos que uma viagem tão longa traz a seu tesouro; há uma comoção pública. Em 7 de novembro de 1964, André Malraux, respondendo a uma pergunta escrita do Parlamento, brada:

> Talvez seja desagradável enviar a *Vênus de Milo* a Tóquio. Porém, no fim das contas, se tivemos uma medalha de ouro no último dia dos Jogos Olímpicos, certamente tivemos uma medalha de diamante durante quatro meses. Porque, de todo modo, quatro milhões de japoneses foram ver a bandeira francesa atrás daquela estátua. Seja no Japão ou no Brasil, quando as pessoas vão aplaudir a França, elas vão aplaudir a generosidade do espírito francês.

É difícil reler esse texto improvisado sem sentir certo incômodo, mas, depois dele, ouvimos outros muito piores.

* * *

Em 1969, o Museu Metropolitan de Nova York, que então tinha uma veleidade de Departamento da Arte Contemporânea, inaugura uma vasta exposição de 408 pinturas, esculturas e desenhos intitulada *New York Painting and Sculpture, 1940-1970*. No prefácio de Henry Geldzahler, organizador da exposição, líamos:

Por seu próprio sucesso, e pela indiscutível influência que exerce no mundo inteiro, a arte da Escola de Nova York é, hoje, a mais recente herdeira dos movimentos modernos, do Impressionismo ao Cubismo e ao Surrealismo [...]. O orgulho nacional e o entusiasmo internacional reconhecem que algo magnífico aconteceu. Pela primeira vez, [a exposição do Met] tornará perceptível a todos os admiradores da Arte Moderna a sequência vital de momentos que fazem, da Escola de Nova York, a herdeira histórica da Escola de Paris.

E, assim como a Escola de Paris, prosseguia o Perrault dessa nova Querela dos Antigos e Modernos, a de Nova York tem um caráter universal. «Ela apoia-se em uma metrópole em que estão reunidas todas as condições para a grande arte: museus, galerias, escolas e professores, colecionadores, críticos, *marchands*, conhecedores e artistas do mundo inteiro.» A resposta parisiense não demorou. «O presidente da República decidiu, em 2 de dezembro de 1969, construir, no coração de Paris, não longe dos Halles, no *plateau* Beaubourg, um centro...» Em 1972, Georges Pompidou inaugurava, no Grand Palais, uma exposição intitulada *Doze anos de arte contemporânea*, organizada por François Mathey. Arte «contemporânea» significava, na realidade, a arte «francesa ultramoderna», a arte «de vanguarda» francesa. Os artistas que não figuravam entre os eleitos fizeram um protesto diante do Grand Palais. Em 1974, o Centro Georges Pompidou era inaugurado por Valéry Giscard d'Estaing, outra vez eleito presidente da República e notoriamente hostil ao projeto de seu antecessor.

Em um ensaio recente,[5] Antoine Compagnon evidencia aquilo que separa a «lenda da Arte Moderna» e a realidade de artistas e obras muito diversas que, de Manet a Picasso, as

---

5   Antoine Compagnon, *Les cinq paradoxes de la modernité*. Paris: Seuil, 1990. [Ed. bras.: Os cinco paradoxos da modernidade. Trad. Cleonice P. B.

convenções narrativas dessa lenda trouxeram para dentro dela. Segundo a fábula, a Arte Moderna, de progresso em progresso, dissociou-se cada vez mais da Arte Antiga. Henry Geldzahler (e os promotores da Escola de Nova York) acrescentaram, então, um capítulo a essa lenda, apresentando o expressionismo abstrato como o que havia de mais recente e, portanto, o «progresso» mais considerável na arte.

Jean-Paul Sartre, em *As palavras*, escreve: «Em nossas sociedades de movimento, os atrasos às vezes proporcionam um certo adianto.» O atraso que «Paris» tinha em relação a uma vanguarda «internacional», a qual, a partir de agora, ainda poderia encontrar sua capital em Nova York, era, na verdade, uma ilusão. A ideia em si era absurda. Em arte, assim como em literatura, não há atraso, nem adiantamento. Os bons pintores são bons pintores, as grandes obras são as grandes obras, estejam alinhadas ou não com um «movimento» ou com uma «Escola», adiantada ou atrasada. A cronologia não tem nada a ver. Por outro lado, ela é indispensável para a publicidade «cultural». Esta quer fazer crer que a arte ou a literatura, a filosofia ou a descoberta científica obedecem às mesmas leis de crescimento ou de decrescimento que os fenômenos quantificáveis do comércio, da indústria, do conforto, da higiene, das diversões. O mito da Arte Moderna, que supõe atraso e adianto, é um mito perfeitamente «cultural», ou, em outros termos, um argumento de venda. Ele trata a arte como uma quantidade sociológica, mensurável segundo o ruído e as transações de que é ocasião. Uma vez que o ruído desaparece, que as transações sejam esquecidas, o artista verdadeiro e a obra-prima irrecusável impõem-se: como eles eram estrangeiros ao tempo, resistem-lhe quando ele passa. Por confundir a arte com a economia e com a sociologia da arte, por afogá-la na atualidade,

---

Mourão, Consuelo F. Santiago e Eunice D. Galéry. 2. ed. Belo Horizonte: Ed. UFMG, 2014.]

corremos o risco de tornar impossível o aparecimento de um artista, de uma grande obra. Corremos o risco de desincentivá-los. De todo modo, é certo que incentivá-los não vamos. Quem se lembra, hoje, das palavras publicitárias de um Henry Geldzahler? Já em 1969 não existia mais Escola de Nova York!

A ironia, com o mito da Arte Moderna, quer que seus heróis, de Manet a Picasso, tenham pouca coisa em comum. «Moderno», assim como «cultura», e «intelectual», é uma palavra-valise, que absorve tudo indiferentemente. Manet e Seurat, Degas e Braque, Monet e Picasso são «modernos», assim como Rubens e Guido Reni, Caravaggio e Tiepolo são «barrocos»: qualificá-los assim não é dizer nada além de indicar uma zona cronológica. Vamos mais longe: se tomamos «moderno» como o adjetivo de «modernidade», no sentido preciso que essa palavra recebe de Baudelaire, esses pintores «modernos» só o são a contrapelo da cronologia. São modernos não por oposição aos «antigos» (todos são alimentados pela tradição, mais ainda do que os pintores antigos), mas por aquilo que buscaram extrair de beleza da «vida moderna» (indústria e diversões, velocidade e sensações efêmeras), transfigurando a atualidade em eternidade. Sua modernidade consistiu em vencer a «vida moderna» escapando dela por cima, pelas formas. Se eles separaram-se da arte oficial e acadêmica, foi por ter reconhecido nela, em seu duvidoso ecletismo, em suas complacências em relação ao mercado das diversões fáceis, um serviçal, e não um vencedor da «vida moderna». E, se dialogaram mais intensamente do que seus antecessores com a tradição (Manet com Velásquez e Hals, Cézanne e Braque com Poussin), foi justamente para encontrar, nela, um ponto de apoio que os liberta da pressão cada vez maior das aparências e da vaidade «modernas». A ordem escultural de Cézanne, a luminosidade espiritual de Monet, a intimidade ciumenta de Vuillard e de Bonnard, o luxuoso lazer de Matisse, as vibrações musicais dos papéis colados cubistas: todos negações tranquilas do progresso, da publicidade, da vulgaridade, do ruído, da dispersão do olhar da «vida moderna». A mais extraordinária falsificação travestiu essa sequência de Ariéis em uma «vanguarda» de Calibãs brandindo o estandarte do mundo moderno, de sua economia, de sua indústria, de suas diversões.

Em uma excelente página de suas *Chroniques du bel canto* [Crônicas do belo canto], Aragon, que, com todos os seus defeitos, conhecia a música, devidamente ironiza, a partir do paradoxo de uma arte de contemplativos que se tornou ornamento de luxo e objeto de especulações desenfreadas:

> Todo o parentesco de Reverdy, de sua poesia, e do cubismo está na amizade que o ligava a Juan Gris, a Picasso, a Braque. Também, talvez, em uma certa sorte comum: em uma época em que a pintura fez sua paleta com objetos dos elementos cotidianos de uma vida miserável (afinal, é à pobreza dos pintores, de seus ateliês, que se devem as cores escuras e acinzentadas da pintura nesse tempo, a escolha de utensílios de natureza-morta, em que o pacote de tabaco, o jornal, a caixa de fósforos substituem belas louças, objetos de cobre e as frutas tradicionais), a poesia de Reverdy, seu vocabulário podado, é o terreno vago, a rua hostil, a escadaria dilapidada de uma vida que é a dos pintores e dos poetas de então. Um dos ridículos da sociedade em que vivemos é que essas pinturas tenham-se tornado, graças ao jogo dos *marchands*, o cúmulo do luxo, a decoração de uma vida farta, objetos de investimento de capitais que desconfiam da moeda.

Aquilo que vale para a Bolsa de Valores, mas também para o Partido Comunista, ao qual Aragon oferecia Picasso e seus amigos como garotos-propaganda, também vale para o Estado, perfeitamente alheio a uma arte que surgiu longe dele, a despeito dele, e que encontrou seu público em uma clientela privada e entre os *marchands* dotados de faro e de bom gosto, meio século antes de a política decidir fazer dela um dos símbolos da Modernidade francesa. Os artistas «modernos» que tinham afluído para Paris — e para o Louvre — queriam ser, eles mesmos, clássicos de sua arte, ainda que em tempos menos favoráveis do que os dos antigos mestres. De fato, hoje eles tornaram-se clássicos — Picasso e Derain, Braque e Gris —, que só podem ser apreciados na longa tradição rejuvenescida por seu gênio. Se eles viam-se como uma «vanguarda», era justamente na ponta de uma tradição de ofício traída por um mundo utilitário e agitado, do qual separavam-se para tirar dele o pouco de beleza de que ainda era capaz. Assim, eles eram modernos no sentido de Baudelaire, heroicamente. Chegou o momento em que essa ironia, que gozava do Proteu moderno, esgotou-se. Esse momento já tinha passado no expressionismo abstrato americano, que não brilha nem pelo humor, nem pelo espírito. Ora, foi nesse momento crepuscular que começaram a ser erguidos, dos dois lados do Atlântico, os estandartes da Arte Moderna, objeto político, objeto simbólico de uma pequena guerra entre o governo francês e os museus e *marchands* de quadros de além-mar. Essa guerra picrocholina[6] hoje está perfeitamente esquecida, mas o conservadorismo administrativo francês é tamanho que os *slogans* de guerra, do lado francês, permaneceram em vigor por quinze anos, e a batalha pela Arte Moderna era, ainda há pouco, uma grande causa nacional.

O adversário contra o qual o presidente Pompidou tinha decidido rearmar-se já tinha, no instante em que ele decidia combatê-lo, mudado de lugar e de forma. Da pintura moderna, a reverência sagrada já estava estendendo-se a toda a pintura, de ontem e de antigamente, sem privilégio de escola nem de época, fundo universal de relíquias miraculosas, e também

---

6   Referência ao personagem Picrochole, de Gargântua e Pantagruel, de Rabelais, que travava sua guerra, que ele próprio chamava de «guerra picrocholina». [N. T.]

reserva de valor, como o «napoleão».[7] Malraux tinha profetizado uma religião da Arte, mas reduzida às grandes obras reconhecidas. Ele não tinha previsto essa sacralização geral da pintura. Médium brilhante, André Malraux não podia prever tudo. Georges Pompidou, colecionador neófito, também tinha seus limites. Um tinha imaginado apenas uma religião popular das grandes obras reconhecidas, e o outro estava convencido de que somente a Arte Contemporânea podia ser objeto de especulação e de prestígio.

Um só queria reconhecer o culto dos ícones célebres pelas multidões, o outro, converter as multidões a uma «arte viva», que ele tinha acabado de descobrir. Um e outro desdenhavam de ver que, às margens das peregrinações a Compostela, também havia teólogos e humanistas na Igreja da Arte. Estava longe o tempo em que os reis da França, enquanto curavam a escrófula, preocupavam-se em associar à sua Coroa, antes de tudo, a glória do Estudo, a da Universidade, a dos Colégios e a das Academias. A França sempre fundou sua autoridade religiosa nos sábios da religião mais do que no culto das relíquias e nas devoções coletivas. Foi, portanto, nos Estados Unidos, na Alemanha, na Itália e na Inglaterra (que, desde 1933, oferece hospitalidade em Londres ao Instituto Warburg, que fugiu do Estado nazista), que grandes bibliotecas e institutos científicos foram dedicados à História da Arte, última onda das humanidades, irmã caçula dos estudos filológicos e literários, mas que, desde o século XIX, tornou-se uma disciplina maior, sustentada pelo espírito do tempo. Os Estados Unidos tiveram o Museu Getty de Malibu e o Instituto Getty de Los Angeles; a Alemanha, a Biblioteca Hertziana de Roma; a Itália, o Instituto de História da Arte da Fundação Cini, na ilha de San Giorgio Maggiore em Veneza, aonde voltamos sempre. Porém, na França, onde Malraux e seus sucessores «criaram» tantas basílicas de Lisieux

---

[7] Antiga moeda de ouro.

«culturais», ainda aguardamos que o projeto do Instituto de História da Arte, reclamado há trinta anos por André Chastel, ganhe corpo. A adesão oficial à doutrina da Arte Moderna paralisa, por outro lado, toda renovação da Escola de Belas Artes. Cultura e ciência, Cultura e educação, nesse sistema enviesado por uma política filistina, tornaram-se incompatíveis.

A ciência da Arte, que zomba da distinção entre Antigos e Modernos e que estuda com o mesmo cuidado os clássicos do Renascimento e as miniaturas góticas, Bouguereau e Monticelli, Lévy-Dhurmer e Ingres está, por sua imparcialidade, em conformidade com o gosto eclético do público internacional e do mercado. O colecionismo privado, na extrema variedade e exigência de seus gostos, acompanha e muitas vezes antecede a investigação científica, livre de preconceitos estéticos ou doutrinários, dos historiadores da arte. Assim, no momento em que a ficção de uma «arte moderna» tornava-se doutrina oficial na França, o gosto internacional, em acordo com a história da Arte, amplamente se libertava dela. Em Nova York e em outros lugares, vimos aparecerem ou se imporem pintores como Lucien Freud ou Avigdor Arikha, que praticam a imitação da Natureza, recuperam o «tema», o «motivo», e reinventam a própria noção de «segredos de ofício», cara a Balthus. A ruptura com a tradição foi, portanto, muito breve, se é que não foi uma pura e simples ficção. Em todo caso, era antes nela que se deveria procurar a arte «viva», e esta não tinha escrúpulo nenhum, assim como antigamente, em pedir à memória da arte recursos de invenção.

Porém, desde 1974, uma repugnância invencível por essas impurezas domina os guardiães franceses do dogma, entrincheirados no Centro Pompidou, que o tornaram sua Sorbonne ou seu Kremlin. Nos Estados Unidos e em outros lugares, vimos, por toda parte, os arquitetos, os mais dotados ou avisados, romperem com a ortodoxia petrificada e vulgarizada há mais de um século, invocando Adolf Loos, Le Corbusier e, sobretudo,

Bauhaus. Retomando a história de sua arte e tratando-a como fonte de invenção, eles não hesitam em voltar às três ordens de Vitrúvio e em readaptar, aos materiais e às técnicas modernas, a coluna, o frontão, as cornijas, o ornamento e, às vezes, até mesmo a elegância cômoda. Eles reatam laços com a tradição da Escola de Belas-Artes do século XIX, de Charles Garnier e de Victor Laloux. E, no entanto, se excluirmos as indigestas *pâtisseries* [confeitarias] do Sr. Bofill (espanhol), ou a pirâmide transparente do hábil Sr. Peï (americano), a tradição vitruviana, assim como o ensino do latim e do grego, ainda tem, na França, o efeito de obscenidade reacionária. As encomendas oficiais, que dão o tom, imperturbáveis em seu conservadorismo de vanguarda, perpetuam há trinta anos o dogma de Weimar e o espírito de geometria.

Em Paris, de fato, atrasadíssimos em relação a seu tempo, políticos e tecnocratas convenceram-se, de uma vez por todas, de que o Estado francês, caso tivesse os meios, só poderia «vencer» Nova York e o Novo Mundo aumentando a aposta em uma «modernidade» pura e dura. Porém Nova York e os Estados Unidos já se preocupavam muito menos em parecer «os mais modernos». Podiam até se dar ao luxo de lançar a carta do «passado restaurado no presente», em um terreno em que a França oficial não os esperava e onde a França tinha, no entanto, por si mesma, todas as cartas para vencer. Assim, houve, na França, o esforço de construir um Museu de Arte Moderna que não apenas pudesse equiparar-se ao MOMA de Nova York, mas que «estimulasse» a «criação contemporânea». Era preciso entender por isso que, no navio Beaubourg, pintura e escultura, arquitetura e artes decorativas, voltadas exclusivamente para o futuro, revelariam ao mundo uma França sempre mais nova, dinâmica, desembaraçada e mais americana do que a América. A autoridade e a consagração do Estado sobre essa «França» ancorada em plena Paris seriam reservadas aos «criadores» que dariam a impressão — ou a ilusão — de uma modernidade sem concessões, sem fraqueza. Isso era, evidentemente, ir em sentido contrário ao gosto internacional, que já tinha superado todo fascínio pela Modernidade tardia, mas também, sobretudo, à mais alta vocação francesa, ininterrupta desde Ingres e Delacroix: resistir, com o espírito e com a beleza, à vulgaridade, oferecer um ímã da verdadeira cultura, a da alma, um posto para todos os talentos que preferem tomar distância do mundo moderno. Foi uma bênção para o país que os políticos da III República não se tenham metido a «dinamizar», de jeito nenhum, um movimento que tinha começado bem antes deles e que continuou sem eles. Por outro lado, foi um infortúnio que seus sucessores tenham imagina, depois, que cabia a eles mesmos «tomar as rédeas das coisas». Essas coisas não eram de sua alçada e, entre suas mãos, elas tornaram-se efetivamente assuntos culturais.

Mesmo que nos limitemos àquilo que se apresenta como uma estratégia nacional, sinais de todos os tipos deveriam ter mostrado que, cálculo por cálculo, ele era uma história fantástica e ultrapassada. O próprio Centro Pompidou nunca teve mais prestígio do que quando organizou exposições clássicas de história da arte: *Paris-Moscou, Paris-Berlim, Paris-Viena, Papiers collés cubistes* [Papéis colados cubistas], *Pierre Bonnard*... Em contradição com o fanatismo modernista de seus fundadores, por um momento ele conformou-se à tendência internacional de liberar as artes do imperativo categórico «moderno». Jean Clair, um de seus conservadores, publicou, já em 1983, um livro que rompia com a ortodoxia do Centro e das Artes Plásticas ministeriais: *Considérations sur les Beaux-Arts, critique de la modernité* [Considerações sobre as Belas-Artes, crítica da modernidade]. A ideia mestra desse livro corajoso era, muito simplesmente, adotar o ponto de vista e a luz de Baudelaire para ver aquilo que tinha acontecido com a arte, com os artistas e com os museus modernos, após terem sido embarcados, junto com o Estado, na corrida para o rendimento e a rentabilidade imediatos. Jean Clair citava o poeta: «O que pode ser mais absurdo do que o Progresso [...] A crença no Progresso é uma doutrina de preguiçosos [...] O Progresso, horror [...] Tudo aquilo que denominamos Progresso é o que eu denomino *paganismo dos imbecis*».

O rendimento mecânico, para Baudelaire, tem um custo de uma atrofia da inteligência e da alma, e a tarefa do poeta e do artista é compensar essa mutilação invisível. Foi essa tarefa que a arte «viva» dos museus de Arte Moderna, passada para o inimigo, traía, na euforia geral. O livro de Jean Clair teve um profundo eco minoritário. O fanatismo do Estado cultural, então em fase ascendente, não foi nem um pouquinho arranhado.

A abertura do Musée d'Orsay, em 1986, podia, no entanto, levar a crer que o Comitê Central do Modernismo de Estado tinha feito concessões. Prudentemente, em pequenas doses, tinham sido penduradas em suas paredes, «reutilização» e «reorientação» de uma bela estação de estilo *beaux-arts*, na frente do Louvre, alguns exemplos da arte «burguesa» do século XIX. A indignação entre os *apparatchiks*[8] da vanguarda congelada foi violenta. Valéry Giscard d'Estaing não foi perdoado por ter feito, desse museu, uma resposta a Kremlin-Beaubourg. E, no entanto, a decoradora Gae Aulenti tinha feito o melhor que podia para impor, nessa arquitetura e nesse museu do século XIX, o clima de *Metrópolis* e do construtivismo alemão dos anos 1920. Esse álibi e a extrema timidez da antologia proposta por Orsay de pintores não conformes ao sentido da História, mostrava a que ponto, a partir de então, era difícil o menor desvio da linha ideológica do ministério-Partido.

---

8   Termo russo usado para referir-se aos funcionários em tempo integral do Partido Comunista, que se caracterizam, portanto, como parte de seu aparato funcional. [N. E.]

Depois de 1981, a vulgata modernista, que enrijeceu entre Malraux e Pompidou, atingiu, com o ministério Lang, o ápice do favor e da arrogância oficiais. Deve-se notar que essa ideologia estética, intimamente associada a cálculos políticos, é inteiramente debatida por altos funcionários ou políticos, celebrada por eles, traduzida por eles em linguagem de «criação» burocrática e de orçamento. Os artistas vão atrás, quando têm o favor dos príncipes, os *marchands* vão atrás, porque esperam favores e publicidade gratuita, e sempre se encontra um público aturdido e intimidado que compareça. Estranho Bateau-Lavoir,[9] estranha Escola de Barbizon[10] é esse Comitê Central das Artes que começa a operar em 1981. É criada, para Dominique Wallon, tecnocrata doutrinário, uma Direção do Desenvolvimento Cultural. É criada, para Claude Mollard, que vem do Centro Pompidou, uma Delegação das Artes Plásticas, que, em pouco tempo, ele transforma em seu império, com sucursais regionais e Fundos Regionais de Arte Contemporânea, que têm os meios de «dinamizar» localmente as Artes Plásticas. Um orçamento aumentado em 130% em relação a seu ínfimo antecessor, o «Delegado de Criação» — entre outros, um orçamento para compras de 42,2 milhões em 1982 —, dá a Claude Mollard os meios de um verdadeiro Comissário do Povo da Modernidade Plástica, cortejado pelas galerias privadas, criando para si clientelas entre os artistas, mestre temido da Arte viva. No próprio cerne do ministério, o equilíbrio é provisoriamente invertido: agora, a «Criação Contemporânea», segundo o entendimento dos militantes burocratas, de seus teóricos ideólogos e de seus especuladores, tem mais peso do que as antigas Administrações Patrimoniais. Ela dispõe de mais

9 Prédio em Montmartre onde artistas, literatos e marchands moravam e se encontravam. [N. T.]

10 Nos arredores da cidade de Barbizon, pintores costumavam pintar ao ar livre. [N. T.]

dinheiro e de mais poder em um setor, no entanto, mais limitado; mas a questão é subdividi-lo ao máximo para fazer, dele, um modelo e uma arma.

A lógica esboçada por André Malraux, noviço em estratégia administrativa, depois aperfeiçoada por Georges Pompidou, noviço em coisas de arte, agora era levada por essas novas burocracias conquistadoras a suas últimas consequências, formando um sistema de dominação. A Modernidade de Estado «em um só país» dispunha, agora, de um órgão político poderoso e capaz de fazer-se respeitar em toda a França, quando não no exterior, que era o alvo de toda a empreitada.

Naturalmente, o ministério continuava a defender-se de todo «dirigismo». Mas, quando uma doutrina da «criação», a serviço exclusivo de uma arte denominada «viva» por seus juízes político-administrativos, é oficializada pelo mecenato de Estado, quando ele orienta diretamente o mercado, intimida os artistas e o público, qual palavra, senão «dirigismo», poderia descrever bem essa situação sem precedentes? Sem precedentes segundo a admissão do próprio Jack Lang, que, em uma tese sobre *L'État et le théâtre* [«O Estado e o teatro»], já tinha constatado que o Estado francês, em toda a sua história, inclusive na monarquia, nunca tinha buscado sistematicamente o poder absoluto nas artes.

Assim, quando, no mundo inteiro, já se tinha desistido de saber o que era verdadeiramente «moderno» em arte, a última trincheira dos crentes reinava absoluta em Paris. Quando prevalece, em todos os outros lugares, o sentimento de que a história da arte (além de disciplina científica) tornou-se também um recurso para a invenção dos artistas, pintores, escultores e arquitetos, em Paris se insiste em venerar «o virgem, o vivaz e o belo hoje» e a servir-se dele para exercer aquilo que Jean Paulhan dizia ser um «terror». E, como os próprios artistas nem sempre estão à altura, chegou-se a organizar, no Centro Pompidou, fortaleza da Modernidade de Estado, exposições «criativas», imaginadas pela administração de um museu que nunca se lembrou tanto de que foi criado por um presidente da República artista. Essas exposições foram, dessa vez com grande indiferença do público, *Immatériaux* [Imaterial], em 1987, e *Les Magiciens de la Terre* [Os mágicos da Terra], em 1989. Essa genialidade dos conservadores parisienses não tardou a fazer escola na província: em Caen, uma exposição «criativa» dedicada à Revolução expôs única e exclusivamente um sapato dito «de Maria Antonieta», em torno do qual se desdobrava um intrincado «ambiente» geométrico e audiovisual. Essa escultura efêmera tinha por autor o comissário da exposição. Assim, a «criação» e a «Arte viva» tornaram-se partenogêneses da Administração das Artes Plásticas.

A era das grandes exposições de história da arte fechou-se com *Paris-Vienne*, cujo tema, crepuscular na medida do possível, foi ornamentado pela abertura de um «café vienense», de estilo Las Vegas, no andar térreo do Centro. Os conservadores que ousavam conservar foram, mesmo assim, afastados e substituídos por uma equipe mais ortodoxa e mais fiel ao espírito modernista das origens. O Centro, sob diversos pretextos, deu um jeito de recusar-se a receber uma bela exposição Picasso-Braque, dedicada a dois clássicos e montada com cuidado. A Europa precipitar-se-á à Basileia para descobri-la. Em um artigo do *Le Monde*, o novo diretor do Museu de Arte Moderna, impaciente até com os clássicos que seu museu expõe e conserva permanentemente, propôs transportá-los a outro lugar e trocá-los por um vasto espetáculo multimídia em que o turista precisaria apenas se deixar levar: «É mais esclarecedor», escrevia esse criativo diretor, «orientar a apreensão e o juízo de um objeto colocando a seu lado outro, um poema ou uma música, do que um texto explicativo.» Essa epistemologia «cultural», que democratiza um surrealismo requentado, anda junto com a crítica do «quadro da cultura ocidental». «Além das aproximações formais, é a carga espiritual ou mágica desses objetos que conta. E os artistas ou os colecionadores do começo do século, que misturavam em suas casas a vanguarda ou o primitivo não se enganavam. É a uma verdadeira pedagogia das faculdades sensoriais e visuais que o visitante será convidado.»

O artigo termina com uma erupção de *langue de bois*: «A França, há muito tempo complexada e tímida no domínio das Artes Plásticas, está reencontrando seu dinamismo e sua abertura. É preciso dotá-la do museu que ela merece e que o público aguarda» etc.

Esse artigo não ficou sem resposta. Seu autor teve até de deixar a direção do Centro, hoje mergulhado, aparentemente, em uma espécie de semiaposentadoria meditativa. Esse episódio neojdanoviano[11] é, mesmo assim, característico: não se identificam impunemente burocracia a genialidade criadora, peso administrativo a novação a qualquer preço.

Diante dessa obstinação, seria lamentável que, subitamente, acontecesse um entusiasmo por aquilo que se convencionou chamar de «pós-modernismo». Aquilo que se entende por isso, e que está longe de ser claro e unânime, é tão fútil quanto a ideologia da «criatividade» modernista. Adotado pela administração cultural, ele seria apenas mais uma «reviravolta» doutrinal, que não mudaria em nada a essência imperiosa e esterilizante de sua tutela sobre a arte francesa. O modernismo é uma recusa do saber histórico, e também recusa das disciplinas de ofício. Ele encontra um álibi nessa dupla desistência do espírito na celebração conjunta do progresso tecnológico e da magia sensorial. O pós-modernismo acrescenta, a esses álibis, dos quais ele está longe de desistir, um luxo de referências históricas «desconstruídas» e um retorno cético às aparências do ofício. A raiz do mal é a mesma: o fechamento carcerário na atualidade. A única diferença, embora menor, é

---

11   Referência a Alexandre Jdanov, secretário do Comitê Central do Partido Comunista da União Soviética. [N. T.]

que os modernos querem ignorar o passado, ao passo que os pós-modernos querem explorá-lo como uma loja de acessórios para decorar nossa cela. Nos dois casos, a França perde, e os Estados Unidos «modernos» e «pós-modernos» ganham. A oportunidade da França está em ter um passado supremamente inteligente e substancial, mas ela só pode se beneficiar desse trunfo-mestre caso dialogue com ele de igual para igual, como Dante e Virgílio no começo da *Divina Comédia*. Se ela tratar seu passado, repleto de sabedoria e de beleza, do modo como os espanhóis, já muito modernos, trataram seus índios, ela será apenas o 51º estado do Novo Mundo, e não a interlocutora respeitada do concerto das nações.

Essa escolha e essa oportunidade têm a ver com alta inteligência política. Mas têm a ver, em primeiro lugar, com a consciência e com a liberdade pessoais de cada um de nós. Na melhor das hipóteses, para favorecer esse diálogo de mortos e vivos entre os franceses, o Estado não poderia, tomando distância das modas, das doutrinas efêmeras, da sociologia das mentalidades, do mercado «cultural», pôr sua autoridade, e não mais sua vontade de potência, do lado do verdadeiro saber? Se ele se decidisse por admitir que artistas e público escapem, ao menos para sua formação, do domínio imediato do mercado e da pressão das modas, ele deixaria o museu, as escolas de belas-artes e a história da arte ensinarem as disciplinas que constroem talentos, que fazem nascer gostos. Reatar habilmente com a tradição de seu ofício, fazer com que ela seja conhecida e compreendida, essa é a tarefa que hoje se impõe a quem quiser libertar-se das facilidades da moda e das diversões. Isso vale para todos os ofícios, e vale também para as artes. Mesmo um Poussin, um Cézanne, para matar em si mesmos a marionete da atualidade, tiveram de voltar aos mestres clássicos e encontrar-se, eles mesmos, em sua companhia. É essa atitude, até nas formas mais modestas, que se deve favorecer, pois é ela que, a longo prazo, «compensa». O tempo recompensa aqueles que tiveram o cuidado de amansá-lo.

Os clássicos hoje, nas artes, são mais numerosos do que eram para Cézanne e Braque. Eles mesmos hoje estão no círculo dos mestres. Cada qual tem a liberdade de escolher seu mestre, por menos que dele receba uma verdadeira disciplina e que encontre, por essa via, aquilo que, em si, tem de tomar forma. Também é necessário que, em algum lugar, os mestres estejam em casa, que sejam honrados, estudados, fora dos «olhares» e dos «circuitos» de um turismo generalizado e agitado. Não voltaremos atrás na democracia comercial, em seu mercado, em sua publicidade, em suas diversões. Porém, ao aceitá-la sem reservas, convém persuadi-la também do interesse que ela tem, para sua saúde política e moral, para sua felicidade, em colocar, acima de seu próprio jogo de oferta e demanda, de pressa consumidora, instituições e disciplinas do ócio estudioso e desinteressado. Certamente o papel do Estado democrático liberal não é dar sua caução à facilidade, ao ardil, ao absurdo, e convidar a isso às multidões, em vez de assumir a ardente obrigação de dar todas as chances ao espírito. Mas é perfeitamente evidente que essa atitude liberal não lhe virá espontaneamente: somente a revolta das inteligências pode sustentar, na França, uma reforma intelectual e moral do serviço público.

Cultura contra Universidade

O erro sobre o qual foi construído o edifício «cultural» é primeiro de natureza política: quis-se uma França «moderna», competitiva, mas não se quis ver que, por conseguinte, ela tornava-se sujeita às análises de Tocqueville em *A Democracia na América*. Esse singular estrabismo levou os políticos e tecnocratas franceses a fazer «como se», no momento em que remataram a metamorfose do «querido e antigo país» em democracia comercial e consumidora à moda americana, a França ainda tivesse de responder aos esquemas em vigor entre os intelectuais dos anos 1930: burguesia contra povo, artes de vanguarda contra burguesia.

Os vampiros de Estado procuraram, nessas velhas antíteses melodramáticas, uma poesia e uma moral para embelezar sua «modernização» da França. Eles encontraram, nos *slogans* de 1968, nos de 1981, um «segundo fôlego», uma «segunda» e uma «terceira» juventude para esse «ideal» de jovens envelhecidos. Traduzidos em linguagem ministerial, retraduzidos em linguagem revoltada, os clichês da «democratização cultural» e, depois, do «todo cultural» foram um a um carregados das esperanças postas em outros clichês: «Todos criativos», «Mudemos a vida». As palavras-telas e álibis são intercambiáveis. Tratava-se, nos gabinetes ou na rua, de um atraso e de uma recusa de análise do real e, portanto, de uma verdadeira abdicação do espírito francês diante de suas novas incumbências, em um país que, pela economia e pelos costumes, tinha entrado na norma comum das democracias «desenvolvidas».

No entanto, tinha chegado a hora, e Raymond Aron foi o primeiro a entender, por reler *Democracia na América* não mais como um relatório diplomático, mas como um «Conhece-te a ti mesmo». A maior parte dos traços assinalados por Tocqueville no longo prazo americano (excetuando a religião e o amor pela liberdade) tornaram-se nossos e amalgamaram-se a sobrevivências cada vez mais fantasmáticas da antiga sociedade: o amor generalizado pelos gozos materiais, a inquietude em meio ao bem-estar, a simplificação das maneiras, o aspecto simultaneamente agitado e monótono da vida pública, o ardor das aspirações e a ausência de grandes ambições. Todos esses traços, que tornaram as personalidades mais insípidas, difundiram-se ao mesmo tempo que os meios, desconhecidos de Tocqueville, para hipertrofiá-los: a generalização das diversões, do turismo, da tecnologia, das sensações visuais e auditivas pré-fabricadas... Para os americanos de seu tempo, Tocqueville, após ter descrito de maneira impressionante o estado da literatura no regime democrático («A multidão sempre crescente dos leitores e a necessidade contínua que eles têm de novidades garantem as vendas de um livro de que eles nem gostam muito»), oferece um conselho de «contrapeso»:

> É evidente que, nas sociedades democráticas, o interesse dos indivíduos, assim como a segurança do Estado, exige que a educação do maior número seja científica, comercial e industrial, mais do que literária. O grego e o latim não devem ser ensinados em todas as escolas, mas é importante que aqueles que, por inclinação ou por fortuna, estão destinados a cultivar as letras, ou predispostos a gostar delas, encontrem escolas nas quais seja possível tornar-se perfeitamente mestre da literatura antiga e ser penetrado inteiramente por seu espírito. Algumas excelentes universidades seriam melhores, para atingir esse fim, do que uma multidão de maus colégios em que estudos supérfluos e malfeitos impedem que sejam bem-feitos os

estudos necessários. Todos aqueles que têm a ambição de ser excelentes nas letras, nas nações democráticas, devem com frequência se nutrir das obras da Antiguidade. Trata-se de uma salutar higiene.

Se formos ao espírito desse texto, que sobreviveu perfeitamente à sua letra historicamente datada, enxergamos precisamente com que profundidade ele aplica-se à França atual. Esta tem uma tradição literária, filosófica e artística que os Estados Unidos não têm. Não têm pelo óbvio motivo de não ter nem Antiguidade, nem Idade Média, nem Antigo Regime, e de ter construído seu sistema político sobre uma filosofia contemporânea a seu nascimento, a do Iluminismo, de Locke a Montesquieu. Os Estados Unidos são um país integralmente moderno. O que não os impede, justamente por serem tão modernos, de vivenciar, por compensação, o desejo de conhecer as tradições, da Europa e da Ásia, fundadas em um postulado comum inverso a seu próprio utilitarismo: a superioridade da contemplação sobre a ação, o espírito como iluminação da matéria. Sem poder encontrá-los em sua própria filiação, em sua própria memória, sorte essa que temos nós, europeus, eles dirigiram-se, assim, ao estudo erudito e criaram, para isso, entre outros, «excelentes universidades», acolheram com grande hospitalidade estudiosos europeus, como Erwin Panofsky ou Leo Strauss. Ninguém estava em melhor posição do que esses grandes professores para tecer um filho que os ligasse a Mnemósine, mãe das Musas, e que a aliviasse da avidez moderna, da outra figura do Tempo que nela reina: Cronos.

  Bem entendida, nossa própria III República, nascida sob o signo da «República ateniense», também queria romper as raízes ainda vivas que associavam a França política, econômica e religiosa à Antiguidade, à Idade Média e ao Antigo Regime. Porém, justamente, ela também quis, por compensação, que esse passado se tornasse objeto de estudo e de conhecimento eruditos, de uma rememoração respeitosa e meditada; ela restaurou e honrou sua Universidade, suas Escolas de Estudos Superiores, suas Academias, nas quais a «salutar higiene» de que fala Tocqueville era praticada com vigor e com rigor. Nunca a Escola de Belas-Artes foi mais brilhante do que no momento em que a II República rompia definitivamente com o sistema da Corte, com o qual as Belas-Artes tinham uma ligação histórica. Essa escola historicista, eclética, associava a invenção dos artistas e dos arquitetos à memória: ela teve a mais profunda influência nos Estados Unidos, por seus alunos americanos, até o momento em que a Bauhaus a substituiu por muito tempo. Taine, um dos maiores espíritos do século XIX, ensinou ali história da arte, dando-lhe a dignidade de uma disciplina erudita. Dos dois lados do Atlântico, nesse declínio do século XIX, os melhores percebiam, de maneira análoga, o devir irônico da modernidade: à ruptura radical com o passado político e econômico, deveria responder o exigente cuidado de recuperar, no passado filosófico, literário e artístico, pelas vias do conhecimento histórico, a nobreza do espírito. A generosidade desinteressada da memória erudita deveria fazer contrapeso à inovação científica e técnica e manter o sentido da propriedade e da medida em meio às evoluções econômicas e sociais. Durkheim não hesitava em fazer de si historiador das instituições pedagógicas, à guisa de introdução a toda pedagogia moderna. O próprio Berthélot, apesar de seu positivismo intransigente, dedicou-se a uma história da alquimia, paralelamente a seus próprios trabalhos como químico. Seu amigo Ernest Renan, apesar de agnóstico, dedicou-se a uma imensa investigação das tradições religiosas do Oriente Médio.

    Nem Tocqueville, nem Jules Ferry, nem os fundadores da Universidade de Harvard ou da Universidade de Chicago podiam prever o extremo ao qual conduziriam a economia de mercado e as invenções técnicas: a sociedade de consumo. O contrapeso que esses republicanos demandavam à educação, à ciência histórica e ao conhecimento das formas e símbolos da tradição é muito mais indispensável hoje do que no fim do século XIX. Mais do que nunca, temos necessidade dessas «excelentes universidades» em que aqueles que têm a vocação podem estudar os autores antigos, os monumentos de uma arte e de uma sabedoria contrárias a nossos próprios preconceitos, e isso não apenas pela preocupação de conhecer, mas por uma salutar higiene moral e cívica. O destino das letras e das artes está ligado a essa rememoração erudita e a seu ensino. Também mais do que nunca, não é preciso dizer, temos necessidade de instituições científicas onde reinem a disciplina desinteressada e a emulação da descoberta. Esse é o outro regime da liberdade do espírito. Porém um não existe sem o outro. Por que sacrificar um ao outro? Bertrand de Jouvenel propõe uma explicação um pouco diferente daquela que geralmente prevalece:

> Assim, não parece estranho que nossa sociedade elimine cada vez mais o ensino das Humanidades, pois os autores clássicos enunciavam princípios de conduta que contradizem nossas máximas de conduta. Todos pregavam a moderação das necessidades, elogiaram a estabilidade dos costumes e apontaram o desejo de riquezas como a grande causa da desmoralização e da decadência. Seja interpretado por Xenofonte ou por Platão, Sócrates não faz elogio nenhum ao comércio de Atenas. Ao contrário, a escola socrática celebra os costumes mais duros de Esparta, e Platão situa sua sociedade ideal longe do mar, a fim de protegê-la das tentações. Na cidade mais aberta e mais dinâmica da Grécia, os filósofos pregavam o fechamento e a estabilização.

Por breve que seja, esse resumo me coloca no caminho certo: poetas, filósofos, oradores, historiadores e sábios da Antiguidade não caminhavam no sentido das paixões e dos vícios de seu tempo, e foi essa lição contemplativa, fértil em obras de beleza e de sabedoria, que atravessou vitoriosamente os séculos, aparentada àquela que os orientalistas e os etnólogos revelaram-nos em outras civilizações tradicionais. Essa lição, que está espontaneamente de acordo com as virtudes exigidas pelo ócio estudioso ainda hoje, em plena sociedade do movimento e dos lazeres, precisa ser estudada, ensinada, precisa poder difundir-se a fim de guardar, para o espírito, sua respiração e sua liberdade.

Em vez do respeito pelas obras belas e fortes, que ainda era a pedra angular do edifício da educação francesa há não muito tempo, o que vimos? Que escolha fez o Estado? Que conselhos deram-lhes os sociólogos de visão curta, os filósofos da «modernidade» e da «pós-modernidade»? E, sob esses impulsos imperiosos, em que sentido orientou-se o espírito francês diante do desafio da sociedade de consumo? Privilegiamos uma «Cultura» que, longe de fazer contrapeso ao dinamismo do mercado e ao hedonismo consumidor, redobra-os e os autoriza por meio da autoridade do próprio Estado. Essa «Cultura» serviu de álibi pomposo e triunfalista para a ruína da antiga Universidade e para a humilhação de seus professores. Subjugada pela atualidade imediata, pautada pela conjuntura, ela cada vez mais serviu de modelo para uma Escola e para uma Universidade «conectadas com a vida», que desistem de educar, isto é, de elevar acima do rebanho, de fazer subir pela escada de Jacó obras boas e sábias, para descê-la, quando chegar a hora, «com recuo». Ensino de massa ou ensino profissional e especializado, nos dois casos o lugar das humanidades foi inexoravelmente reduzido, e as disciplinas eruditas que lhes correspondem foram progressivamente afogadas nas ciências sociais. Por uma osmose irresistível, o turismo intelectual, a emoção apressada, a «comunicação» atrelada aos *slogans* do dia infiltraram-se na formação das inteligências jovens, e, se os centros culturais terminaram parecendo supermercados de diversões, as próprias escolas e liceus, na onda dos museus e dos castelos, estão ameaçados de tornar-se centros culturais.

* * *

O Antigo Regime legou ao Estado republicano uma tradição de mecenato artístico; a Revolução, preocupada em reparar seu próprio vandalismo, legou-lhe uma tradição de salvaguarda do patrimônio. O Estado cultural tira seus títulos de nobreza dessas duas tradições, que, de fato, são exemplares e assinalam, também de maneira exemplar, a ética própria ao serviço público. As volições confusas e cambiantes que se misturam ao programa «cultural» comprometeram a finalidade própria dos museus, dos monumentos históricos e, agora, da Biblioteca Nacional. Esses estabelecimentos patrimoniais foram ou serão mergulhados no mercado, na publicidade, no turismo. Em vez de incentivar, pela via fiscal, o mecenato privado a criar fundações duráveis, instituições de estudos superiores, cátedras de ensino, a autoridade fez com que seus recursos fossem orientados para uma multidão de «patrocínios» efêmeros que mal se distinguem da publicidade pura e simples. No limite, o Estado cultural deveria reconhecer sua própria obsolescência nos incontáveis anúncios publicitários que juntam Verdi e produtos de limpeza, Victor Hugo e máquinas de lavar, e que colocam, à disposição de todos, de fato, as «grandes obras da humanidade». A Cultura tende a não ser mais do que a bandeira oficial do turismo, das diversões, das compras.

Isso é redundante. Cada coisa em seu lugar. O Estado cultural mantém a confusão quando a tarefa do Estado, acima do mercado, deveria ser estabelecer regras, limites e clareza. Uma parte das preocupações do Ministério da Cultura, na verdade, tem a ver com o Ministério do Turismo e do Tempo Livre. Por outro lado, um Ministério do Patrimônio deveria colaborar estreitamente com o da Educação Nacional. Programas de TV educativos e de qualidade poderiam nascer dessa colaboração. Libertados da tirania das ciências sociais, das novas humanidades, associando história da arte, literatura e filosofia, dissociando do discurso ideológico o estudo dos textos e das obras, eles devem encontrar, e encontrarão, seu lugar na educação, ao lado da história da música e do teatro. A administração atual da Cultura, edificada sobre o ódio das Academias, na verdade funciona como caricatura da Academia do Renascimento e de seu culto das nove musas. Nela, efetivamente, encontramos todas as artes, sufocadas por uma pretensão burocrática à criatividade. Porém trata-se de uma academia mutilada, na qual não são cultivadas, exceto sob o nome abstrato de Leitura, nem as Letras, nem a História, nem a Filosofia. É o último lugar onde todas as Musas poderiam formar um coro e cantar com sua mãe, a Memória. Porém essa caricatura de Academia funciona como aquilo de que a França democrática tem necessidade, e que só poderia ser reformado na Universidade, para, em seguida, difundir-se na escola. É então que os museus, os monumentos históricos, as bibliotecas e, quiçá, os teatros públicos recuperariam um sentido e uma fertilidade que foram incitados a perder para dobrar-se aos imperativos da publicidade e da poda turística. Uma política do espírito é um todo: ela abrange em uma mesma continuidade a Educação Nacional e aquilo que se convencionou chamar de Cultura, mas que seria melhor devolver à modesta denominação de Patrimônio. O Estado, serviço público, não pode tudo. Ele já acreditou demais nisso. Porém pode muito, e poderá, ainda mais e melhor, se for capaz de reaprender a modéstia e deixar os eruditos, os artistas e o público tomarem as rédeas daquilo que ele mesmo pouco entende e se abandonar sua sufocante vontade de potência disfarçada de benevolência universal.

    A democracia, quando se reduz à «sociedade de consumo», o Estado democrático, quando se limita a uma gestão do consumo «econômico e cultural», perdem sua alma, como se dizia ainda há pouco: em todo caso, perdem o respeito. Ao escolher a Cultura, ao desistir da ideia de Universidade concebida pela III República, ao não buscar para ela uma substituta digna, adaptada às novas circunstâncias, o Estado francês sob a v República deixou a democracia corromper-se pouco a pouco. Uma reforma impõe-se. Já é hora. Não é o mercado que tem de ser reformado, mas a política. Ela consiste em privilegiar claramente a educação, o estudo e a ciência: na universidade, nos museus, na conservação e no aumento do patrimônio. Isso não é incompatível com uma boa vulgarização, desde que esta não se confunda com a *Guignol's Band*[1] do grande comércio das diversões e do turismo. A ideologia da Cultura não é o único obstáculo a essa reforma. Interesses poderosos, solidariedades interessadas e o utilitarismo moderno inteiro, o que não é pouco, opõem-se a ela. Porém uma ideologia esconde-os e legitima-os aos olhos do sufrágio universal. Removê-la, substituí-la por um projeto razoável e, em última análise, nacional seria colocar em apuros os neocolonizadores culturais que, há muito, valem-se do sentido da História e do amor sem mescla para o progresso. O público sente-se, há algum tempo, enganado um pouco demais. Ele não é incapaz, apesar do estado de hilotismo ao qual, por muito tempo, tentou-se reduzi-lo, de entender a diferença entre educação e diversão melhor do que a nuance, propriamente falando, inapreensível que pretende separar o «cultural» do Estado do «cultural» mercantil. Ele respeitaria mais um Estado educativo e que honrasse a memória erudita. Ele mensuraria melhor a distância entre «diversões» e ócio estudioso. Ele se acostumaria ainda melhor com essa distância, porque, na democracia, cada qual tem a liberdade de passar de umas ao outro, ou de ir de um às outras. Trata-se de uma questão de vocação e de preferência privadas. O dever do Estado, por outro lado, é manter a balança equilibrada entre o ócio estudioso, próprio do espírito, e as diversões, próprias aos sentidos.

    O Estado cultural é o Estado-diversão, e nada além disso. Não é certo que esse dinossauro francês de cabeça bem

[1] Referência ao romance *Guignol's Band*, de Céline.

pequenina consiga manter-se em uma Europa e em um universo em que a competição não é apenas econômica e política: a autoridade intelectual será, nele, mais solicitada e mais contagiosa do que jamais foi, justamente por ter-se tornado raríssima por toda parte.

A França e sua televisão

> As repúblicas democráticas colocam o espírito de corte ao alcance do grande número e fazem com que ele penetre em todas as classes ao mesmo tempo. Essa é uma das principais censuras que se pode fazer a elas.
>
> Alexis de Tocqueville, *A Democracia na América*, I, 7

Para julgar o Estado cultural, sem dúvida é preciso olhar no centro, nos assuntos do ministério que traz seu nome. De fato, é ali que a ideologia do sistema tem sua sede, e é ali que sua ortodoxia e suas «engrenagens» são determinadas. Porém, paradoxalmente, é ali também que se está mais precavido contra seus efeitos perversos. Museus, arquivos, monumentos históricos e, às vezes, até o teatro, «criados no palácio, conhecem seus meandros»[1] e chegam a defender ou a reencontrar o sentido de sua tradição contra as usurpações do Comitê Central. Assim como no Kremlin, há, nas fileiras culturais, «conservadores» e «progressistas», e, se estes são intrusivos, evidentes e inquisidores, aqueles aprenderam, na surdina, a defender-se e tergiversar. Por outro lado, as duas alas laterais, infinitamente maiores, mais decisivas, são mais uniformemente e radicalmente afetadas. Uma é o Ensino, e a outra, a Televisão. Nem uma nem outra dependem do Ministério da Cultura. Mas elas não são os menores órgãos do

---

1 «Nourris dans le sérail, en connaissent les détours»: citação do *Bajazet* de Racine. [N. T.]

Estado cultural. Ora, uma, o Ensino, está na pior. De tempos em tempos, aparece um bufão para dizer que «o nível está subindo». Nas paredes de nossos estabelecimentos, a resposta dos pichadores não tarda. Os efêmeros faustos da Rue de Valois serviram de álibi à longa catástrofe da Rue de Grenelle.[2] A noção confusa de Cultura, cujas Casas ou Centros de mesmo nome asseguraram a publicidade para seduzir a opinião, mordeu, como um ácido, a arquitetura moral e intelectual de metal excelente que a III República tinha legado a seu ensino, e hoje estamos à beira de ver liceus e colégios transformados, por sua vez, em pequenas Casas da Cultura, segundo a implacável lógica multiplicadora que começou a operar a partir de 1959. Mais do que os Museus, os Arquivos e os Monumentos Históricos, a Escola e a Universidade massificadas sofreram com a ideologia e com a sociologia culturais. São elas, no entanto, por seu peso no orçamento e por seu papel na saúde da nação, que empenham todo o futuro. Maio de 1968, pelos canais da Cultura, continuou a alastrar-se por todo lugar onde o Estado exerce, inconteste, sua autoridade, e seria hora, talvez, de comparar essa «aculturação» do Ensino francês àquilo que acontece com nossos vizinhos e rivais europeus.

A outra ala do Estado cultural é a Televisão. Nela, também estamos em uma escala sem medida comum com o público e com os modestos efeitos que estão ao alcance da Administração cultural. Nela, também, estamos em uma ordem de coisas que escapa à Rue de Valois desde as origens dos Assuntos Culturais e que, ainda hoje, escapa-lhe no que é essencial. Aliás, sob certos aspectos, a Cultura «valoisiena» apresentar-se-ia de bom grado, se não como a rival mais nobre, ao menos como o corretivo da Televisão. As mesmas causas, no entanto, engendram os mesmos efeitos, e, apesar de sua aparente compartimentação, o Estado cultural é um; ele tende, até obstinadamente, por

---

2   Na Rue de Valois, como já mencionado, localiza-se o Ministério da Cultura; na Rue de Grenelle, o Ministério da Educação Nacional. [N. T.]

uma necessidade que ultrapassa seus sucessivos ocupantes, e às vezes rivais, a uma homogeneização geral. Poder-se-ia, até mesmo, dizer que a política televisiva do Estado é aquilo que mais decisivamente revela a essência de sua política cultural, o padrão segundo o qual ela tende e sempre tenderá, cada vez mais, a mensurar e «dinamizar o espaço» em que se apaga e sufoca-se, na França, a vida do espírito.

O império da Televisão é, hoje, universal. Há muito tempo, ele é universal nos Estados Unidos, que foram os primeiros a dar o exemplo da imersão de todo um povo em uma torrente de imagens e de vozes fantasmáticas. Ele tornou-se um hábito. Na França, ainda há um fascínio. Porém trata-se de um fascínio frustrado e nervoso. Depois do Ensino, a Televisão está se tornando um tormento francês. Por quê? As várias «reformas» de que ela foi objeto, como a Escola e a Universidade, agravaram, a cada ano, seu mal-estar e o do público. Ela não se recupera de ter sido, inicialmente, em um único canal onipresente, a «Voz da França», e as reformas que, com o aumento do número de canais, modificaram-na limitaram-se a libertá-la da qualidade «francesa» original, sem libertá-la da tutela, ainda mais dolorosa, por ter-se tornado indireta e tortuosa, do Estado. A Televisão, desde o começo, foi interpretada, na França, como um instrumento de Informação controlado e censurado diretamente pelo poder executivo e, acessoriamente, como um divertimento popular que não deveria cair muito de nível, sob pena de ferir a majestade do Estado. Esse é o estado clássico, gaullista, da Televisão francesa, e todas as reformas foram feitas com a obsessão de salvar o primeiro princípio, sacrificando o segundo. O resultado é uma televisão que não informa, por medo de desagradar, e que diverte mal, por desejo de fazer esquecer a que ponto ela informa mal.

Em cada nação, as «estranhas lucernas» começam por instalar-se nos hábitos, nos costumes e no caráter que prevalecem no país. A sociologia trabalha para descrever as «perturbações» que essa lanterna mágica introduz na sociabilidade, e a psicologia ou a psicanálise fazem o mesmo, mas para evidenciar o efeito produzido no crescimento moral e intelectual das crianças. Essa massa enorme de trabalhos, com algumas exceções, é orientada pelo preconceito de que a Televisão, em seu conjunto, é um progresso admirável. Trata-se, entre outros, de um instrumento formidável de igualitarismo. Se o progresso resume-se a sempre mais igualdade, os fatos estão aí: as crianças de todos os ambientes são remodeladas por um imaginário comum e, literalmente, subtraídas à educação propriamente familiar. As tradições da língua e dos costumes, que eram próprias a cada bairro, a cada província, a cada família espiritual, são aplainadas. Quando não se tem nada a perder, como é o caso nos Estados Unidos, nação nômade e desprovida de raízes, a Televisão torna-se um *melting pot* [caldeirão] elementar, mas muito eficaz, que difunde e impõe os estereótipos pré-fabricados, em que cada qual poderá introduzir-se para desempenhar um papel adaptado ao momento, a uma geração, ao imaginário geral. Na Europa, onde esses arquétipos vinham do fundo dos tempos, transmitidos pela tradição oral e pela memória literária, os modelos televisivos têm o efeito de verdadeiros *buldôzeres*, para a grande alegria de nossos igualizadores. Na verdade, essa compressão (no sentido das famosas esculturas de César), não obstante, desenha figuras «tradicionais», mas compósitas, massificadas, achatadas e reduzidas a seu mínimo e vil denominador comum. A Televisão, essa obra-prima do progresso, é um princípio de regressão para o baixo, para o arcaico; ela simplifica e enrijece, até a caricatura, os piores traços daquilo que Montesquieu denominava «o espírito geral» de um povo; ela associa-o a máscaras, que cola em seu rosto. Cada país da Europa fica, assim, contraído e reduzido a um pequeno número de personagens-modelos que pertencem a seu folclore, em sua versão mais degradada; cada qual se reduz a um bar local, que se comunica com o prostíbulo do vilarejo, em uma singular claustrofobia morna e malcheirosa que desmente toda pretensão da

Televisão de «favorecer a compreensão entre os povos». Nem vamos falar do extraordinário empobrecimento do olhar, que se acostuma a perceber a realidade através do filtro dessas imagens de matéria pobre e de cores berrantes, tremelicadas e enquadradas ao acaso, alheias a todo sabor e a toda harmonia. Não conseguimos imaginar um inseto reduzido a perceber o mundo em esquemas perceptivos tão atrofiados e, portanto, enganosos em sua própria definição. A informação transmitida por esse instrumento deveria ser precedida de uma verdadeira educação do olho, dos sentidos e da inteligência, que daria ao espectador um recuo e lhe permitiria restabelecer, em justas proporções irônicas, o pouco de substância, totalmente alusiva e parcial, que esse aparelho lhe entrega.

Porém é preciso insistir no poder, do qual a Televisão dispõe, de levar seus espectadores de massa a formas elementares de espetáculos e a congelar todo um povo em seus hábitos adquiridos mais peculiares, menos compreensíveis para os estrangeiros, menos suscetíveis de fazer com que o estrangeiro seja compreendido. Nos Estados Unidos, do *saloon* do Velho Oeste aos luxuosos salões da Broadway, os diferentes graus da comédia musical, lazer do caubói, do garimpeiro, do colarinho-branco, ou do homem de negócios, assemelham-se a uma população matizada e sem cerimônia, mas que deseja ser divertida mediante pagamento. Por mais vulgar que seja, a comédia musical americana é viva, cheia de vitalidade, variada, executada com rigoroso profissionalismo. Ela é o gênero-*matrioshka*, que impõe suas regras a espetáculos, no entanto, muito diversos, que os incontáveis canais de televisão produzem e projetam, modulando seus lugares e suas modas. Esse lugar-comum, conformado com o senso comum do público, é variável. Ele divide-se em subgêneros nitidamente definidos, na novela, nas variedades e nos jogos com participação do público, tendo, como pano de fundo, homilias laicas ou religiosas. Nela, vemos surgir, das profundezas urbanas, pessoas excelentes, nada intimidadas e ávidas por participar da tagarelice geral.

A informação também é tratada como um gênero, com seu ritmo e seu suspense. Aqui, o modelo não é o teatro de variedades, mas o tribunal. Outro espetáculo, mais sério. Nele, o jornalista faz papel, ao mesmo tempo, de investigador e de procurador; os advogados são convocados a falar, assim como as testemunhas e até os culpados presumidos, e não são deixados em paz. O canal CNN, nos últimos anos, levou o gênero a uma espécie de perfeição às vezes inquietante, e o suspense da informação, longe de perder sua pugnacidade depois de Watergate, ganhou fortemente em intensidade. Não digamos que ganhou em veracidade, mas, ao menos, dá-se ao espectador americano a reconfortante impressão de que tudo é feito para ajudá-lo, sem incomodá-lo, a formar sua própria opinião. Nunca se verá, nos Estados Unidos, a mistura de gêneros: senadores, deputados e, ainda mais, ministros não se rebaixarão a desfilar nas variedades, e a comédia, exceto involuntária, não se infiltra nas informações. Apesar dos preconceitos que nutrimos, a Televisão americana, sob esse aspecto, é tão intransigente como a *Arte poética* de Boileau. Nela, a diversão é diversão, e a informação, informação. A dose de «instruir» e de «agradar» é meticulosamente calculada, sob as confusas aparências de uma algazarra regularmente interrompida por uma sequência de filmes publicitários. Essa retórica é também uma disciplina cívica espontânea, que instintivamente diferencia o que é público das diversões privadas e que nunca confunde Fórum e Circo, Quaresma e Carnaval.

    Na Itália, a Televisão é uma corrupção da ópera-cômica, ou sua paródia involuntária, com suas cenas tumultuosas e tonitruantes, suas grandes árias pomposas, seus intermináveis recitativos. Nela, a informação está, ela mesma, contaminada. Porém, no conjunto, o que se tem é um gênero popular, por vezes vulgar, que tem muitas afinidades, ainda que menos diversas, com a comédia musical americana. Nem nos Estados Unidos, nem na Itália (exceto no caso da informação, para o primeiro país), alguém pensaria em levar a Televisão a sério. É possível passar meses nas mais diversas universidades americanas, ou participar da vida social de Nova York ou de Houston: é como se a Televisão não existisse, ou, ao menos, ninguém fala dela, como não se fala do aquecimento central ou do telefone. Em Paris, modelo da sociabilidade francesa, mesmo os *stakhanovistas* do jantar fora ou das festas elegantes ainda encontram tempo para ver os programas «que importam» e comentá-los finamente.

Há, portanto, uma sacralidade televisiva na França, que modifica sutilmente e sustenta a irresistível atração que a telinha exerce por toda parte. Essa sacralidade sobrevive ao desaparecimento, todo de fachada, do monopólio do Estado. Sentimos pairar, acima desse emissor de imagens e de voz, figura severa e subliminar, o Luís XIV pintado em sua majestade por Hyancinthe Rigaud em um célebre retrato. Sua presença na altitude é sentida com frequência ainda maior pelos efeitos indiretos, paradoxais, das crises nervosas de riso insano dos apresentadores, uma atmosfera de carnaval que, em vão, busca conjurar o olhar severo do velho rei. Mas acontece, e isso desde o começo da Televisão francesa, que Luís desça de seu quadro e ocupe a tela, despojado de seu manto de arminho drapeado com bom gosto e das pernas: foram, em primeiro lugar, antecedidas por *A Marselhesa* as soberanas aparições, em busto, do general de Gaulle, admirável naquelas ocasiões e sabendo, quando não se manifestava em pessoa, que fulminava a tela com as acerbas notas dirigidas a seu ministro da Informação. Os chefes de Estado franceses, desde então, matam-se para encontrar seu próprio estilo de aparato, sob o domínio desses modelos insubstituíveis.

O General não dançava. Luís XIV dançou por muito tempo. No retrato de Rigaud, sai do manto de arminho uma longa perna, afinando-se em uma lisonjeira meia de seda branca, supremamente aristocrática, tão redonda e firme como nos anos em que o rei fazia papel de Sol em *Le Ballet de la nuit* [O balé noturno], de Benserade: a perna de um dançarino. Na Televisão francesa, reina apenas o busto do velho rei, austero e preocupado. Da dança do Estado, conforme à das Musas e dos planetas, não resta nem mesmo essa bela perna. Porém há diversão na Televisão francesa, e as afetações dos astros da comunicação nacional, herdeiros liliputianos dos balés, das peças e dos entreatos de Benserade e de Lully, permanecem presas por um fio invisível, mas sólido, a essa meia de seda, tecida em Lyon para o rei, cujo material brilhante vinha das sericiculturas colbertistas do vale do Ródano.

Ainda nos lembramos do sobressalto ultrajado de um primeiro-ministro francês em exercício: em plena campanha das eleições legislativas, durante um debate televisado com um de seus adversários, ele lançou: «O senhor esquece que está falando com o primeiro-ministro da França». Ele mesmo esquecia, de tão tenaz que é o mito da Televisão «Voz da França», que uma conversa na Televisão, sobretudo em tempos de eleição, leva o homem público à condição privada de candidato e até à de empregado submetido ao exame de seu verdadeiro senhor e soberano, o eleitor. A Televisão, nesse caso, é apenas o café da esquina em domicílio, onde a discussão eleitoral acontece diante de um copo de aguardente. Na França, porém, a tela catódica foi elevada à posição de sala do trono ou de balcão de palácio oficial. Como, na realidade, trata-se de um pequeno altar dos deuses lares domésticos, erguido no mais privado da vida dos cidadãos, a majestade oficial do Estado só poderia descer dele em ocasiões muito raras, sob pena de aviltar-se.

À maneira da Cultura de Estado, que faz tudo para tomar emprestados os atrativos do grande comércio, o poder prefere, portanto, para fazer-se ouvir, tomar emprestada a via oblíqua das atrações, dos Papais Noéis de todas as épocas, e estes, imbuídos de sua importância de embaixadores e da licença que ela lhes confere, permitem-se um tom de autoridade ou de familiaridade que mesmo a vida privada, em boa companhia, não tolera. Os efeitos são consternadores. De que adianta esforçar-se, ter talento, de que adianta divertir e encantar verdadeiramente, a partir do momento em que o simples fato de estar ali, na tela, bem na intimidade dos lares, dá-lhe uma importância e lhe vale uma atenção que bastam para sua própria felicidade. Atrás de seus ombros, a sombra do Poder político, acompanhada pela do Poder técnico, garante sua impunidade. De que adianta esforçar-se para imitar a seriedade e a precisão da informação, se essa, no fim das contas, não passa de um jogo de paciência entre as raras e monumentais aparições do chefe de Estado? Assim, a Televisão francesa mergulha seus espectadores anestesiados em um banho-maria de imagens insípidas e sem cuidado, uma tisana ou água tomada no bar, que transforma os lares em asilos geriátricos econômicos ou em botecos de subúrbio. Na mediocridade da Televisão francesa, entra uma alta dose de impunidade, mesclada com o mais completo desdém pelo público, que, no entanto, está pagando. Nela, reencontramos a mesma aliança que encontramos na Cultura, entre a arrogância oficial e os trejeitos comerciais.

A caverna francesa, tradicionalmente alimentada por oradores, políticos e homens de letras, desenrola seus discursos e suas imagens em Paris, desde o século XVII, em um palco clássico: unidade de lugar, de tempo e de ação. Ainda que a telinha pretenda tornar-nos senhores visuais do mundo e dotar-nos de ubiquidade, não há nada de shakespeariano na França: o palco clássico incrustou-se nela; mais do que nunca, ele quer-se sala do Trono, antecâmara do rei, mas também cenário de torneios de cavaleiros, de balés, de pequenos prazeres da Corte. É nessa Galeria de Espelhos transformada em teatro de variedades que a gramática passou a ser fixada, por uma camarilha de cacófonos e de afetados, para todos os reinícolas que os ouvem com atenção. Essa concentração de interesses é fiel à ótica antiga e clássica da Nação. A coexistência de vários «canais», distinguidos por graus de baixeza aos olhos dos conhecedores mais atentos, compromete, só na aparência, essa unidade essencial. Todos convergem. Como o estilo elevado que prevalecera no tempo, hoje distante, do canal único mostrou-se cansativo e já não está na moda, toda a Corte, exceto em raríssimas ocasiões, converteu-se ao estilo burlesco, e Tabarin, Gros Guillaume e Guillot-Gorju,[3] vedetes dos palcos das feiras populares, fazem escola nele. Ministros e gente graúda não hesitam mais em fazer histrionismos na televisão, e a maior parte dos cortesãos nos tablados do novo Versalhes puseram-se em uníssono. Como, ainda assim, eles não esquecem quem são, nem de onde falam e gesticulam, entregam-se a esgares sem graça e com uma expressão mal contida de condescendência por seus bravos e invisíveis telespectadores. As torrentes de pieguices moralizantes que, apesar de tudo, eles dão um jeito de despejar sobre essa boa gente impedem-na de desvendar o desprezo que se tem por ela e o estado de servilismo em que é mergulhada sem nenhum incômodo. Seria preciso reinventar uma polidez verdadeiramente democrática para que esses modos de aristocratas hipócritas e insultuosos parem de prevalecer entre os príncipes da telinha e seu povo.

Uma exceção foi *Apostrophes*. O programa de Bernard Pivot teve, muitas vezes, a graça um pouco ralé de uma comédia popular e, às vezes, a de um capítulo de Courteline.[4] Falsamente ingênuo, mas cortês, Bernard Pivot compartilhava um amor sincero pelos livros e por aqueles que os fazem, para o melhor e para o pior. Com ele, tínhamos a impressão de sermos convidados, com o público da televisão, a uma livraria de bairro cujo livreiro, ele próprio autor e leitor, conversa com os autores dos livros que vende. O interesse era mais moral que literário, mas a distinção é rigorosa demais. O tom justo que ele encontrou, de todo modo, destaca-se dos porta-vozes habituais da Televisão

---

3 Referência a atores franceses do século XVII. [N. T.]

4 Georges Courteline (1858-1929), dramaturgo e romancista francês. [N. E.]

nacional. Ele permitiu que se vislumbrasse aquilo que poderia ser a televisão de Marcel Pagnol ou de Maurice Chevalier.[5]

Resta que a passagem por essa televisão de animadores fáceis ou tolos tornou-se, na França, um princípio de enobrecimento, o equivalente das honras da Corte no século XVIII. As cobiçadas recompensas do Prêmio Goncourt, do Prêmio Nobel e de tantos outros só têm valor depois de serem devidamente sancionadas pelas aclamações do *Grand Echiquier* [O grande tabuleiro], ou pela investidura de *L'Heure de vérité* [A hora da verdade]. Temos aí o equivalente catódico do amável gesto que o príncipe esboçaria com a cabeça antes de recolher-se. Curiosamente, a tecnologia é ocasião de um verdadeiro regresso moral, e, em uma República em que o cidadão é raro, as *Memórias* de Saint-Simon, mais do que a *Comédia Humana* de Balzac, tornaram-se o manual indispensável do observador moderno e, no melhor dos casos, do ambicioso moderno. Na Inglaterra, na Itália e sobretudo nos Estados Unidos, em que a Televisão nem recolheu, nem reavivou os vícios da Corte, pode-se esperar que um livro ou um autor ganhem fama graças a um artigo pertinente no *Times Literary Supplement*, em uma resenha atenta de *La Stampa* ou de *La Repubblica*, da *New York Review of Books*. Na França, o coroamento do poeta, assim como o do esportista, do cientista assim como o do filósofo, só pode acontecer em uma vasta cacofonia anunciada por *Télérama* ou por *Télé 7 Jours*, o *Who's Who* entregue semanalmente, *A Lenda dos Séculos*[6] em

---

5   É vívido o contraste com o programa do mesmo Bernard Pivot intitulado, para que ninguém ignore, *Bouillon de Culture* [Caldo de Cultura]. O gênio, como se disse com justeza, está em inventar (ou em reinventar) um lugar-comum. *Apostrophes* foi um caso. *Bouillon de Culture* é um apêndice de *La Fureur de Lire* [O Furor de Ler], é um espaço cultural.

6   Em francês, *La Légende des siècles*. Trata-se de um livro de poemas de Victor Hugo, escritos entre 1855 e 1876 e publicados em três séries (1859, 1877 e 1883). [N. E.]

folhetim, ou mais exatamente o *Almanaque da Corte*,[7] que deve ser consultado para saber dosar a reverência e suas expressões de respeito. Por pior que seja a Televisão e que ela desespere os doentes, os velhos e os deprimidos que esperam dela um pouco de emoção e de riso, ela continua sendo objeto de conversas entre iniciados que, desdenhando seu entorno, julgam se o Sr. Fulano ou se a Sra. Beltrana, na noite anterior, durante o programa que interessa, estavam «bons» ou «decepcionantes» e se mereceram ou não que se faça estardalhaço por eles.

Essa surpreendente transferência do palco versalhense ou parisiense para uma lâmpada catódica não deixa de ter seus inconvenientes. O palco versalhense ou parisiense, sem nenhuma rede hertziana ou transmissão via satélite, tinha como espectadores apaixonados a Europa inteira, atenta às decisões do rei, ou às palavras espirituosas da duquesa de Montespan, dos convidados da Sra. Geoffrin, ou dos amigos de Diderot. Mesmo na época de Paul Valéry, o palco parisiense não se contentava em ser extremamente cosmopolita, hospitaleiro a tudo aquilo que o estrangeiro tinha de talentos; ele era, e, em parte, por isso mesmo, objeto de interesse universal. Os feitos e gestos de seus atores, o teor da conversa, eram espalhados longe, ao mesmo tempo que os livros, as revistas e os artigos de jornal em que essa conversa prosseguia.

A Televisão francesa pode perfeitamente ocupar os convivas dos jantares nos restaurantes parisienses. Por esse motivo mesmo, esse órgão nacional é estritamente francês, para não dizer provinciano. Vendo-o e ouvindo-o, logo somos tomados por uma sensação tão sufocante como nas recepções da «Sra.

---

7 Possivelmente, o *Almanach royal*, anuário publicado pela administração francesa de 1700 a 1919, que apresenta a lista dos membros da família real francesa, em ordem de precedência, dos príncipes de sangue e de outros membros da corte. [N. E.]

Bailia ou da Sra. Eleita»,[8] com que Dorine, em *Tartufo*, amedronta a parisiensíssima Angélique. Por mais que sos Racisme e os Médecins sans frontières [Médicos sem fronteiras] tenham obtido algum tempo pluricultural no ar, eles continuam sendo elementos de um folclore puramente francês; não fazem parte da grande onda da conversa cosmopolita. Censuramos os diversos canais por dar espaço demais à música *pop* anglo-saxônica, aos filmes americanos. Esse favor não é um sinal de abertura para o vasto mundo e para seus recursos de verdadeiros talentos, que poderiam fazer escola. Ela responde, da maneira mais evidente, à ideia que se faz dela entre os programadores da «cultura jovem» na própria França; é uma prova a mais do horizonte estritamente francês do nosso baile catódico. São exibidas as sessões da Assembleia Nacional e do Senado. Mas não as da Câmara dos Comuns britânica, das Cortes espanholas, do Bundestag alemão, do Parlamento italiano. A simples comparação, intermediada pela tradução simultânea, contribuiria para a boa educação cívica. Em sua forma atual, a Televisão é, mais do que tudo, uma feira das vaidades. Se ela chegou a esse ponto na França, a tutela interessada que o Estado exerce sobre ela é bastante responsável por isso. É paradoxal que o argumento principal em favor da tutela seja uma garantia de imparcialidade e de qualidade, que seriam ameaçadas pelas terríveis potestades do dinheiro.

Ela só é enganosa assim por estar associada a um ambiente fechado, que é seu viveiro e seu verdadeiro destinatário, para além do público confiante e feito de trouxa. O «mundo» parisiense, outrora, era a encruzilhada dos talentos (locais, da província e do estrangeiro), das profissões, dos saberes e dos gostos. Ele estava sujeito à moda, mas essa curiosidade crítica

---

8 «Madame la Baillive et Madame l'Élue», isto é, a esposa do bailio e a esposa do eleito (de algum funcionário eleito), pessoas de classe social superior. [N. T.]

valeu-nos a *Enciclopédia* e os balés russos e lançou-nos em furiosas querelas, algumas sérias, outras de brincadeira, mas todas de interesse universal. Preso, por vaidade, a uma Televisão em geral indigente, um «novo mundo» parisiense, cultural e midiático, petrificou-se em um conformismo e em inclinações de pensamento apenas ligeiramente menos débeis do que aquilo que se costuma aceitar na telinha-espelho. A única diferença que parece subsistir entre esse «novo mundo», televisionável e televisivo, e a incontável multidão anônima dos telespectadores, que ingenuamente se perguntam, entediam-se e caem de sono, é uma nuance que tem seu preço: um tem acesso aos bastidores, conta aquilo que se diz fora do ar, as manobras que precederam ou que se seguiram a um programa crucial, ao passo que o outro tem de contentar-se com o que está sob os holofotes. A televisão nunca é totalmente entediante ou escandalosa para quem é capaz de decifrar, nela, as intrigas de corte que justamente a tornam tão dolorosa ou tão medíocre.

* * *

Não seria essa uma oportunidade para o Ministério da Cultura? Tudo é uma oportunidade de aprender. Repelido pela Televisão, o público de boa-fé vê os braços estendidos das artes tradicionais de que a Cultura agora tem a tutela. E, de fato, ela trabalhou bem para receber, ocupar e canalizar para seus templos os Bouvards e Pécuchets[9] que acabaram sendo desencorajados depois de tantas noites assíduas zapeando no controle.

9   Referência aos protagonistas do romance *Bouvard e Pécuchet*, de Gustave Flaubert. Fato relevante para a passagem é que, após Bouvard herdar uma boa quantia em dinheiro e ambos decidirem mudar-se para o campo, os personagens passam bastante tempo debatendo-se em busca de estímulo intelectual, aventurando-se por diversas áreas do conhecimento e fracassando em quase todas elas. [N. E.]

Quem são, hoje, Bouvard e Pécuchet? Os neófitos da religião moderna do *prêt-à-porter* cultural. Ao fim de trinta anos de «Ímpeto Cultural», ao fim de dez anos de aceleração desse «Ímpeto», efetivamente podemos retomar a forte descrição dada em 1957 por Barthes, em *Mitologias*, da «cultura burguesa de puro consumo», que, no entanto, na época, tinha a vantagem de ser espontânea e não dever nada a um estado-maior da Defesa nacional cultural. Hoje, essa descrição aplica-se a esse substituto artificial que a Cultura de Estado «difundiu», associando, a ele, a ideia de um dever de piedade igualitária: «A França inteira», escrevia Barthes,

> banha-se nessa ideologia anônima: nossa imprensa, nossa câmera, nosso teatro, nossa literatura de grande público, nossas cerimônias, nossa Justiça, nossa diplomacia, nossas conversas, o clima, o crime julgado, a cozinha sonhada, as roupas trajadas, tudo em nossa vida cotidiana é tributário da representação que a burguesia «faz para si» e «faz para nós» das relações do homem e do mundo.

Depois da alienação «burguesa», Barthes, infelizmente, não teve tempo de ver triunfar a alienação cultural. Ele teria sido o primeiro a zombar desse *mondo nuovo*.

Como nossos dois compadres vão começar por maravilhar-se! Os teatros multiplicaram-se; os museus são mais numerosos, mais ricos, mais confortáveis; os castelos, novíssimos, estão restaurados; a música é celebrada; o cinema, protegido; o preço único do livro e as subvenções do Centro Nacional das Letras são celebradas nas bandeirolas do Salão do Livro; as artes plásticas são dinamizadas por toda parte; e as Grandes Obras, concluídas ou em curso, instalam em plena Paris, em uma escala gigantesca, aquelas «catedrais do século XX» com que Malraux sonhava. *O Brave New World!* [Oh, admirável mundo novo!] Todas as categorias sociológicas de franceses são atendidas, e, para que ninguém se sinta de fora da festa, os quadrinhos, o *rock*, o *rap*, o *clip* e o grafite fazem parte das artes subvencionadas e administradas. Ofendidos pela insultante familiaridade da televisão, Bouvard e Pécuchet encontram uma alegria. Eles correm para a Comédie-Française, acham que ela está um pouco esquisita, sem estrela, sem prestígio, reduzida ao estado de «classe excepcional» para os artistas-funcionários da Descentralização Teatral. Eles assistem, nela, a uma *Fausse suivante* [A falsa serva], de Marivaux, tão barulhenta e sinistra como as encenações, vinte anos antes, do *Marat-Sade*, de Peter Weiss. Porém, seguindo o rito dos grandes eventos oficiais, eles aplaudem com um calor que apazigua um pouco seu incômodo. Então, eles precipitam-se para a Opéra, a mais bela do mundo, e encontram-na com apenas um quarto da lotação e alterada, o vasto prédio flutuando como uma roupa de gigante em torno do corpo de balé solitário. Eles chegam à Biblioteca Nacional: ela também conta seus livros antes de separar-se deles em prol de um quarteto de torres-faróis. Eles então se aventuram pelos novos «lugares», «espaços» e «centros» aos quais a Ação Cultural os convida: apesar de sua lendária humildade, ali se sentem, primeiro, estrangeiros. Ali reina uma atividade maquinal que os atordoa. É a dos trens intermunicipais, mas deslocada. Eles então se refugiam nas livrarias, que devem sua sobrevida ao famoso Preço Único do Livro. Os livros superabundam, mas todos publicados em uma faixa cronológica de seis meses. Esses antigos ratos de biblioteca acham a zurrapa um pouco jovem. Eles são roçados pela terrível suspeita de que trocaram o consumo corrente por um consumo de semiluxo, o McDonald's pela rede Sofitel, os congelados Findus pelos congelados Dalloyau. Porém recalcam esse pensamento ímpio. Como devotos que, sem trair a caridade, preferem, apesar de tudo, Saint-Pierre de Chaillot aos canteiros de obras do cardeal,[10] aprendem a farejar, nas práticas

---

10   Saint-Pierre de Chaillot é uma igreja do século XI localizada no 16º *arrondissement* de Paris. Os «canteiros de obras do cardeal» são uma

culturais igualitárias, aquelas que, surdamente, rivalizam com as vitrines do Comitê Colbert[11] e têm a ver com o famoso programa da condessa de Paris: *Topo de linha*.

Em seus momentos mais depressivos, eles, outra vez, fazem gazeta com os vendedores de gravatas da televisão. No fim das contas, será que seu desleixo é, talvez, mais igualitário? Afastando esse novo ataque do Maligno, voltam ao princípio de Pascal, fazem os gestos prescritos, esperam que se sigam a fé e a iluminação. Com o *Livro de Horas* na mão, vão de ofício em ofício, de devoção em devoção, de procissão em procissão: *vernissages* e estreias, exposições e concertos, assinaturas e recitais, do Marais a La Défense, do Opéra-Bastille ao Zenith, são vistos em todo lugar em que se deve estar, e, como lhes ensinou seu catecismo, não encerram em Paris os exercícios da piedade. O trem-bala e os aviões permitem-lhes percorrer também as províncias, hoje efervescentes com missas solenes plenas de indulgências, de batismos e de aniversários de falecimento. Cada vez mais ocupados e agitados, eles, no entanto, não conseguem afastar uma persistente névoa de tédio. Pelos menos, estão convencidos de que, por esperar algo melhor, essa sensação monótona e distinta deve ser o sinal de que subiram vários degraus na escala dos «valores» e de que estão perfeitamente instalados no andar nobre, o andar da Cultura. A longo prazo, contudo, o clero e os objetos do culto os deixam mais intrigados e os fazem sonhar. Os clérigos desse novo catolicismo das artes não são, como esperavam, gente criada em ambiente artístico, artistas, poetas, dramaturgos, romancistas ou compositores, mas engenheiros das almas. Os altares e a decoração

---

provável referência aos Chantiers du Cardinal, organização criada pelo cardeal Verdier, em 1931, com o fim de construir e manter igrejas na região de Paris. [N. T.]

11 Organização que reúne casas de luxo e instituições culturais francesas com o objetivo de «promover o conceito do luxo». [N. T.]

dos objetos litúrgicos carecem singularmente de aura e, no mínimo, de mera beleza. As obras de arte são expostas na penumbra, debaixo de uma violenta iluminação halógena. Essa encenação luxuosa e funerária pouco difere daquela que prevalece entre os joalheiros da Place Vendôme, nos corredores de luxo das lojas de departamento ou dos Antiquários do Louvre, ou, ainda, nas *Funeral Homes* americanas. O tédio de Bouvard e Pécuchet vira gelo. Por fim, eles têm de render-se às evidências: fugiram da tela da televisão e encontram-na em bateria e no lugar de honra em todos os espaços culturais, e dela emanam homilias que reúnem ainda mais fiéis do que as obras de arte que elas celebram. Eles tinham achado que podiam elevar-se, e veem-se mais pesados, inchados. Sua pequena odisseia cultural tem fim. Mal lhes resta energia suficiente para ir embora.

Então, eles se perguntaram se, em vez de comer com os olhos arte dentro de celofane, não teria sido melhor, no fim das contas, aprender uma arte; antes de comprar os últimos livros publicados, aprender a reler; antes de dispersar-se por todos os ofícios, aprender a rezar. Eles tinham uma lembrança amarga demais da crueldade de Flaubert com seus esforços autodidatas para, nesse mundo novo, confiar apenas em seus tateamentos. Por consequência, matricularam-se na universidade mais próxima. O que lhes aconteceu, então, não é mais da nossa alçada aqui.

Mesmo assim, se dermos crédito a essa ascensão fracassada, é o caso de temer que toda política cultural que não comece pelos estudos reserve, a seus turistas, o destino do rei Midas, que morria de fome e de sede por excesso de riquezas, pois tudo o que ele tocava transformava-se magicamente em ouro. A verdadeira vida está em outro lugar. Se é a vida do espírito, ela exige um ócio estudioso incompatível com a cultura administrada em um jato contínuo. Se é a vida do coração, ela supõe um dom de si que torna inúteis e supérfluas essas grandes máquinas de massagear friamente os sentidos. Se, enfim, é a cultura da alma, ela morre de tédio diante desses balcões de objetos sacralizados e, ao mesmo tempo, esterilizados de toda a sua fecundidade espiritual. A verdadeira cultura são vocês, somos nós, sou eu. Não é o Estado. Ela começa quando entendemos a vaidade de sua rival e o preço da liberdade.

CONCLUSÃO: ATUALIDADE E MEMÓRIA

Vertebrados e invertebrados

As metamorfoses dos antigos faziam a forma humana passar para a vegetal ou para o animal vertebrado. Ovídio, e os pintores do Renascimento que o seguiram, descreveram maravilhosamente os galhos crescendo nas pontas dos dedos de Dafne, e as raízes que imobilizam seus pés e os firmam na terra. La Fontaine fala-nos dos companheiros de Ulisses transformados por Circe: «Ei-los tornados ursos, leões, elefantes».

A essa longa lista mitológica, que a tradição europeia preserva intacta, a literatura moderna só pôde acrescentar, e isso tem sentido, a metamorfose em celerado. O rinoceronte de Eugène Ionesco é sua variante mais célebre. Kafka, porém, foi o primeiro a ver que a angústia das sociedades modernas vinha de sua hesitação entre a forma humana, vertical, vertebrada, e sua passagem sempre ameaçadora para o estado viscoso e encarapaçado dos mexilhões, dos camarões, dos siris, ou dos percevejos. Nada é mais assustador na história dos homens do que essa regressão moderna de uma morfologia feita para o ar livre, para as florestas, para os bosques da liberdade e para a contemplação das estrelas, a essa outra, fóssil de eras geológicas e oceânicas desaparecidas. Nada é mais cruel para a crença no progresso do que o destino da República de Weimar, bruscamente transformada em uma enorme e feroz lagosta de aço, ou o da III República vencida, que subitamente se torna uma amêijoa em decomposição. O número desses bichinhos políticos semi ou inteiramente metamorfoseados é, ainda, assustador, e nada nos garante inteiramente, nem mesmo no clima temperado dos dois lados do Atlântico Norte, que o jornal da manhã não nos venha informar, um dia, que nossa sorte também está selada. Nem os Pais Fundadores dos Estados Unidos, apesar de sua fidelidade a Montesquieu, poderiam prever o desmoronamento cívico e moral que acompanha o consumo e a comunicação modernos e as predisposições que ele cria para a Metamorfose. Os Pais Fundadores tinham lido apenas as *Metamorfoses* de Ovídio. Aquilo que denominei Estado cultural francês não me assusta por motivos estáticos, mas políticos: ele é a tela que nos impede de ver e de combater a concreção, entre nós, de uma carapaça cada vez mais consistente, enquanto se vão enfraquecendo os órgãos da nossa forma humana. Mesmo o estilo expressionista de nossos espetáculos oficiais e o estilo construtivista de nossos monumentos públicos absolutamente novos têm um retrogosto, com Brecht obstinadamente em cartaz, de República de Weimar.

Aquilo que vale para o corpo político também vale para seus membros, tomados individualmente e não confundidos e coagulados em conjuntos sociológicos. Há cidadãos vertebrados, e outros com carapaça. A democracia liberal, cujas leis e instituições obrigam a ficar de pé e a agir com liberdade, precisa dos primeiros, de sua independência, pois, junto com os legistas, são eles que se interpõem entre a carne preguiçosa e sua casca em formação. Aquilo que diferencia, entre outros, uma democracia liberal de uma democracia popular é que a primeira, como indica seu nome, é capaz de formar homens livres. Todas as democracias liberais dispuseram, além de seus legistas, de vozes e de pensamentos independentes que zelam pelo estado moral da sociedade e que são os clínicos da liberdade. Esses «espectadores engajados», para retomar a bela definição de Raymond Aron, exercem um magistério, ao mesmo tempo, perante o Estado, sempre tentado pelo maquiavelismo, e perante a sociedade civil, sempre tentada pela servidão voluntária. As democracias liberais são inseparáveis de uma educação liberal, que não apenas favorece o aparecimento desses zeladores, mas também o de uma opinião pública esclarecida que os sustenta e se reveza com eles. O primeiro cuidado de um regime totalitário é destruir esse obstáculo capital a seus desígnios, denominando-o «judeu», «burguês», «mandarim», «canalha», ou outros insultos vis que já conhecemos. Não é a multiplicação dos sistemas de comunicação nem das facilidades de «Cultura» que ocupará o lugar da disciplina moral e intelectual de que são interiormente feitos esses magistrados do espírito e seu público. A ilusão tecnológica e a ilusão cultural mascaram-nos as exigências de uma verdadeira educação liberal e fazem-nos esquecer a função essencial que ela desempenha na economia política da liberdade. Claro está que uma das dificuldades dos países do Oriente hoje, apesar de seu desejo de chegar à democracia liberal, é estar privados de tudo, sem dúvida, mas principalmente dessa burguesia do espírito, vertebrada e articulada, que o stalinismo esmagou e impede de se reproduzir. Nem a *intelligentsia*, clero sempre em busca de um braço secular, nem a «classe política», oligarquia político-administrativa, podem ocupar o lugar dessa opinião independente e esclarecida, ligada à liberdade por sua própria respiração. A III República era liberal por ter desejado, em sua Universidade, criar as condições de aparecimento dessa magistratura do espírito. Com Taine e Valéry, Thibaudet e Halévy, ela não careceu de espectadores engajados. A Inglaterra de Burke e de Carlyle chegou até mesmo a manter a ficção de uma aristocracia de Antigo Regime, como que para marcar simbolicamente o lugar independente que o Estado verdadeiramente liberal reserva à grandeza intelectual, à margem de seus legistas e de seus legisladores.

Essa presença, nas democracias liberais, de espíritos livres, avisados e eloquentes, apegados ao princípio do regime, é ainda mais necessária na medida em que seus costumes, encorajados pelo conforto, pelos transportes fáceis e por proteções e seguranças de todo tipo, secretam a mesma passividade cívica que conduziu as aristocracias das antigas Repúblicas à ruína. Em Veneza, nos salões do Ca' Rezzonico, debaixo dos tetos de Tiepolo, vemos, nas paredes, em suas enormes molduras rococó, os retratos dessa aristocracia satisfeita, de olhos pesados e apagados, senadores e procuradores, bispos e almirantes, oprimidos pelo peso dos veludos e dos bordados que transbordam de suas armaduras de desfile, gordos e cretinos. Então, Veneza inteira tinha se tornado um maravilhoso crustáceo rosa e turquesa, eriçado de cúpulas e de campanários, bordada com rendas calcárias, no quentinho, dentro de sua laguna, agitando, na borda de suas gôndolas, as pazinhas de seus remos impotentes. A mais bela concha urbana ainda está intacta hoje, esvaziada de sua forma interior humana e viva, desde o século XVIII. Na época, e há dois séculos, em um tempo de Europa ainda bastante lento, a favor de uma acalmia prolongada da História, ela abrigava, dentro desse envelope luxuoso ou pitoresco de tijolo, de mármore e de cobre, um corpo mole e farto, sem coluna vertebral, mas animado por nervos sinuosos e voluptuosos, carne sensível e entendida, estremecendo de caprichos. Ela dava-se em espetáculo ao longo do ano inteiro.

Ela se tornou a capital das diversões para os primeiros turistas europeus.

«Luís XIV», observava Valéry, «no auge de seu poder, não teve a centésima parte do poder sobre a natureza e dos meios de divertir-se, de cultivar o espírito, ou de dar-se sensações de que dispõem, hoje, tantos homens de condição modesta.»

Hoje, estão disponíveis, para os cidadãos das democracias liberais, os meios centuplicados de tornar-se, em uma ou duas gerações, aquilo que a aristocracia veneziana levou quatro séculos para se tornar: crustáceos servidos na mesa de Cronos. Os cidadãos das democracias liberais tornaram-se, majoritariamente, em círculos concêntricos, aristocracias imensamente privilegiadas, de uma humanidade proletária, incontável, oprimida e que sonha com o destino do mais modesto dentre nós, como as almas dos mortos em Homero aspiram à luz dos vivos. Essas vastas aristocracias que gozam da democracia liberal, e que sozinhas consomem mais abundantemente em um ano do que toda a humanidade em vários séculos antes do advento da indústria, esquecem, de bom grado, tanto aquilo que são como de onde obtêm esse prodigioso privilégio material e moral. Os apologistas da noção de Terceiro Mundo ressaltaram que essa desproporção dizia respeito às «matérias-primas» que os países ricos extraíam dos pobres. Além de os países mais pobres serem aqueles que não têm matérias-primas, aqueles que as têm só sabem disso, e só lucram, por nossa causa. Foi a matéria cinzenta da Europa que, por um encadeamento de paixões e de pensamentos acumulados desde a Grécia, elaborou a moral e o direito de que nossa aristocracia democrática é herdeira, e deu à luz a ciência, as técnicas que fornecem a essa aristocracia seu luxo e, aos outros, sejamos francos de uma vez, os restos desse luxo. Essa matéria cinzenta é nosso ouro negro, amadurecido há dois milênios e meio, transformado em energia industrial há dois séculos. Sem esse petróleo, quem se preocuparia com o petróleo material guardado nos subsolos do Oriente Médio, corrupção das florestas do quaternário? Quem teria tido a menor ideia de descobri-lo, de extraí-lo, de transportá-lo e de transformá-lo? Nossos direitos de autor são incontestáveis. Porém não somos herdeiros apenas de uma matéria cinzenta. Nem a moral, nem o direito, nem a ciência que articulam nossas sociedades contemporâneas teriam sido possíveis sem um substrato que possibilita o progresso, mas que é independente dele. O progresso é filho de Cronos; o espírito da Europa (e nisso ele é filho de todos os espíritos) é filho de Mnemósine, da deusa Memória que os gregos sonharam anterior e superior ao tempo. Os mitos, a religião, a literatura, as línguas e, antes de tudo, as línguas clássicas, grego, latim e hebraico, são as fundações duráveis sobre as quais a Europa foi construída e sobre as quais está construído, hoje, seu último avatar, a democracia liberal. Conhecer, honrar essas fundações, das quais depende o equilíbrio do edifício em que está instalada a aristocracia democrática moderna, europeia e americana, eis a tarefa sagrada em sentido próprio, que somente cálculos a curto prazo podem considerar supérflua. É suicida para uma aristocracia ignorar aquilo que faz dela, quando ela se conhece, uma nobreza. Os privilégios aparentemente exorbitantes de que gozamos, na Europa e nos Estados Unidos, repousam, em última análise, sobre um edifício que nada tem de conjuntural nem de sociológico, nem, definitivamente, de material. «Nosso tempo», «nossa modernidade», «nossa economia» fundam-se na ciência, e a Ciência em si funda-se nas humanidades, na permanência da tradição e das línguas antigas que dotam a Europa de sua jurisprudência linguística e moral.

    Se a ciência, as técnicas, a indústria separam-nos ou podem separar-nos dos outros povos, por meio das humanidades, da sabedoria, da poesia e da religião, relacionamo-nos com facilidade com todos os povos porque todos os povos, como os Antigos, escapavam da história pela altura e pela profundidade, pela oração, pela meditação, pela poesia. Se nossa aristocracia pode ser uma nobreza, se pode inspirar respeito, se pode entrar em diálogo com aquilo que Malraux, com uma expressão que, dessa vez, soou precisa, denominava «nobreza do mundo», ela pode fazer isso, sem dúvida, pela extensão, a todos, da moral, do direito, da ciência, das técnicas, da indústria, que constituem a brandura de nossos regimes e o relativo luxo de nossas vidas, mas pode fazer isso também, e talvez melhor, dialogando com os outros povos em um terreno em que estamos em pé de igualdade com eles, a antiga sabedoria, a antiga fé e a antiga literatura. «Antiga» significa, na verdade, não «de outrora», mas «de sempre». É a luz que não se altera. É o tempo vencedor do tempo, de que nos empobrecemos e de que, hoje, temos tanta ou mais necessidade do que os povos pobres. Assim, é estranho e perturbador observar com que ligeireza as aristocracias democráticas deixam desabar as fundações mais duráveis de sua existência e sacrificam, ao imediato, os alicerces espirituais de sua sobrevivência e de seus privilégios. Joubert dizia, sobre a Antiguidade, que, como história, ela termina em 1715. Ela está sempre presente como memória. Porém está esquecida na educação de nossas elites. Isso, hoje, chega até mesmo às bibliotecas, até o próprio princípio da leitura, templos e cultos de Mnemósine. Os templos e o culto são, hoje, oferecidos ao consumo de massas, e o consumo, dessa vez, assume o sentido terrível da palavra evangélica: *consummatum est* [foi finalizado, foi completado]. O fim da história europeia desenha-se quando Cronos devora seus próprios filhos e devora-se a si mesmo, quando os templos de Mnemósine transformam-se em hipermercados. O grande Consumidor, que não poupa nada e não respeita nada, até a autofagia, é o Tempo, quando não tem mais a Memória para contê-lo. Uma das figuras de Cronos é, precisamente, Caliban.

* * *

Quando examinamos, no Ca' Rezzonico, para onde é preciso voltar uma última vez, os retratos balofos da última aristocracia veneziana, a memória ofendida faz com que apareça, aos olhos interiores, o retrato do doge Loredan feito por Giovanni Bellini, uma das joias da National Gallery de Londres. O príncipe-pontífice do século XVI aparece sob uma luz que apaga cinco séculos de história. Vestido de branco e usando na cabeça sua boina sacerdotal, *il corno*, insígnia de seu cargo, ele parece observar, em si mesmo, a Veneza eterna cuja guarda lhe cabe. Esse olhar contemplativo, que não surpreende em um santo, é impressionante em um homem de Estado. A moldura fina e forte de seu rosto, claramente legível sob a pele de pergaminho de um velho alto e magro, parece iluminada desde dentro por uma clareza branda e inextinguível. Se existe no mundo uma representação da sabedoria no poder, é exatamente essa. Algo do marfim com o qual Bizâncio gostava de representar seus imperadores permanece na matéria que Bellini transfigurou em espírito, mas tudo do hierático bizantino desapareceu: estamos diante de uma individualidade poderosa e poderosamente encarnada, que escolheu ser aquilo que é e que Bellini fixou como um *ktêma eis aei*, um «resultado para sempre». Em um único lance, captamos, diante desse quadro, que deve ter sido objeto da meditação de muitos homens de Estado ingleses, aquilo que fez do governo da Sereníssima, durante vários séculos, admiração e tema de reflexão para a Europa: nele, vemos, assumida com intensa gravidade, a prudência de uma aristocracia que, ao mesmo tempo, continha e estimulava o gênio do comércio e a paixão pelas riquezas, mas que era inspirada pela inteligência do passado e pela oração. Cronos não tinha poder nenhum em Veneza, enquanto homens-abelhas dessa estatura, fiéis a princípios de conduta experimentados, sem ilusão, mas sem fastio, ancoravam Veneza e permitiam-lhe bordejar, nas correntes e tempestades, sem perder nem o equilíbrio, nem o rumo. O fundo azul e a luz dourada de fim do dia que envolvem a cabeça erguida do doge Loredan são tão imutáveis como o fundo dos mosaicos de San Marco e mais límpidos do que eles. Esse retrato não é um elogio, é a análise de uma grande estrutura espiritual. Quando passamos dessa aparição para o século XVIII, e para a galeria de retratos do Ca' Rezzonico, já não encontramos indivíduos, mas carnes abundantemente enroupadas, como que para dissimular sua rendição moral ao tempo. Afinal, tudo está ali em definitivo: a grandeza de espírito e sua fecundidade supõem que a luz natural em nós se tenha juntado à sua origem nas elevadas regiões da memória e volte no tempo, dessa vez como vencedor, precavido contra sua corrupção. Essa nobreza é inatacável. Se dispensamos esse desvio e se, herdeiros, tornamo-nos rentistas e consumidores dessa herança, escravos do tempo, merecemos ser metamorfoseados em pequenos parasitas da História.

As aristocracias democráticas de hoje estão ameaçadas do mesmo destino: a antiga lei que entrega a Cronos os desertores de Mnemósine permanece em vigor, e o progresso não a alterou em nada. Elas estão mais protegidas, e portanto mais tentadas a esquecer a ameaça, em sua concha tecnológica e em seu douto sistema jurídico e social do que poderiam estar o Grande Rei em Versalhes ou os senadores e procuradores em seus palácios do Grande Canal. Se pelo menos elas fossem capazes de dizer aquilo que Fausto proibiu a si mesmo de dizer, mas por elevação de alma: «Detém-te, instante, és tão belo!». Seu consumo de instantes e de coisas de um instante transformou-se em hábito maquinal, cuja intensidade emotiva é pobre. Quando as proteções, seguranças e prazeres ordinários cedem, toda uma farmacopeia engenhosa e de baixo custo, de estimulantes e antidepressivos, afasta delas a realidade, tão pouco ameaçadora, que, mesmo assim, faz-lhes sombra. Debaixo de sua carapaça, às vezes pesada de carregar, o que no entanto é remediado pela miniaturização japonesa, no centro morno das vísceras e dos filamentos nervosos, um *ego* timorato e ávido observa-se. Ele pode ser muito inteligente, sobrecarregado de informações e superdotado de competência, ou pode ser sumaríssimo: ele observa, com um olhar impossível de satisfazer. Nada lhe é mais penoso do que aquilo que o distrairia desse olhar totalmente ocupado de si mesmo: o exercício da liberdade, que supõe uma arquitetura da alma. Nesse *ego* tornado biológico, cujos mecanismos a psicanálise, as técnicas de mercado e a ideologia sabem acionar, um magma de sensações fugidias e de imagens efêmeras, um fluxo de pulsões e de volições desacordadas que tentam chegar à sintaxe sucedem-se e derramam-se umas nas outras. Os borborigmos dessa consciência incoativa foram notados com precisão definitiva por Joyce no monólogo de Molly Bloom. Para os lagostins, superdotados ou tacanhos, a droga é uma tentação dificilmente resistível, eles encontram nela uma aceleração de seu fluxo de consciência e um sobressalto artificial de energia que não mais lhes vêm naturalmente do interior, mas de que têm a nostalgia sobretudo quando, ainda jovens, sentem estremecer, neles, a forma humana, seu crescimento, sua liberdade. Beckett, de modo lacônico e elíptico, descreveu, por sua vez, aquilo que Joyce fora o primeiro a enxergar e formulara de modo amplo e abundante. Essa brevidade, em Beckett, é a da hora da verdade: *Malone morre*. Era necessária essa escansão de salmos e do *Livro de Jó* para meditar a impenitência final dos invertebrados encurralados.

O Motorista é o anti-herói cotidiano dessa humanidade metamorfoseada. Sentado em sua carcaça de metal, protegido dentro de um engenhoso sistema de ruas e de estradas bem demarcadas, de pisca-piscas bem ajustados, de guardas de trânsito e de policiais motorizados, arreado pelo cinto de segurança, bombardeado sensorialmente pelo rádio de alta fidelidade, distraído por seu telefone celular, ele oscila entre a euforia e a fúria violenta, sintoma intolerante de seu pavor latente de ver, ao menor choque, esse engenhoso edifício fechar-se sobre si e transformá-lo em ferragens. Não menos emblemático é o Espectador de televisão. Para esses *egos* nervosos, inquietos, superprotegidos e vulneráveis, isso equivale a mergulhar, com um gesto fácil, nas águas paradas, quentes e brilhantemente iluminadas de uma piscina de imagens, enchida em um jato constante pela tela catódica. Esse banho polinésio da consciência, hipnótico, mas desprovido da visita de sonhos, refaz o mundo não como ele deveria ser, mas como ele deve ser para uma medusa distanciada do real, um mundo sempre repintado como novo, sob projetores de mergulho submarino, miniaturizado, facilmente apreensível pelo olhar, que, nele, devora avidamente o assassinato, os desastres e até o amor, fora de todo perigo, de todo esforço, de toda saída de si, sem apetite.

O automóvel era originalmente um esporte; a televisão, no começo, uma aventura do espírito.[1] Ambos tornaram-se rendas vagamente assombradas pela queda da Bolsa — no caso, o esgotamento dos estoques de gasolina, acidentes na estrada, uma greve de técnicos. Nenhum dos dois, assim como os tranquilizantes e a Seguridade Social, os supermercados ou o grande turismo a preços módicos, determina fatalmente o caráter do cidadão das democracias liberais. Porém o conjunto dessas comodidades exteriores, das quais se esperava uma libertação, predispõe, ainda que não conduza necessariamente, a uma atrofia do esqueleto e dos músculos da liberdade. Elas geram dependência. Inversamente, as engenhocas da comunicação para tubarõezinhos superenergizados e dopados podem fazer nascer a vontade de potência de «nômades» conectados por toda parte, com toda informação disponível, e dispostos a engolir de uma só vez o plâncton passivo que flutua a seu alcance.

Nesse oceano em que se cruzam tubarões e medusas, o cidadão «cultural» estaria precavido, teria ele os meios de tomar distância e de recuperar, não digo o monte sagrado, mas tão somente a terra firme? Desde a origem, a «Cultura», assim como fora introduzida na França por André Malraux, tem sido o contrário daquilo que a sociedade consumidora pedia em silêncio para preservar a razão e a felicidade. É o caso de recordar as frases sinistras de Vincent Berger, em *Les Noyers de l'Altenburg*, que resumem todos os niilismos do século XX e que fundam aquilo que se convencionou chamar, de Malraux a Lang, de «Ímpeto Cultural» francês: «Não somos homens que,

---

[1] «Pessoalmente, não consigo imaginar sucesso científico maior do que a transmissão de imagens a distância... Quando os povos da terra podem manter uma conversa imediata uns com os outros e ao mesmo tempo se olharem mutuamente cara a cara, o mundo de amanhã tornar-se-á, sem dúvida nenhuma, um mundo amigável, em que muitos dos males de hoje desaparecerão» (Grover Whalen, presidente da Exposição Universal, 1939).

pelo pensamento, só pensam aquilo que a história permite-nos pensar, e não há dúvida de que ela não tem sentido... O homem é um acaso, e, no essencial, o mundo é feito de olvido». Essa é a metafísica da «Cultura». Trata-se exatamente de uma fé, e nós nos parecemos com aquilo em que cremos.

A educação liberal, desde suas origens gregas, funda-se em uma fé contrária àquela, que é totalmente moderna. Essa outra fé insiste em uma dimensão vertical da humanidade, mergulhada no tempo, mas chamada por uma vocação natal a conhecer aquilo que foge ao tempo, sendo capaz de uma memória que lhe dá forma nessa outra luz. Nesse sentido, as artes liberais, assim como as obras que são seus frutos, de Homero a Joyce, de Praxíteles a Laurens, de *La Villa des Mystères* [Vila dos Mistérios] a *La Danse* [A dança], de Matisse, supõem, qualquer que seja sua época, uma saída do tempo, uma participação na memória clássica da Europa, que pode ser dita liberal por estar liberada do peso da matéria e do imediato. A «Cultura» de essência niilista propagada por Malraux não se contentou em ser o contrário da educação e das artes liberais: em seu último sucesso, ela buscou explicitamente provocar um curto-circuito nelas e substituí-las cada vez mais abertamente por todos os álibis pretensiosos de um consumo sem remorsos. Entre a gnose niilista e a atitude consumidora, as diferenças são apenas efetivamente nominais: uma e outra só acreditam no instante, no instante vazio de sentido, que deve ser a todo custo preenchido de várias coisas e gestos. A condição de homem livre, de pé, independente e, no entanto, disciplinado no interior, torna-se impossível ou inviável. O primado inicial dado à imagem (à das lanternas mágicas mais do que à dos quadros), à impressão imediata, longe de ir à contracorrente da preguiça e da facilidade, deu-lhes títulos de legitimidade e de modernidade. Acrescentando, depois de alguns anos, «o livro e a leitura» ao audiovisual, a Cultura, longe de converter-se, limitou-se a estender seu império consumidor e devorador àqueles livros que Malraux, ingenuamente, acreditara ter protegido em uma espécie de *Burg* [«fortaleza»], depositário do segredo da História reservado apenas aos intelectuais. Essa metafísica niilista do livro e da leitura, atribuída posteriormente aos letrados em geral, hoje serve de contraste demagógico àqueles que vão para o outro extremo, o alinhamento do livro com o consumo cultural geral.

Assim, o devoto cultural, em suas Casas, seus Centros, seus Espaços, seus Parques, seus Salões, suas Feiras, seus Futuroscópios, não é essencialmente distinto do Motorista, ou do Espectador de televisão, tirando o fato de que um vago sentimento de dever religioso acrescenta à sua passividade uma consciência tranquila filistina. Concertos, teatro, exposições, espetáculos, festas e visitas guiadas, em si, não têm nada que não seja louvável. Porém, apresentados como o fim do fim da «Cultura», fornidos de uma etiqueta oficial que faz deles atos cívicos, tornam-se, assim como a missa dominical, distrações «respeitáveis», que não respondem a nenhuma necessidade interior e que distraem apenas da coragem de ser quem se é.

Eles tornam-se uma série de placebos engolidos distraidamente e que se limitam a enfeitar o fluxo de consciência informe que os estímulos exteriores da vida moderna misturam, também em desordem, com a multidão das informações mais ou menos confusas que o invade. Eles não constroem nada. Não articulam nada. Só teriam sentido respondendo a curiosidades e a apetências vindas de dentro, que se curvariam a uma meditação prévia, a uma atenção precisa e devidamente preparada. O que significa «expor-se» a obras de arte, quando se é vítima daquilo que os antigos gregos denominavam *apeirokalia*, a inexperiência da beleza? O desejo do belo, natural aos humanos, é aprendido e amadurece com a experiência. E ele não é aprendido na multidão. Ele precisa de professores, não de animadores coletivos, nem de *walkmans*. É enganar o povo levá-lo a crer que contatos disseminados e dissociados podem fazer nascer vocações de amadores, e ainda mais de inventores da obra de arte. Aliás, é no mínimo estranho, em uma democracia liberal, propor-se a fazer de todos os cidadãos Des Esseintes estetas, borboleteando, em suas Casas, de sensações de arte em sensações de arte, estéreis e *blasés*; fazer deles, na verdade, esboços de aristocratas degenerados e interiormente acabados. Seria realmente o caso de «democratizar» esse «vazio de gosto verdadeiro» de que fala Proust, sobre o qual repousava, em sua época, «o juízo artístico das pessoas mundanas, tão arbitrário que um nada pode fazê-lo dirigir-se para os piores absurdos, a caminho dos quais ele não encontra nenhuma impressão verdadeiramente sentida que o detenha»? Contudo, era exatamente esse, no fundo, o princípio da empreitada de Malraux, e não deixou de ser, hoje, um ideal nacional. A «Cultura», tal como foi concebida na época, não apenas tomou o lugar dos verdadeiros prazeres e diversões, como também desculpou o rápido declínio da educação liberal na França.

O que entender por educação liberal? Esse é outro nome para aquilo que Cícero denominava «cultura da alma». Ela supõe, assim, a crença na alma e na luz natural que faz com que esta deseje superar a matéria para encontrar uma forma, as Formas, e assim fugir ao consumo de Cronos. É isso que é denominado, em todas as línguas, em todas as religiões, em todas as filosofias, em todas as civilizações que merecem esse belo nome, liberdade de espírito. Uma educação liberal ensina, portanto, as Artes Liberais, as artes que liberam do peso da matéria e do condicionamento sociológico. A Idade Média distinguia sete Artes Liberais: gramática, retórica, dialética (era o *trivium*, que corresponde a nosso ensino primário e secundário), aritmética, geometria, astronomia, e música (era o *quadrivium*, que corresponde às disciplinas científicas do ensino secundário atual). As Artes Liberais eram os primeiros níveis de uma escada de Jacó da cultura da alma: a partir delas, podia-se subir para a filosofia e para a teologia, antes de descer de volta para a vida prática. Os Antigos, menos abstratos do que os medievais, distinguiam nove Musas, filhas de Mnemósine, que presidiam as Artes Liberais mais diversas, poesia lírica e dramática, poesia épica, história, dança, música, astronomia e retórica. O coro feminino dessas nove Musas, no Parnaso, resumia a cultura da alma e a educação que torna os homens livres, livres para dar a seu espírito movimento em todas as direções. Euterpe e Tália, Calíope e Clio, Terpsícore e Erato, Urânia e Polímnia, Melpômene; as nove irmãs eram muito naturalmente associadas ao trio das Graças, filhas de Vênus: Eufrosina, Aglaia e Tália. Essas figuras divinas que presidiam a cultura liberal não eram frias alegorias, e isso foi muito bem entendido no Renascimento. As disciplinas que elas simbolizavam tinham a tarefa de libertar o espírito em altura e em profundidade e de, assim, permitir-lhe escapar da pressão do instante imediato, de tomar distância da opacidade determinista da época. É por isso que a escola (*scholê*, palavra grega que serve de base ao termo francês, significa «ócio»; a palavra latina *studium*, que lhe corresponde, significa «zelo», ímpeto para o alto) sempre foi concebida como um retiro para as crianças e jovens, afastados da vida contemporânea: era nela que, de certo modo, davam-se asas ao espírito, para que ele não permanecesse prisioneiro na caverna de seu próprio tempo efêmero e ilusório. Começava-se por dar os meios da liberdade antes que começasse a aventura, a grande aventura da libertação. As Artes Liberais e as Musas capacitavam seus discípulos para, à margem da vida ativa na Cidade, ter um ócio que fosse estudioso e que rematasse a libertação interior começada pela escola. Os artistas, músicos, poetas e estudiosos ofereciam os diferentes graus dessa ascensão, independentemente da atualidade política e dos negócios.

Isso podia bastar nas monarquias, em que as artes e as ciências eram os verdadeiros recursos do espírito livre. Porém, isso não bastava nas repúblicas, e sobretudo nas repúblicas democráticas. Estamos nesse caso. Entre as Artes Liberais e as

Musas, uma dentre as primeiras, a Retórica, uma dentre as segundas, Polímnia, não interessava somente, na democracia, à vida do ócio, mas à vida ativa e cívica.

Por meio dela, de fato, o homem livre, na ação, na querela, na luta política e pública que é a própria vida das repúblicas, encontra os quadros e os meios de ser um cidadão ouvido e útil, sem por isso afundar-se na atualidade e esquecer «aquilo que permanece, aquilo que deve ser mantido», aquilo que, em suma, liga o imediato à longa duração e às formas que transcendem o tempo. A retórica dá ao cidadão uma arquitetura do espírito e, ao mesmo tempo, uma musculatura da palavra. Certamente, ela supõe uma boa gramática, que proporciona o bom uso da língua, sem o qual o espírito e a alma permaneceriam deficientes e balbuciantes. A língua, que distingue o homem dos animais, dá-lhe, ao mesmo tempo, o poder de entrar no tempo e de sair dele, pois ela é o laço entre as gerações, entre as épocas mais longínquas; ela participa de uma transcendência. Porém a retórica oferece o acesso às energias da língua, e não somente a seu uso. É por isso que é tão decisiva não apenas para o poeta, mas para o cidadão. Um dos principais capítulos da retórica é a «invenção», que dá acesso aos «lugares-comuns», recursos do pensamento, reconhecidos e reconhecíveis por todos, independentes da atualidade, mas que os exercícios tornam férteis nas circunstâncias e conjunturas mais diversas, mais urgentes. O método dos «lugares-comuns» é a antítese do subjetivismo moderno, que se esforça, como a aranha de Swift, para encontrar tudo como se fosse novo, em um pensamento e em um «eu» únicos e, portanto, por princípio, incomunicáveis. Esse método, como ressaltou Chaim Perelman, na esteira de Vico, é também o da jurisprudência.

Outro capítulo da retórica (também filha de Mnemósine) é, naturalmente, a memória, que os Modernos desdenharam, ou despejaram sobre suportes exteriores e abstratos. Somente a memória interior constrói um espírito, dota-o de uma biblioteca e de um museu vivos, capazes de socorrê-lo devidamente em todas as ocasiões, mesmo de angústia, e de alimentar sua palavra interior e exterior com aquilo que não morre. Outro capítulo, ainda mais conforme às estruturas políticas de uma democracia liberal, é a «argumentação», que se relaciona intimamente com a lógica, e que é a única a dar os meios de construir um diálogo racional com os outros, de gerar luz na relativa obscuridade das coisas humanas. Porém, nessas coisas, a razão sozinha muitas vezes encontra seu limite. A retórica acrescenta, assim, às técnicas da argumentação, o estudo das paixões humanas, essas molas irracionais que, decerto, mudam de época para época, de ambiente para ambiente, mas que, mesmo assim, apresentam traços gerais e universais o suficiente para que também se possa, nesse quesito, falar de uma «natureza humana» e conhecer seus traços permanentes, por mais metamórficos que sejam. Isso equivale a conhecer-se e também observar e compreender o outro. Porém também equivale a ler e a explicar as grandes obras da poesia, do teatro, da história, do romance e da filosofia clássicos — em primeiro lugar, os gregos e os romanos. A disciplina retórica é inseparável dessa meditação originária e fundamental sobre a experiência da vida humana, que permite decifrar as aparências novas que ela pode assumir em nosso próprio tempo. A retórica é, assim, a abelha, no sentido de Swift, da lucidez e da ação democráticas, pois dá aos cidadãos o recuo, os recursos, a liberdade de uma palavra que também é ação prudente e oportuna.

Nada, exceto os preconceitos ou as contrações neuróticas modernas, impede que um programa de ensino conforme às necessidades presentes reate laços com a tradição das Artes Liberais. Pode-se até prever, sem grandes riscos, que esse grande voltar-se salutar da modernidade para si mesma, já esboçado em todo tipo de domínio, atingirá também a educação. Nesse caminho salutar, afastemos a vã e fútil antítese entre «literários» e «científicos». Desde a Antiguidade, e ao longo de toda a história da Europa medieval e moderna, as ciências, a aritmética e a astronomia, as matemáticas, a física, a química e, mais tarde, a biologia fizeram parte das Artes Liberais. Na verdade, não existe incompatibilidade nenhuma entre as Artes Liberais, que ensinam e empregam todos os recursos de invenção e de memória de que são capazes «as línguas naturais» e também aquelas baseadas na linguagem simbólica das matemáticas. O espírito matemático e o espírito gramatical e retórico são paralelos e complementares. A impostura maquiavélica de uma certa modernidade de combate foi contrapô-los ou hierarquizá-los, a fim de melhor dividir sabedoria e saber, e melhor intimidar uma e outro. As duas vias têm em comum «o rigor obstinado», que é o própriomotor da liberdade espiritual, e ambas implicam uma educação moral: respeito de si e do outro no diálogo, respeito de uma regra do jogo que possibilita o acesso à verdade, e até, nos dois casos, à beleza. Chama muito a atenção que, no declínio atual da educação gramatical e retórica, comum às democracias que esquecem de si mesmas e aos totalitarismos, uma das grandes figuras da liberdade para o mundo inteiro tenha sido um físico, Andrei Sakharov. Em sua ordem, ele é o par do escritor e historiador Soljenítsin.

Hoje, assim como sempre, pois aquilo que é verdadeiro e forte não muda, mesmo que se imponham acomodações de modalidades segundo os momentos e os lugares, a educação liberal não existe sem um distanciamento da escola em relação à atualidade e aos costumes das megalópoles modernas, nem sem referência aos clássicos da Antiguidade e aos da Europa, sua filha. Sem esse distanciamento, sem esse desterro inicial e iniciador, mal chega a ser possível o aparecimento de uma liberdade crítica, mesmo política, e ainda mais moral e filosófica, perante os perigos que acompanham os «progressos» da sociedade moderna. E, de fato, na ausência desse recuo, essa liberdade crítica, em nossas ricas aristocracias democráticas, tende a intimidar-se e a enfraquecer-se.

A tarefa principal, a ardente obrigação que um Estado liberal deve estabelecer para si, por toda parte, mas ainda mais na França, país justamente orgulhoso de sua tradicional e indomável liberdade de espírito, é limitar-se a restaurar, como fez em sua época a III República de Jules Ferry e de Louis Liard, a educação liberal de seus cidadãos, ou deixar à iniciativa privada o cuidado de fazer isso em seu lugar. Existe aí um dever nacional que tem precedência sobre todos os outros, e que seria bom se fosse cumprido sem preconceitos e, entre outros, sem os preconceitos das «ciências sociais». Da manutenção da educação liberal depende o futuro da língua, da ciência e também da liberdade. Os gramáticos, os retóricos, os latinistas e os helenistas, os medievalistas, os professores de literatura francesa e de literatura comparada e os orientalistas, cuja causa é a mesma dos poetas e dos artistas, não têm de jogar um jogo perdido de antemão.

Apesar das aparências contrárias, dos bloqueios e das facilidades do dia, a lógica liberal das democracias e seu instinto de sobrevivência moral e espiritual jogam, a longo prazo, a favor delas, ainda que, por pouco, não pareçam paladinos de corporações especiais na defensiva, mas detentores de um bem comum que não pode ser dispensado sem «querer» a decadência, uma paixão disseminada e bem conhecida desde a Antiguidade, desde Tucídides e Tácito, mas uma paixão inconfessável. Quem não enxerga que essa paixão pode e deve ser combatida, e de cabeça erguida?

A tarefa educacional, que, na França, em princípio, cabe primeiro ao Estado, ainda que não somente a ele, não é incompatível com as tarefas patrimoniais que ele assume há muito tempo em nosso país, no mais das vezes para a satisfação geral. Porém, hoje, é claro que a noção de patrimônio deve ser estendida à Natureza, que seus guardiães tradicionais, os camponeses, tiveram de desertar, bem como à língua e ao genoma moral e espiritual que comanda a vitalidade e a exemplaridade do espírito francês. As tarefas patrimoniais e educativas do serviço público e do civismo privado são inseparáveis. Elas não podem ser concebidas como algo pura e simplesmente a reboque do espírito do tempo e de suas inclinações frívolas e perigosas, como é o caso da política cultural e educativa do modo como é entendida na França há muito tempo. Elas só poderiam ser dignas de uma política do espírito se resultassem de uma análise lúcida da patologia política e moral específica das sociedades modernas, e como um salutar contraveneno para as doenças do corpo político e da liberdade pessoal.

A França e a Europa do espírito

> Essa Paris, cujo caráter resulta de uma experiência longuíssima, de uma infinidade de vicissitudes históricas, que, em um espaço de trezentos anos, esteve duas ou três vezes à frente da Europa, três vezes conquistada pelo inimigo, teatro de meia dúzia de revoluções políticas, criadora de um número admirável de reputações, destruidora de várias tolices e que chama continuamente para si a flor e a escória da raça, tornou-se a metrópole de diversas liberdades e a capital da sociabilidade humana.
> O crescimento da credulidade no mundo, que se deve à fadiga da ideia precisa, ao acesso de populações exóticas à vida civilizada, ameaça aquilo que distingue a vida de Paris. Nós a conhecemos capital da qualidade e capital da crítica. Tudo leva a temer por essas coroas trabalhadas por séculos de experiências delicadas, de esclarecimentos e de escolhas.
> Paul Valéry, *Fonction de Paris*, 1927

Um dos efeitos mais insidiosos e nefastos do Estado cultural é a retração do espírito francês para a defensiva.

A «vontade de cultura» na França nasceu e foi estimulada em um contexto de derrota. Ela foi primeiro um sonho de intelectuais apaixonados por um Estado forte, por uma sociedade orgânica, imagem inversa da III República, considerada abúlica e dividida. Foi, em seguida, uma compensação oficial para a derrota de 1940 e, depois, para a aposentadoria do Império; foi uma fortaleza fictícia contra o contágio dos costumes e das diversões americanas. O Estado cultural é, por definição e intenção, protetor, protecionista e dirigista, em nome da salvação nacional. Isso é dizer também que, por essência, e apesar do equívoco que ele manipula entre o sentido nobre e clássico da palavra «cultura» (*cultura animi*) e o sentido atual, que equivale a uma manipulação de mentalidades, ele é «política cultural», uma variante da propaganda ideológica.

Essa propaganda, de onde vinha André Malraux, pôde mudar de estilo, mas permaneceu por essência desconfiada em relação aos recursos reais do gênio francês. Ao lisonjear o amor-próprio nacional e a paixão igualitária, ela desviou com perseverança a atenção, seja por desdém, seja por hostilidade ignorante, da naturalidade que esse país inscreveu em sua tradição, e que está pronta, se fosse menos vítima de obstinação terapêutica, a recuperar sua vitalidade própria. A propaganda «cultural», ao afirmar «promover» essa naturalidade, esmaga o princípio da irradiação francesa e o jogo livre da democracia liberal na França. Ora, é essa naturalidade francesa eclipsada, é sua capacidade tradicional de responder com espírito ao desafio das sucessivas modernidades que o mundo deseja reconhecer e reencontrar na França, aquilo de que o mundo tem necessidade, e não *slogans* e números oficiais da «Cultura». Um enorme chapéu de burro burocrático nos esteriliza e paralisa, longe de ser nossa emanação e nossa manifestação. Essa Cultura foi inventada por uma oligarquia que sofria de um complexo em que entra um pouco de mitomania, muita megalomania, ainda mais paranoia e bem pouco de cultura verdadeira. O partido cultural, desde as origens, apresenta, em vários graus, os traços dessa neurose tirânica.

Inspirado por esse partido, o Estado cultural tem, por principal razão de ser, a gratificação dessa neurose. Sob sua pressão ansiosa ou falsamente eufórica, a invenção, a alegria, a liberdade dos franceses foram comprimidas. Balzac, durante o ministério Polignac, denunciava a «sociedade funerária», os «costumes de cadafalso» que um regime, na contracorrente da naturalidade francesa, fazia reinar. As festas da Cultura hoje soam tão falsas como as da coroação de Carlos x, ou da farsa das Ordenanças.[1]

Impotente para proteger os costumes franceses da «contaminação» americana e, no fundo, indiferente a isso, apesar de suas pretensões, essa camisa de força é, por dentro, um álibi cômodo e irrefutável para se dispensar de uma democracia verdadeiramente liberal. Seu voluntarismo dá o tom e justifica a arrogância de uma oligarquia político-administrativa que encontra, no «imperativo cultural», uma cobertura para sua concepção invasiva e tirânica do serviço público. Ao mesmo tempo que faz crer que zela ciosamente pelo domínio francês, o Estado cultural primeiro se protege do livre jogo do debate e do diálogo, que ele considera «lentos» demais, «recalcitrantes» demais à ideia que ele formou de uma vez por todas da aculturação e da modernização «culturais» dos franceses. Uma grande ilusão projetada no exterior («Na França, a prioridade do Estado é a Cultura») e uma pressão intolerante exercida no interior são os dois aspectos de uma mesma impostura: mentira sobre o caráter francês dessa Cultura tão exaltada perante os outros, mentira sobre o caráter democrático e liberal dessa mesma Cultura, cujos benefícios afirma-se disseminar e impor. Essa dupla mentira esconde, e primeiro aos próprios olhos daqueles que fundam nela seu poder, uma vontade de poder enlutada e transviada. Na falta de expansão para o exterior, ela se vinga no interior das fronteiras, onde encontra, na pressão que exerce, algo do Império perdido. Estamos diante de uma neocolonização de uso interno. Não é por acaso que a ascensão do Ministério dos Assuntos Culturais coincidiu, cronologicamente, com o declínio do Ministério das Colônias, com o fim da Guerra da Argélia e com o remanejamento de administradores regressados dos territórios ultramarinos aos gabinetes do novo ministério

[1] Referência às Ordenanças de julho de 1830, promulgadas por Carlos x. [N. T.]

atribuído a Malraux. O zelo conquistador, transferido para o «*front* cultural», pontuou, desde então, suas «campanhas», suas «ofensivas», com boletins de vitória, com «números da Cultura», todos comunicados de estado-maior sobre o campo de batalha da última «missão civilizadora». Porém, dessa vez os «indígenas» são os franceses.

Compensação na metrópole dos hábitos contraídos no Império, a Cultura é ativista e construtora, mas seu ativismo maltrata, e suas construções, incôngruas, maculam. O «gênio» colonizador era ingenuamente condescendente; o «gênio» cultural, trabalho neurótico do luto, oscila entre a arrogância, a vaidade e a hipocrisia. O caráter da administração cultural já tinha sido esboçado no tempo de Malraux. Ele enrijeceu no tempo do socialismo. Hoje, tem de compensar também a renegação do civismo republicano de um Pierre Mendès-France, e a traição dos ideais socialistas que um Charles Péguy podia dizer serem os seus. O preço a pagar por esses diversos exercícios tortuosos de uma vontade de potência «contida» é aquilo que um grande etnólogo denominou os «Tristes Trópicos», e que poderia ser denominado por outra expressão célebre, o «deserto francês». Deserto espiritual mais temível do que o outro, do qual os inventores da Cultura descentralizada afirmaram ter-nos libertado. A Cultura é o pecado contra o espírito.

Contra «o espírito»? Mas é cada uma! Essa palavra ainda está nos dicionários? Ela já não é usada desde Valéry! Tocqueville e Renan também faziam dela um uso raro, mas forte. O que eles queriam dizer? Ninguém mais sabe. Atenha-se à palavra «cultura», que as ciências humanas ensinaram ao Estado, e não nos perturbe com essas velhas sílabas desagradáveis.

O espírito? Ora, sim, chega um momento em que é preciso ir ao fundo das coisas. E, como o dilúvio é universal, voltemos ao Dilúvio.

Os clérigos medievais tinham distinguido três funções: o *Studium*, o *Imperium* e o *Sacerdotium* — o Estudo, o Poder

Político e o Poder Religioso. O Estudo era, ao mesmo tempo, o zelo (sentido próprio de *studium*) do espírito pela verdade e pela ciência, e a instituição apropriada para saciar esse zelo, no diálogo entre professores e alunos: a Universidade. O *Sacerdotium* era, ao mesmo tempo, o exercício do magistério eclesiástico e a instituição que está em sua cabeça, a Santa Sé. O *Imperium*, o exercício do poder político em sua extensão universal, a serviço do bem comum temporal, era a instituição imperial, que Carlos Magno recriara no Ocidente, após vários séculos caóticos. Porém, após a morte de Carlos Magno, o título imperial tinha sido contestado: eleitos pela Dieta de Ratisbona, os imperadores germânicos detinham-no, mas os reis da França, desde o reino de Felipe, o Belo, reivindicaram-no. O mundo, europeu e francês, por mais que fosse novo, bem como essas três funções medievais, sobre bases antigas, não pararam de articular a história da Europa, que poderia ser escrita como uma série de variações trágicas ou cômicas dessa tríade-mãe. Os nacionalismos, a começar pelos dois mais célebres, o francês e o alemão, apareceram na linha de falha no interior do *Imperium*, e as Reformas, a alemã com Lutero, e a francesa com Calvino, na linha de falha no interior do *Sacerdotium*. Resta o *Studium*: completamente solicitado como foi pelos dois poderes e por seus diversos pretendentes, o Estudo, instituição do espírito, por fim resistiu melhor do que os dois outros polos do campo magnético europeu. É exatamente isso que Valéry, apesar de sua aversão pela história, ou por causa dela, denominava «o espírito». Tocqueville e Renan usavam a palavra no mesmo sentido: trata-se do estudo da verdade por amor dela, e apenas dela, esgueirando-se entre as lutas e os interesses do poder político e do poder religioso. Para resistir entre os diversos poderes que não têm interesse pela verdade, o espírito inventou suas próprias instituições, que, na Antiguidade, tinham o nome de Academia, Pórtico; na Idade Média, Universidade; nos séculos XV a XVIII, República das Letras. Se Valéry pôde falar de uma política do espírito, era no sentido de que essa instância da Europa constantemente teve, e terá sempre, de impor-se aos poderes, sem compor com eles, e, lendo com atenção *A democracia na América*, vemos bem que, para Tocqueville, a única questão que importava era dessa ordem: quais são as chances do espírito diante da cultura de massas engendrada pela democracia moderna, quais são as chances de um Pascal na democracia, mesmo liberal? Manifestação daquilo que há de mais nobre no fundo da natureza humana, o desejo de verdade, a ascensão livre do espírito tem, consigo mesma, a obrigação de resistir às pressões laterais que exercem, sobre ela, as paixões e os interesses em busca de poder e ter — as quais temem, acima de tudo, a verdade.

O *Studium* medieval, instituição do espírito, só foi misturado tardiamente aos conflitos entre os diferentes poderes, religiosos ou políticos. A língua do *Studium* era o latim, língua universal dos clérigos da Europa e veículo do pensamento que ascende acima do tempo, porque o latim escapa ele mesmo ao tempo: em latim ou em tradução latina, falavam Platão e Aristóteles, Cícero e Sêneca, Santo Agostinho e São Gregório, em uma conversa superior; e, graças à Vulgata de São Jerônimo, o próprio Deus falava latim. Língua do espírito, o latim era também a língua da Igreja: ele associava o *Sacerdotium* ao *Studium* e distinguia-se, em altura, do poder político, era exercido em língua vulgar. Se a França, se Paris, se a colina Sainte-Geneviève foram reconhecidas quase instantaneamente, no século XIII, pelos anfitriões por excelência do *Studium* da cristandade, esse privilégio era um privilégio vitalício. Estava entendido que a Universidade de Paris devia essa preeminência à universalidade latina e europeia de sua ciência.

Assim, os melhores espíritos da Cristandade vieram dar aulas em Paris, e em Paris vieram estudar os jovens de todas as nações da Europa. O reitor eleito da Universidade era assistido pelos procuradores de quatro «Nações», as quais, na verdade, representavam toda a Europa. Os Colégios abrigavam os alunos que não se teria pensado qualificar de estrangeiros, pois o território da Universidade era, um pouco como o da Cidade do Vaticano em Roma hoje, uma jurisdição franca e «supranacional». A colina Sainte-Geneviève participava da sacralidade e do simbolismo do monte sagrado, como o monte Parnaso, o Sinai e o monte Carmelo. À imagem de seu local de eleição, o *Studium* estava ali, separado da Cidade terrestre, para servir de escada de Jacó para o espírito que se esforçava para o alto, subindo para o eterno por meio da meditação, descendo para seus herdeiros pelo ensino. A *Divina Comédia* de Dante é uma alegoria ascensional da Universidade, na qual Dante é o aluno, e Virgílio e, depois, Beatriz, os professores que o chamam e o guiam para o alto. Se Paris é a Cidade-Luz, se pôde ser capital das Luzes, ela deve isso, em primeiro lugar, à sua Universidade, verdadeiramente universal, onde ensinou Tomás de Aquino, onde estudaram Inácio de Loyola e Calvino. Em última análise, aí está o gênio do local.

À medida que vai afirmando a si mesmo, o *Imperium* dos reis da França reivindica como sua «filha» a Universidade de Paris. A partir do momento em que a Faculdade de Teologia torna-se galicana, a Universidade permanece enciclopédica, deixa de ser universal, e sua influência para além da região de Île-de-France diminui. Essa Universidade «nacionalizada», mesmo parcialmente, terá dificuldade para aceitar o desafio que lhe lança Petrarca no século XIV, em nome de um humanismo universalista que rapidamente conquista a Itália e a Europa. O mal tinha vindo da realeza. O remédio veio do rei: a fundação, em 1530, por Francisco I, do Colégio de Leitores Reais atraiu para Paris os melhores eruditos da Europa de então, e, em 1533, Gargântua podia escrever a seu filho Pantagruel: «Todas as disciplinas estão restabelecidas». O mesmo movimento levou Colbert a conceber e a fundar, em 1666, com o holandês Huygens, um protestante, e o italiano Carcavy, a

Academia de Ciências. Assim, ele completava a coroa de Academias esboçada em 1635 por Richelieu, que consagrava Paris como capital da República Europeia das Letras. Enfraquecido pela retração da Universidade sobre si mesma, o *Studium* parisiense, desde a fundação do Colégio Real, tinha reencontrado, nas Academias e nas sociedades eruditas e científicas, que se multiplicaram no século XVII, o brilho e a audiência europeia que sua Universidade tinha perdido. As correspondências, as viagens, a circulação dos livros e, depois, de periódicos científicos ligavam-no ao conjunto da Europa letrada e faziam dele, outra vez, seu centro espiritual. Sem dúvida, a corte francesa, imitando em grande escala as pequenas cortes italianas, patrocinava festas, espetáculos que seriam qualificados de «modernos», para deixar bem marcado que eram ligados à atualidade, ao divertimento mundano, à moda do dia, ao efêmero. Porém, tão vivaz era o *Studium* parisiense, tão forte a autonomia de sua reflexão, que até nos espetáculos reais, nas comédias de Molière ou nas tragédias de Racine, podia manifestar-se o ponto de vista de cima e de longe, inspirado pela mais antiga tradição filosófica e moral, sobre a atualidade do dia. Mesmo sob a monarquia absoluta, a autoridade da França na Europa repousava justamente sobre aquilo que, em francês, escapava à atualidade política e à modernidade de corte, exigência e altitude do *Studium*: Port-Royal e La Bruyère, Fontenelle e Bayle.

É o caso, ainda, de afirmar, pois é assim que a atual modernidade de Estado francesa melhor revela sua vaidade, que o brilho de Paris, como o fogo que sai do choque de duas pedrinhas, deve-se, desde o século XVII, à coexistência, dentro de seus muros, dos letrados mais doutos e mais superiores a seu tempo com uma mundanidade brilhante, mais ou menos ligada à corte. Foi um combate perpétuo, que atingiu um de seus ápices no século XIX, na Paris de Baudelaire e de Offenbach, mas que foi inaugurado sob Luís XIII pela longa Querela, em episódios, dos Antigos e Modernos. Combate exaltante, em que os dois campos (que, em geral, ocupavam cada qual uma das margens do Sena) rivalizavam em invenção e em espírito para conquistar um público difícil, que estava, também ele, dividido. Esse combate, porém, como acontece, foi também uma troca fecunda: os «Antigos» (poetas, eruditos, filósofos, filhos da Memória) nela aprenderam a ironia, a urbanidade e o espírito de *finesse*, para enfrentar adversários da moda e mundanos; os Modernos, que tinham um adversário temível, tiveram, por sua vez, de despojar-se das facilidades preciosas e galantes para atingir uma espécie de vigor clássico. Foi assim que Pascal, erudito, mas em contato com o «*monde*» parisiense, pôde tornar-se o fascinante epistológrafo e satirista das *Provinciais* e manter, com seu leitor, a mais alta conversa de toda a literatura, os *Pensamentos*. Assim, em sentido inverso, um Marivaux e um Voltaire, que começam com pequenas obras jornalísticas ou de salão, aguilhoados pela crítica e estimulados por inimigos de primeira grandeza, crescem em saber e em visão: um se eleva à altura de um grande moralista, o outro se torna uma espécie de segundo Erasmo, em francês. Nisso tudo, que faz a vitalidade e o charme únicos de nossas letras, e que se perpetua até nossos dias com Gide e Valéry, o «mecenato de Estado» não desempenha estritamente papel nenhum. Apenas a coexistência em Paris, na «sociedade civil» parisiense, de duas instâncias rivais, que nenhuma outra capital reuniu nesse grau, a extrema ciência e a extrema frivolidade, o espírito no sentido de Logos e de Mnemósine, e o espírito no sentido de Mercúrio e de Sósia, manteve de pé, e reavivou sem cessar, o fogo da invenção parisiense e francesa. É claro que a camisa de força, a camada de porcarias posta sobre Paris e sobre a França pelo Estado cultural, reduziu esse fogo a uma pequena chama, isso quando não o apagou.

    Aquilo que nenhum regime francês, exceto nos momentos mais sombrios do Terror e nos mais imperiais do reinado de Napoleão (embora ele mesmo fosse, por si, um resumo genial do século das Luzes francês), nem a atrofia de dois espíritos que dividem entre si o gênio nacional conseguiu impor, o

Estado cultural conseguiu, ao mesmo tempo que fazia crer, por suas «criações» incontáveis e incessantes, que ele mesmo desempenhava todos os papéis. Prótese ostentatória para mascarar uma atrofia dos órgãos vitais, trata-se de um *Imperium* vampiro do *Studium*, e um *Studium* vampirizado e sociologizado, que se toma por *Imperium*. O preço a pagar por esse perverso Pentecostes é muito mais pesado na ordem do espírito do que nas contas da Nação: a extinção das Artes Liberais, o declínio da educação liberal, o bloqueio da democracia liberal, a humilhação da Universidade, e mais. Um grande espetáculo consumidor e comunicador esconde, mas não compensa, esse crepúsculo do espírito francês.

Nossos monumentos históricos foram lavados e restaurados; nossos museus aumentaram e foram enriquecidos; nossos teatros multiplicaram-se; os corredores do nosso metrô ressoam com concertos; e nossos muros anunciam festas e mais festas, comemorações e mais comemorações. Paris é invadida por Casas da Cultura massivas. Porém nossos estabelecimentos de ensino estão «em perigo», nosso crédito internacional está em baixa. Exceto na imaginação de seus promotores, essa soberba Cultura não faz as vezes de espírito francês. A «posição da França» está prestes a tornar-se a primeira potência turística do mundo, e Paris, apesar de seu capital de inteligência e de gosto, um centro de diversões. Sob aparências imponentes, é difícil imaginar uma jivarização[2] mais meticulosa de um *caput mundi* [lit. «cabeça do mundo»].

O programa de Malraux ministro, uma «terceira via francesa», parafraseava o *slogan* famoso do socialismo em um só país. Era «a Cultura em um só país». Homogeneizada e dividida igualitariamente por toda a França, a «moeda do Absoluto»

---

2   No original, *jivarisation*, em referência aos índios jivaros, que, após cortar a cabeça de um inimigo, cozinhavam-na para reduzir seu tamanho. [N. T.]

seria exposta ao exterior dentro de um relicário, diante da bandeira. Georges Pompidou modificou o estilo do relicário, quis provê-lo da mais avançada tecnologia, em harmonia com a ultramodernidade industrial e demográfica de uma França inteiramente nova. Jack Lang esforçou-se para enrijecer e sistematizar a estratégia «cultural» dos dois principais iniciadores. Ele superaqueceu o motor da «democratização» e da «incitação à criação», vertendo nele o combustível da «comercialização». Porém esse redobro de atividade aconteceu também em nome da Defesa Nacional, e suas fases foram ligadas ainda mais ansiosamente a considerações de política interior. O gaullismo buscava compensar uma grandeza ferida; o socialismo buscava compensar, também, uma ideologia arruinada, que lançava sua última carta: a Cultura. Os convites dirigidos a encenadores estrangeiros, os favores oficiais concedidos ao *rap* ou ao *rock* serviram de álibi para o encolhimento confortável dentro das fronteiras nacionais e para a propaganda de tolices: todas as culturas são equivalentes, tudo é cultural, cultura e economia são o mesmo combate, *embrassons-nous, Folleville*.[3] No horizonte perfila-se uma França que se tornou um parque de diversões, em que a história e o patrimônio serviriam como massa de argumentos publicitários para o turismo de massa.

Essa corrupção política do espírito não teria sido possível se o *Studium* francês tivesse-lhe oposto sua análise e sua ironia. Imaginemos o *Journal* [Diário] de Gide, os *Cahiers* [Cadernos] de Valéry, a verve polêmica de Thibaudet, aplicados à epopeia das Casas da Cultura; ou o olho de Caim, se não de Gavroche,[4] dirigido às Casas da Poesia e às Casas dos Escritores, à

---

3   Literalmente, «abracemo-nos, Folleville». *Embrassons-nous, Folleville* é o título de uma comédia de Eugène Labiche e Auguste Lefranc. A expressão indica uma concórdia falsa, que esconde conflitos. [N. T.]

4   O «olho de Caim» é uma referência ao poema «La conscience», de Victor Hugo; no poema, o olho persegue Caim, representando a consciência.

Grandíssima Biblioteca, às Festas da Leitura e a outras munificências do Estado cultural. Mas as ciências humanas, adoradoras do fato consumado, mas as filosofias do «fim da metafísica ocidental», afirmaram esses jogos de Príncipe, isso quando não os classificaram e legitimaram entre os progressos do individualismo moderno.

* * *

Haveria poucos erros mais graves para a Europa do que adotar o modelo francês do Estado cultural, e poucos mais desoladores para a França. No entanto, esse é o caminho mais fácil para uma oligarquia político-administrativa. É a via do Ano Mozart, dos grandes colóquios e da «dinamização» por obstinação burocrática, da «criação»; é a manipulação autoritária dos costumes, dos modos, das mentalidades. Essa deriva da Comunidade, a partir do exemplo francês, significaria o fim da filosofia política liberal que a inspirou até aqui. Reatando com o concerto das nações de Metternich, após as tragédias cesarianas e bismarckianas, a Europa dos Doze baseia-se na conversa e na negociação, no respeito dos amores-próprios e da diplomacia, não sobre a *Realpolitik*. Suas competências limitadas, longe de serem um prêmio de consolação, deveriam ser um modelo para todos os Estados que a compõem e que deveriam pensar menos em fundamentar o direito no Estado do que o Estado na nação, em sua jurisprudência histórica e na conversa entre suas diversas famílias espirituais. A contradição entre a Europa liberal em via de formação e o Estado cultural francês deve ser resolvida pela rendição deste à modéstia, e não por sua assunção como modelo comunitário. Longe de desejar uma «Europa

---

Gavroche é um menino, personagem de *Os miseráveis*, do mesmo Victor Hugo. [N. T.]

cultural», trabalhemos por uma Europa do espírito, que quebre as carapaças e que restitua o espírito francês a si próprio.

* * *

Se a Europa do espírito tem de aparecer, ela não será construída, não será decretada, não será nem mesmo prescrita: nascerá porque terá sido desejada. Uma vez que o germe vivo opere, ela encontrará por si mesma suas formas, suas instituições, seu destino e seu drama. E como fazer nascer esse desejo, senão lhe propondo um mito? A história não se repete, mas a memória mítica transmite sonhos contagiosos, capazes de despertar e de animar as consequências mais adormecidas. Até aqui, nunca houve Europa política, econômica ou militar, exceto no mito de Carlos Magno, consagrado pelo Sacerdócio e despertando o Estudo, que o Imperador restaurou convocando o sábio irlandês Alcuíno e dedicando-se, ele mesmo, a aprender latim. Se a Europa política, econômica e militar pode, enfim, aparecer após tantos séculos de divisão, porque o mito carolíngio ainda assombrava um Robert Schuman e um Konrad Adenauer, a Europa do espírito tem ainda mais chances de renascer, pois, até nosso século, ela resistiu à morte do Imperador franco melhor do que o fizeram a unidade do Sacerdócio e a do Império. E o fato é que Paris, por várias vezes, quase continuamente, tem sido seu núcleo central e inconteste. Desde 1947, muito se tem dissertado sobre «Paris e o deserto francês». Simplesmente se esqueceu, nesse concerto de lamentações, de que a assunção de Paris acima do quadro político francês não se deve à presença, em seus muros, da administração central do reino, nem dos representantes sucessivos do Estado. A espécie de transcendência de que Paris goza, a Cidade a deve muito mais ao sufrágio unânime dos europeus, que não eram súditos do rei e que a reconheceram como sede por causa da excelência do *Studium* da cristandade. É por isso, e não pelo *Imperium* da administração real, que a França inteira obteve sua reputação de universalidade. A história administrativa e política, sobretudo quando é nacional, simplesmente esquece a história do espírito. Ao protestar contra a Paris centralizadora, esquece-se que a Paris da inteligência e do gosto foi, desde sempre, uma capital europeia antes de ser francesa, e que serviu bem à França pela europeidade de seu espírito. Recordar o mito de Paris é despertar a lembrança e o desejo de uma Europa do espírito, é libertar-se da neurose cultural francesa.

A primeira vez, é preciso lembrar sempre, foi no século XIII, quando, do zelo dos estudantes e dos professores, na colina Sainte-Geneviève, nasceram os primeiros Colégios da Universidade de Paris. Reconhecida por bula pontifícia, a nova instituição foi aprovada não apenas pelos maiores sábios da Europa de então, que ali foram dar aulas, entre os quais Pedro Lombardo e Tomás de Aquino, mas pelos estudantes de todas as nações. Essa grande luz europeia só começou a baixar com a aurora e com a ascensão do «sol» do Estado nacional.

A Europa, então, desviou sua atenção de Paris para concentrá-la na Itália, onde o Sacerdócio, que voltou de Avignon para Roma no século XIV, fez aliança com o *Studium* dos humanistas herdeiros de Petrarca. Esse novo *Studium*, mas que se pretendia um renascimento da Academia de Platão e de Cícero, assumiu o nome de República das Letras e foi sob esse nome que encarnou, nos séculos XVI e XVII, a Europa do espírito. A imprensa facilitou sua difusão universal, e essa República permaneceu por muito tempo policéfala: Roma, Veneza, Pádua, Nápoles e Florença, mas também Basileia, Estrasburgo, Lovaina, Oxford e, na própria França, Lyon, Aix, Toulouse, Poitiers, Caen e Rouen eram seus domicílios, tanto quanto Paris. O Édito de Nantes fez, da capital de Henrique IV, o fórum de um diálogo e até de uma colaboração entre letrados católicos e protestantes: esse foi o segundo ponto de partida, depois da fundação do Collège Royal em 1530, da restituição de Paris a seu papel de capital inconteste da Europa do espírito. A monarquia contribuiu pouco: ela limitou-se a registrar, pela fundação das diversas Academias ao longo do século XVII, e portanto a manter em sua órbita um movimento e um plebiscito internacional que, antes de tudo, prestavam homenagem à liberdade que reinava nos círculos de estudiosos franceses e à alta qualidade dos estudos sérios na França. A política estrangeira de Richelieu, que combateu corajosamente a coalizão austro-espanhola, temida, até mesmo em Roma, por seu fanatismo inquisitorial, valeu a Paris a simpatia de todos os espíritos livres da Europa. A partir de então, nem a imperiosa proteção de Luís XIV às artes e às letras, nem mesmo a revogação do Édito de Nantes puderam comprometer a glória de Paris como sede por excelência do *Studium*, quando o francês falado e escrito no mundo culto parisiense tornava-se a língua da República das Letras europeias. Tão grande é, no século XVIII, o prestígio de Paris na Europa que os salões parisienses, de certo modo, apropriam-se da República das Letras, que lhes dá em troca o caráter cosmopolita e ávido por talentos estrangeiros, os quais os salões tornam um dos traços mais sedutores do século das Luzes. Até mesmo Rousseau, inicialmente, encontrou nele um acolhimento curioso ou apaixonado. Paris tinha se tornado o salão e a Academia da Europa do espírito. Essa febre que, em Paris, nas conversas, capturava as melhores cabeças da Europa e que as atraía como um ímã encontrou, no fim do século, em Madame de Staël, uma defensora incansável. E essa festa do espírito, que era também do gosto, só era nacional no sentido em que tinham sido os Colégios dos séculos XIII ou XVI: era um privilégio que a Europa reconhecia a Paris, uma preeminência vitalícia que devia tudo à qualidade, à ciência, à exigência da sociedade parisiense. Nenhum superintendente das Construções do rei estava em posição de «criar» nem de subvencionar um salão, e menos ainda de construir uma Casa da Cultura para abrigá-lo. O Louvre, ainda sem teto e «ocupado» por incontáveis artistas, artesãos e até aristocratas, era, na época, um Bateau-Lavoir; o Salão anual que acontecia na Grande Galerie era uma das várias atrações que, na época, a capital oferecia sem cerimônia.

    O Terror e o Primeiro Império, que atiçaram os nacionalismos em toda a Europa, poderiam ter comprometido essa tradição. Londres apresentava-se como rival, e conseguiu sê-lo. O Romantismo tinha essência nacional, mas não nacionalista. Ele não identificava a nação com o Estado. Não tinha o culto do Estado, mas das individualidades, gênios artísticos ou gênios históricos. Levadas por ele, Madame de Staël e Madame Récamier, e muitas outras grandes damas, conseguiram restabelecer em Paris o espírito da conversa europeia, e os românticos, por mais nacionais que fossem, muitas vezes exilados, perseguidos, foram também cosmopolitas que tiveram, como ponto comum, entre outros, sentir-se em casa em Paris, teatro da nação francesa, e não a propriedade de um de seus regimes efêmeros, nem mesmo da antiga monarquia. No prodigioso prefácio que Victor Hugo escreveu em 1866, em seu exílio em Guernesey, para o guia da Exposição Universal de 1867, esse sentimento de Paris, manifestação do gênio nacional, acolhendo o gênio dos outros povos por cima da cabeça do pequeno César que, provisoriamente, tinha ali se domiciliado, assume as proporções de uma *Filípica*, mas com o sopro da poesia:

> Que a Europa seja bem-vinda.
> Que entre em casa. Que tome posse Paris, que lhe pertence, e à qual ela pertence.
> Paris, capital da Europa, já não é um esboço e, em todas as revoluções que lentamente desprendem sua forma definitiva, distingue-se a pressão do ideal, como se vê, no bloco de barro já meio seco, o polegar de Michelangelo. O maravilhoso fenômeno de uma capital já existente, representando uma federação que ainda não existe, e de uma cidade que tem a envergadura latente de um continente, isso Paris oferece-nos.

Daí o interesse patético que se mistura ao poderoso espetáculo dessa cidade alma.

Apesar da fratura, em 1848, da Europa de Metternich; apesar da guerra franco-alemã de 1870; e apesar até mesmo de 1914, data fatal para a Europa, Paris permaneceu, até 1939, menos a capital da França do que a do espírito europeu, e foi nela que os André Gide e Paul Valéry puderam exercer uma espécie de realeza espiritual, independente do regime político francês e, até, da nação à qual eles concediam a honra de pertencer.

Foram necessárias a ideologização dos anos 1930, a ruína da ideia de República das Letras e a retração nacionalista que se abateu sobre Paris depois da derrota de 1940 para que essa cidade se resignasse, contra o desejo universal, a tornar-se estritamente a capital da França, apenas. A regionalização, a descentralização «cultural» e a televisão, até aqui, não fizeram nada além de desdobrar, no país, os novos atrativos de uma capital exclusivamente francesa, apesar de campeã do turismo de massas mundial. Na verdade, a Europa do espírito sofre com essa provincianização, ao menos aparente, de Paris. Paris foi tantas vezes e por tanto tempo seu cérebro e seu coração que o sufocamento provisório de Paris afeta-a como uma enfermidade geral. Porém a função permanece e chama invencivelmente a cura do órgão.

Esse órgão certamente não será localizado em Paris, capital da nossa língua, se Paris obstinar-se na vocação nova que foi encontrada para ela há algumas décadas, às avessas de sua natureza e de sua memória: a de metrópole mundial das diversões de massa. Já em 1969, por um motivo fútil — uma publicidade espalhafatosa para uma exposição de Arte Moderna no Metropolitan —, havia corrido o rumor de que Paris tinha sido destronada da posição de Cidade-Luz. Esse *frisson* acelerou a «política cultural» do Estado, que nem desconfiava que sua Universidade, a verdadeira raiz-mãe do talento e do espírito francês, massificava-se e modernizava-se para o pior. Outras cidades além de Nova York, talvez na Ásia, apresentar-se-ão, cedo ou tarde, como candidatas ao poder espiritual e estudioso que o mundo moderno traz em gestação. Ele não aparecerá na França enquanto ela permanecer convencida, por todo tipo de voz predominante, de que espírito é uma palavra vã, a sobrevivência arcaica de um passado morto, a pretensão ridícula de elitistas e de reacionários perdidos no trem em movimento da modernidade, uma ofensa insuportável à igualdade por baixo. Se essa intimidação perseverante, imposta pelos militantes e pelos apologistas oficiais da «Cultura», não conseguiu rebaixar o espírito francês, ela ao menos deixou algo de sua marca estéril por toda a França, e principalmente em Paris. Igualitária nesse filistinismo tecnocrático e socialista, humilhada em suas verdadeiras elites liberais, proibida em todos os movimentos que levam para o alto, será que a França se tornará um «espaço cultural ou multicultural de massas», ou ela encontrará, em si, o esforço que a transportará para o centro da única Europa digna de amor: a Europa do espírito?

Paris, maio de 1990-maio de 1991

PRE TEXTOS

1 Massimo Cacciari
Duplo retrato
2 Massimo Cacciari
Três ícones
3 Giorgio Agamben
A Igreja e o Reino
4 Arnold I. Davidson, Emmanuel Lévinas, Robert Musil
Reflexões sobre o nacional-socialismo
5 Massimo Cacciari
O poder que freia
6 Arnold I. Davidson
O surgimento da sexualidade
7 Massimo Cacciari
Labirinto filosófico
8 Giorgio Agamben
Studiolo
9 Vinícius Nicastro Honesko
Ensaios sobre o sensível
10 Laura Erber
O artista improdutivo
11 Giorgio Agamben
Quando a casa queima
12 Pico della Mirandola
Discurso sobre a dignidade do homem
13 João Pereira Coutinho
Edmund Burke – A virtude da consistência
14 Donatella Di Cesare
Marranos – O outro do outro
15 Massimo Cacciari
Gerar Deus
16 **Marc Fumaroli**
O Estado cultural

Composto em Noe Text
Impresso pela Gráfica Formato
Belo Horizonte, 2021